STOCK TRADING PRACTICAL SOLUTION

股票交易实战精解

胡富善 ◎ 著

中国商业出版社

图书在版编目(CIP)数据

股票交易实战精解 / 胡富善著. — 北京 : 中国商业出版社, 2023.9

ISBN 978-7-5208-2418-7

Ⅰ. ①股… Ⅱ. ①胡… Ⅲ. ①股票交易－基本知识 Ⅳ. ①F830.91

中国版本图书馆 CIP 数据核字(2022)第 244280 号

责任编辑：石胜利

策划编辑：王　彦

中国商业出版社出版发行

（www.zgsycb.com　100053　北京广安门内报国寺 1 号）

总编室：010-63180647　编辑室：010-63033100

发行部：010-83120835/8286

新华书店经销

北京荣玉印刷有限公司印刷

*

880 毫米×1230 毫米　16 开　14 印张　180 千字

2023 年 9 月第 1 版　2023 年 9 月第 1 次印刷

定价：168.00 元

*****

序言
PREFACE

1990 年 12 月 19 日上交所开业，到 2023 年 6 月，时光荏苒，恍惚间中国证券市场已经发展了 30 多年。

在股市这个修罗场上，有人载誉而归，赚得盆满钵满；有人全盘皆输，痛不欲生。股市的起伏涨跌间，那些曾经意气风发的少年或已两鬓斑白，或已悄然离场，而在牛熊之间的时涨时落中我也看到了自己褪色的青春。

股市是经济和货币政策的晴雨表，阴晴间呈现着中国经济的沧海巨变。路漫漫其修远兮，吾将上下而求索。股市沉浮 30 多年，无数股票人的青春已经远去，而我在中国的股市之路上，更像是一位虔诚的朝圣者，踩着中国经济腾飞的节奏一路走来，不变的是谦卑的姿态及探索的心。对于每一个股市的潜心者来讲，股市的数字是有灵魂的，对于行业与时代，有敬畏之心的人才能撬动隐藏在数字背后的灵性，解读出涨跌间内在的财富密码。涨涨跌跌，跌宕起伏的中国股市，就是我们这个时代经济不可或缺的旋律。

谋大事者，必先观大势。百年未有之大变局，就中国而言，变的是实力、地位、影响力。中国经济的崛起，将助推股市风云再起。"黎明前的黑暗"终将远去，必将再现"气势磅礴的大牛市"。而散户想要在股市稳定盈利，离不开背后的交易系统，以及专业人士具备的系统股票知识、相关经济词汇和金融知识，并集众门派战法之所长。只有这样，才能摸索出行之有效的投资策略。

度人者，天自度。由股市中的自度者到度人者，中间是一场场的修行，更是一场场苦涩的炼狱，但我始终怀揣初心，一路磕碰一路歌。感谢这个美好的时代，在抖音、快手、视频号、今日头条等多元开花的自媒体新时代，我寻找到了一条属于自己的股市渡口，为无数奋斗在股市一线的中国股民奉献自己微薄的力量，让更多人走出股海困局，走向属于自己的股市人生。

经过多年的股市悟道，针对无数股民的炒股痛点，我从 K 线语言基础开始，围绕 K 线语言的运用、K 线形态、趋势和趋势线、黄金分割线的使用方法、均线系统等动力系统、波浪理论、道氏理论、价量理论、好股票原理、主力操盘手教程进行详细讲解。编写此书，旨在帮助股民轻松阅读的同时即可投入实战操盘，为各位投资者交易晋级尽绵薄之力。

身在金融中心的上海，20 余年间，我经历了金融圈内的五光十色，觥筹交错。在历经沧桑之后，突然记起来那个发光的少年的梦想：写一本书，办一所学校，做一家基金，为后来者点亮一盏灯。

为此，在经历过市场的酸甜苦辣，投资的跌宕起伏之后，回归初心。由“欲穷千里目，更上一层楼”精进，回归到“窗边流水枕边书”的恬淡，这大概就是找回了我自己。

以之为序！

2023 年 6 月 6 日

目录
CONTENTS

第一部分 基础篇

第1章 K线语言的运用

K线是辨别股价上涨或下跌的信号 …… 2

1.1 K线的基础知识 …… 2

1.1.1 K线的含义与画法 …… 2

1.1.2 K线的制图方法 …… 3

1.1.3 特殊K线与神奇十字星 …… 4

1.1.4 K线组合形态 …… 5

1.2 较强反转形态 …… 6

1.2.1 锤子线与上吊线 …… 6

1.2.2 倒锤子形态与流星形态 …… 10

1.2.3 看涨吞没形态与看跌吞没形态 …… 13

1.2.4 刺透形态与乌云盖顶形态 …… 16

1.2.5 启明星形态与黄昏星形态 …… 20

1.2.6 十字启明星形态与十字黄昏星形态 …… 23

1.3 较弱反转形态 …… 26

1.3.1 孕线形态 …… 26

1.3.2 十字孕线形态 …… 30

1.3.3 平头顶部形态与平头底部形态 …… 32

1.3.4 捉腰带线形态 …… 36

1.3.5 反击线形态 …… 40

1.3.6 向上跳空两只乌鸦形态——看跌 …… 43

1.3.7 三只乌鸦形态——看跌 …… 46
1.3.8 圆形底部形态与圆形顶部形态 …… 48
1.3.9 塔形底部形态与塔形顶部形态 …… 51
1.4 持续形态 …… 54
1.4.1 向上跳空与向下跳空并列阴阳线形态 …… 55
1.4.2 高价位与低价位跳空突破形态 …… 58
1.4.3 多方尖兵与空方尖兵形态 …… 61
1.4.4 上升三法与下降三法形态 …… 64
1.4.5 两红夹一黑与两黑夹一红形态 …… 67
1.4.6 前进红三兵形态 …… 70
1.4.7 前方受阻形态 …… 72
1.4.8 停顿形态（深思熟虑之后决定后市方向） …… 74

第 2 章 K 线盘整形态
股票形态作为买卖点的依据（K 线选股） …… 77
2.1 持续形态 …… 77
2.1.1 三角形 …… 77
2.1.2 旗形与三角旗形 …… 81
2.1.3 楔形 …… 83
2.1.4 矩形 …… 85
2.2 反转形态 …… 86
2.2.1 双重顶、底 …… 86
2.2.2 三重顶、底 …… 88
2.2.3 头肩顶、底 …… 92
2.2.4 圆形底与圆形顶 …… 98
2.2.5 V 形反转 …… 99
2.2.6 喇叭扩散形态 …… 100
2.2.7 钻石形态 …… 102
2.2.8 对等运动 …… 104

第二部分 指标篇

第 3 章 均线系统

反映价格运行趋势的重要指标 …… 108

3.1 移动平均线的原理——投资者平均成本 …… 108
3.2 移动平均线的计算方法 …… 111
3.3 移动平均线的特点 …… 111
3.4 单根均线的使用方法 …… 111
3.5 多头排列与空头排列 …… 115
3.6 黄金交叉与死亡交叉 …… 117
3.7 金三角交叉与死亡三角交叉 …… 119

第 4 章 MACD 指标

指数平滑异同移动平均线 …… 122

4.1 MACD 指标 …… 122
4.1.1 MACD 构造原理 …… 123
4.1.2 MACD 的特点 …… 123
4.1.3 MACD 的计算方法 …… 124
4.2 MACD 基本用法 …… 125
4.2.1 顺势金叉 …… 125
4.2.2 顺势死叉 …… 125
4.2.3 逆势金叉 …… 126
4.2.4 逆势死叉 …… 126
4.2.5 MACD 背离的实际应用 …… 127

第 5 章 RSI 指标

确认股价波动的相对高点与低点 …… 129

5.1 短线强弱走势判断 …… 129
5.2 RSI 指标的计算方法 …… 129
5.3 买卖点判断 …… 130
5.4 RSI 指标运行区域划分及交易含义 …… 131

5.5 RSI 指标金叉与死叉 …… 131
5.6 RSI 指标顶背离与底背离 …… 132

第 6 章 KD 指标
随机震荡指标 …… 134
6.1 KD 线的随机观念 …… 134
6.2 KD 指标的计算方式 …… 135
6.3 KD 指标买卖点判断 …… 135
6.4 黄金交叉与死亡交叉 …… 136
6.5 KD 指标背离 …… 137

第三部分 理论篇

第 7 章 波浪理论
有时能非常精确地预测价位 …… 140
7.1 价格波动的基本结构 …… 140
7.2 波浪理论的数浪规则 …… 141
7.3 波浪理论的等级划分 …… 142
7.4 波浪理论的数学基础 …… 143
7.5 波浪理论大级别浪对应的市场环境解释 …… 144
7.6 波浪理论的核心 …… 144
7.7 波浪理论详解之推动浪 …… 145
7.8 波浪理论详解之调整浪 …… 147
7.9 各波浪主要特性及操作技巧 …… 151
7.10 波浪理论应用之比例关系 …… 154
7.11 波浪理论核心与数浪技巧 …… 155
7.12 波浪理论应用 …… 157

第 8 章 道氏理论
“上涨趋势”中制订并执行多头交易计划 …… 158
8.1 道氏理论的哲学思想体系 …… 158
8.2 道氏理论的技术方法体系 …… 164

第四部分 实战篇

第 9 章 量价关系与买卖点选择

行为金融与量化策略相结合精准盈利 ······ 168

9.1 成交量的定性与含义 ······ 168
9.2 价量本质属性 ······ 169
9.3 成交量的同步与背离关系 ······ 171
9.4 价量关系的应用 ······ 173
9.5 做股票的准则 ······ 174
9.6 涨停一式 ······ 174

第 10 章 趋势和趋势线技术分析

顺着趋势做交易，不要逆势而为 ······ 176

10.1 趋势的含义 ······ 176
10.2 趋势的分类 ······ 176
10.3 趋势线的画法与修正 ······ 177
10.4 趋势线的角度关系 ······ 181
10.5 趋势线通道的画法 ······ 182
10.6 趋势线的反转 123 法则 ······ 183
10.7 趋势线有效性突破原则 ······ 185
10.8 扇形原理 ······ 186

第 11 章 黄金分割线的使用方法

用已经发生的浪形高度为基准黄金分割区 ······ 188

11.1 黄金分割线的实战技法 ······ 189
11.2 总高测量法 ······ 189
11.3 调整区间测量法 ······ 190
11.4 同向测量法 ······ 191

第 12 章 跳空

价格跳空 ······ 192

12.1 跳空的四种类型 ······ 192

12.2 普通跳空——盘整期 …… 193
12.3 突破跳空——初期 …… 193
12.4 中继跳空——中期 …… 194
12.5 衰竭跳空——末期 …… 194

第 13 章 涨股专家
好股票原理 100 分 …… 195

13.1 量能充沛：60 分 …… 195
13.2 结构简单、紧凑：30 分 …… 196
13.3 基本面好：10 分 …… 197

第 14 章 主力操盘手
稳定收益比暴利更重要 …… 198

14.1 职业操盘手 …… 198
14.1.1 项目的调研 …… 198
14.1.2 各种试盘方法的优点和缺点 …… 199
14.2 机构选股 …… 201
14.2.1 主力吸筹手法 …… 202
14.2.2 主力出货手法 …… 205
14.3 操盘口诀 …… 209
14.3.1 投资口诀 …… 209
14.3.2 涨跌停口诀 …… 210
14.3.3 买入法则 …… 210
14.3.4 卖出法则 …… 210
14.4 马丁格尔系统 …… 211
14.4.1 马丁格尔系统 …… 211
14.4.2 逆马丁格尔系统 …… 211

后 记 …… 212

第一部分　基础篇

Part 1　The Basics

股票图最重要的符号，包括K线、动力系统和成交量三种。需要注意的是，单一指标不能作为操作决策依据，K线、动力系统、成交量综合使用才能提高准确率。大方向正确最重要，长周期K线决定大方向，具体操作依据日线级别图形，量能确定市场价格变化性质。

第 1 章

K 线语言的运用

K 线是辨别股价上涨或下跌的信号

市场涨涨跌跌，走势错综复杂，正是这些涨跌，市场形成了 N 种形态，而这些形态可以反映市场的反转、持续等意义。K 线是反映市场涨跌情况最简单的指标之一，所以 K 线又被称为市场的语言，它通过不同形态标注反映市场价格的变化，并且通过 K 线的上下影线来研判市场的顶底转折点，当然这也是 K 线最简单的一种分析技巧。

1.1 K 线的基础知识

K 线图最早是由日本德川幕府时代的米商本间宗久，为了记录米的价格波动而发明的。因为它长得像一根根蜡烛，所以又叫蜡烛图。通过 K 线分析，发现盘面事实。投资者可以根据盘面事实做出应对策略，而不是用来预测后市的走势。

1.1.1 K 线的含义与画法

K 线由开盘价、最高价、最低价、收盘价构成，如图 1-1 所示。

柱子（中间粗的那块）的上边与下边，是记录开盘价与收盘价的。如果开盘价高于收盘价，那么开盘价就在上面，收盘价就在下面，说明当天价格是先高后低，属于下跌的。用绿色柱子来表示，这就叫作阴线。

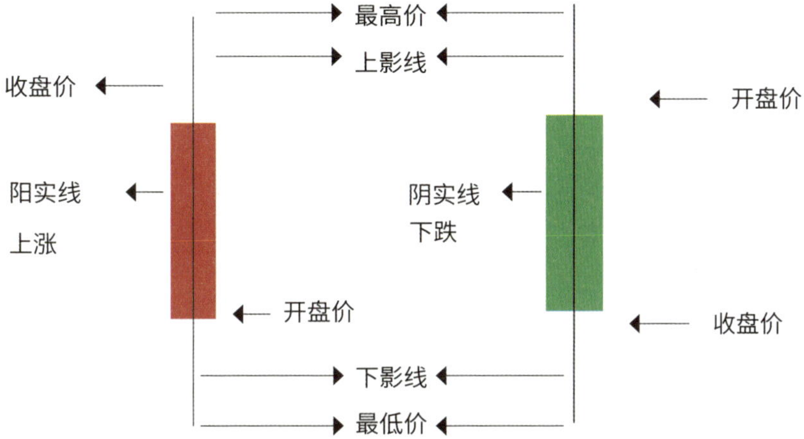

图 1-1　K 线的含义

如果开盘价低于收盘价，那么开盘价就在下面，收盘价就在上面，说明当天价格是先低后高，属于上涨的，用红色柱子来表示，这就叫作阳线。

也就是说，阳 K 线的实体的上方代表当天的收盘价，下方代表当天的开盘价；阴 K 线的实体的上方代表当天的开盘价，下方代表当天的收盘价，上影线的最高位置为当天最高价，下影线最低的位置为当天最低价。

除此之外，K 线图还有一些奇形怪状的图形。

小阳星，全日中股价波动很小，开盘价与收盘价极其接近，收盘价略高于开盘价；小阴星，小阴星与小阳星相似，只是收盘价格略低于开盘价格；十字星，开盘价与收盘价极其接近，存在较长的上影线和下影线；一字线，开盘价与收盘价极其接近，不存在上影线和下影线；假阳线，低开高走，收盘价高于开盘价，且低于前日收盘价；假阴线，高开低走，收盘价低于开盘价，且高于前日收盘价。

1.1.2　K 线的制图方法

K 线怎么画？绘制 K 线的四个主要数据：开盘价、收盘价、最高价、最低价，只要将这四个数据按照 K 线的形成规则画线刻度即可。

K 线的制图方法如表 1-1 和图 1-2 所示。

表 1-1　K 线的制图方法

时间	开盘价	最高价	最低价	收盘价
1	20	30	15	25
2	25	25	10	15
3	30	35	15	20
4	45	50	15	40
5	25	40	25	35

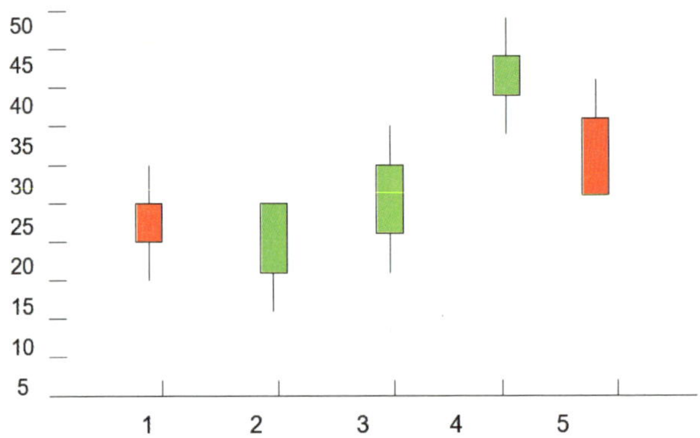

图 1-2　K 线的制图方法

一般来说，K 线实体越长，攻击力度越强，阳线为向上攻击，阴线为向下攻击；K 线的影线越长，往往所受阻力越大。上影线越长，代表股价上涨所受阻力越大，后势易跌；下影线越长，代表股价所受支撑越强，后势易涨。影线的长度一般应超过其实体长度，越长意义越强烈。

1.1.3　特殊 K 线与神奇十字星

特殊 K 线有五种，包括十字星、梭子星、雨伞星、榔头星、纺锤星，如图 1-3 所示。

图 1-3 特殊 K 线

在股票市场，五大星形态越规范，则信号越稳定。五大星与四大线（均线、黄金分割线、江恩趋势线、通道线）结合，碰到四大线压力位或支撑位（颈线位、平台位），才有变盘意义，否则就是过路星。

其中，十字星线代表市场犹豫不决，多空搏杀激烈，双方力量相对平衡。只有在一个市场不经常出现十字线的情况下，十字线才具有重要意义。通常采用时间单位大于 30 分钟的时间周期（不同的时间级别）。市场顶部和底部的十字线代表前趋势能量的减退和反转信号。

十字星运用在以下方面：在一段上升趋势的顶部，在长阳 K 之后的十字星预示市场上涨的结束；在一段下降趋势的底部，在长阴 K 之后的十字星预示市场下降的结束；在一段趋势的中途，预示市场沿原趋势运动。

1.1.4 K 线组合形态

K 线组合形态可分为两类：反转形态（反转形态有较强和较弱两类）和持续形态。反转形态表示趋势有重要的反转现象，持续形态则表示市场行情处在盘整阶段，也许在修正了短期的超卖、超买之后，仍往原来的趋势前进。

反转形态的特征如下：市场必须在此形态之前存在明显趋势行情；重要趋势线被有效突破；如果反转形态形成在底部位置，那么在该形态出现向上突破后，则要求伴随着成交量逐渐放大；反转形态跨度和波动幅度越大，反转形成后所出现行情变动幅度就越大。

1.2 较强反转形态

反转信号出现以后，会发生的情况：市场趋势立即反转；市场先转化为一段横向调整，之后形成方向相反的新趋势；市场趋势先进行短暂回调，之后继续原趋势的运动。

老胡心经：

①书中所讲到的 K 线形态都是相对经典和完美的形态，但是在实际市场中，我们看到的K线形态更多的是以变体的形式出现的，所以我们不要教条式地学习，而要学会 K 线运行的原理，要学会灵活运用，融汇变通。

②无论我们学习何种 K 线形态，首先要对趋势进行判断。

③一定记住，使用单一的工具是没有正期望收益值的。一定要多工具运用，多时间构架相结合，并且严格坚持六字方针——“计划、执行、风控”。

1.2.1 锤子线与上吊线

（1）锤子线

出现在一段趋势的底部叫作锤子线，如图 1-4 所示。

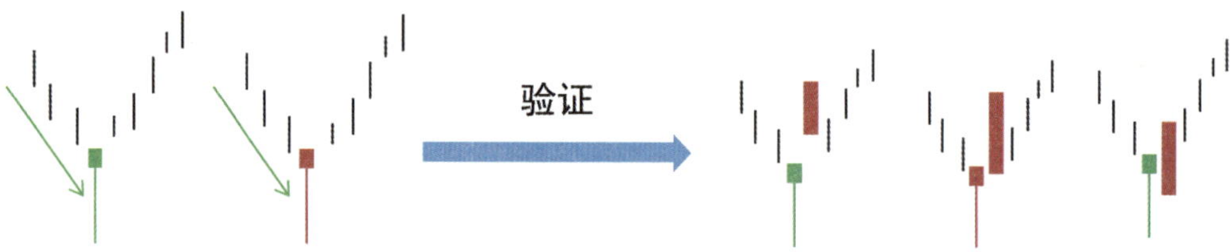

图 1-4 锤子线示意图

锤子线要满足以下条件：

①必须出现在一段下降趋势的底部或者横向交易的下边界才能满足反转条件。

②实体处于整个价格区间下端（实体颜色无所谓）。

③下影线长度≥2 倍实体高度（下影线越长形态越完美）。

④没有上影线或者上影线极短。

⑤必须等待下一根阳 K 线的出现对它进行验证（阳 K 线的收盘价 > 前一日收盘价）。

①>跳空距离越大；②>阳 K 线实体越长；③>形成坚挺的吞没形态——验证信号越强烈。

锤子线形态，如图 1-5 所示。

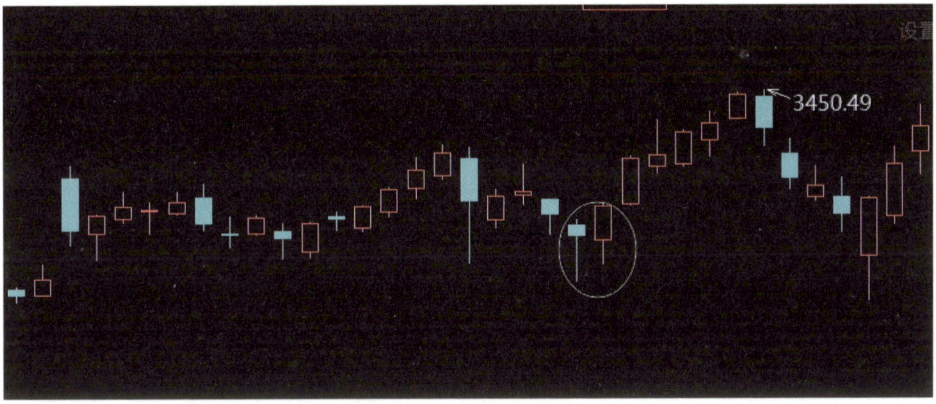

图 1-5　锤子线形态

【价与量的评量】

锤子线，是发生在一连串的下跌之后，最后出现一支长下影线的小阳线或阴线，而欲试探底部。专业的投资者，对于长长的下影线充满着价格反转震荡的信心。

我们要特别注意时间与下跌幅度。通常在下跌约一个月，如果出现这一 K 线形态，就有可能反转向上。因此，锤子线其实就是一种“止跌”的信号，多头对于次一日的行情发展随时留意，伺机买进。

市场行家认为，验证行情的是否反转向上，那么在探底线之后的次一日 K 线的开盘价、收盘价、最低价、最高价等，都必须高于锤子线。

锤子线要配合成交量的提升，反转的概率才会高。锤子线的下影线越长，它的成交量就可能会越大，同时它反转的性质就会更明显。

空头在这里几乎全面抛售，割肉几乎割完了，下跌空间有限，属于探底回升。

如果这时价格走势已经下跌一个月以上，跌幅已深，更可以确认市场的行情将要反转，因此多头可以买入。

锤子线符合物极必反的法则：价格跌幅过大，常常会有反向的运动出现。价格下跌久了，跌过头了，早晚是要反弹向上的。我们可以买进做多获利的。

锤子线之后的价格发展，依次一日的确认线的K线强弱定夺，而遵循下列几种走势图行进：

（1）上升推送波：具有最大的获利的可能。

（2）进入修正波：反弹波，只有小获利。

（3）停在低点盘整：低迷无利可图，并且有出场的风险。

（4）不涨反跌：这是看错行情，必须止损出场。

估算在大多数的状况下，锤子线后将会进入（2）的状态，获利与风险比值是1∶4。投资人可以小额测试，以小试大，一步一步地加码，直到市场反转为止。切记不可一次建立大的部位（或持股）；因为有测试，所以当价格有意料之外的表现或暴涨时，才不会错失良机。

（2）上吊线

出现在一段趋势的顶部叫作上吊线，如图1-6所示。

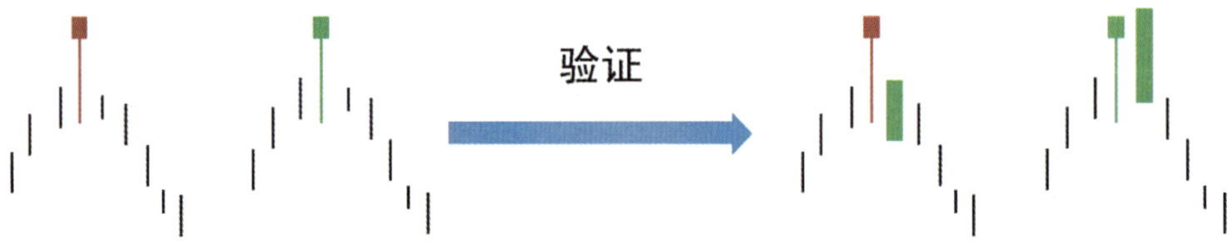

图1-6　上吊线示意图

上吊线要满足以下条件：

①必须出现在一段上升趋势的顶部或者横向交易的上边界才能满足反转条件。

②实体处于整个价格区间上端（实体颜色无所谓）。

③下影线长度≥2倍实体高度（下影线越长，形态越完美）。

④没有上影线或者上影线极短。

⑤必须等待下一根阴 K 线的出现对它进行验证（阴 K 线的收盘价 < 前一日收盘价）。

①>跳空距离越大；②>阴 K 线实体越长；③>形成坚挺的吞没形态——验证信号越强烈。上吊线形态，如图 1-7 所示。

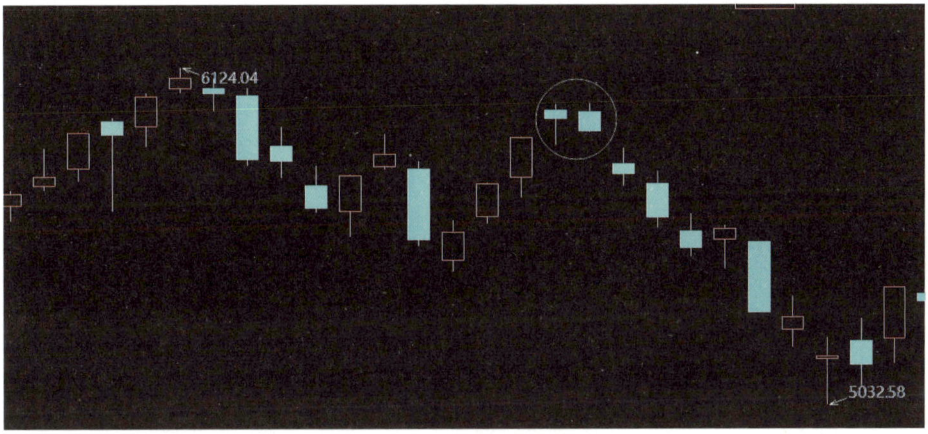

图 1-7　上吊线形态

【价与量的评量】

上升波的上吊线，在上升的走势中，突然出现一支长下影线高悬在上。这种 K 线形态就称为上吊线，这是多头势力受挫的信号，并且十分准确。

上吊线的这一线型，可以推断是空头一时性的回补而将价位拉高，以及多头的获利了结，而导致下端拉出长长的下影线来（影线约为实体的 2 倍以上）。上吊线跳空，看来似乎还有一些涨势，但这是骗线的形态之一，多头绝对不可以进场，否则将可能被套牢。

一般来说，具有长长的下影线的 K 线，可能有一定的支撑。但在上升波发展有一定的时日之后，实体的短小，对应着影线的长大，这显示的是价格本身的充满争议；即使在经验里的统计，上吊线也都是以反转向下居多。

上升波的上吊线的成交量，量大和量小都大概率要调整。

很多新手不能理解这一点：成交量大时，K 线形态不应出现这样的伞状线，它有主力控制的影子在，主力将价格保持在高位。至于成交量减少的结果，变成“价涨量缩”“价涨K线实体缩小”，大概率是要反转下跌的。

上吊线之后的价格发展，依次一日确认线的K线强弱定夺，而遵循下列几种走势图行进。

①下降推送波：具有最大的获利的可能。

②落入修正波：回档波只得小获利。

③停在高点盘整：无利可图，而有风险。

④不跌反涨：这是看错行情，必须止损出场。

在消息面，心理面未有重大变化的状况下，“上吊线”后将会进入②的状态，获利与风险比值是1∶4。投资人可以小额测试，以小试大，逐步投入。

1.2.2　倒锤子形态与流星形态

（1）倒锤子形态

出现在一段趋势的底部叫作倒锤子线，如图1-8所示。

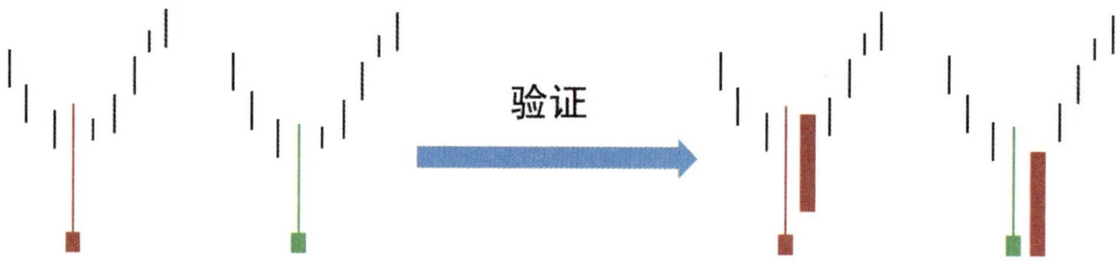

图1-8　倒锤子线示意图

倒锤子形态要满足以下条件：

①必须出现在一段下降趋势的底部或者横向交易的下边界才能满足反转条件。

②实体处于整个价格区间下端（实体颜色无所谓）。

③上影线长度≥2倍实体高度（上影线越长，形态越完美）。

④没有下影线或者下影线极短。

⑤必须等待下一根阳K线的出现对它进行验证（阳K线的收盘价＞前一日收盘价）。

①>跳空距离越大；②>阳 K 线实体越长；③>形成坚挺的吞没形态——验证信号越强烈（看涨比看跌的条件更严谨）。倒锤子线形态，如图 1-9 所示。

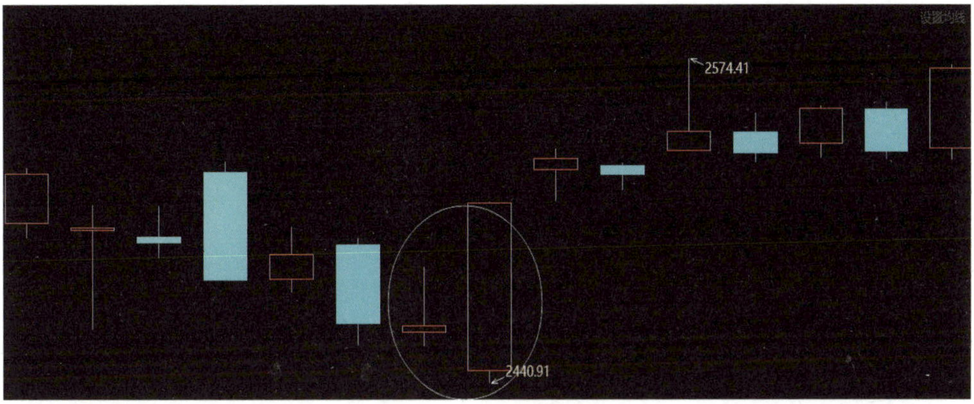

图 1-9　倒锤子形态

【价与量的评量】

市场新手会被它长长的上影线所骗，而以为价格还要持续地下探，其实倒锤子线配合之前的大的跌幅，到此已是止跌的时候。市场老手深知投资致富的重点在于胜率的多寡，没有人能够每次出击都胜出，即使是非洲的母狮出击，平均来看，也只有 1/4 的成功率而已。我们提高自己的成功率，在关键的战役中，投入最大的兵力（筹码），一举战胜，而获取大利。在某些不是那么十全十美的个案中，我们投入小的兵力，小心试探，然后采取做对加仓的“浮盈加仓”的策略。

在市场中，无可否认的是，即使是最老于世故的专业投资者也会存在少数看错的例子，这时投资人必须能够避险与止损，这是一种重要的危机处理。你可以放任获利的个股自由发展，却不能放任亏损的无限度扩大。因此，我诚恳建议投资者，如果在进场下单之后，发现有看错市场方向的情形，之后并且发生有 10%以上的亏损时，投资人必须立刻认错，实时清仓或减仓出场。

（2）流星形态

出现在一段趋势的顶部倒锤子线叫作流星线，如图 1-10 所示。

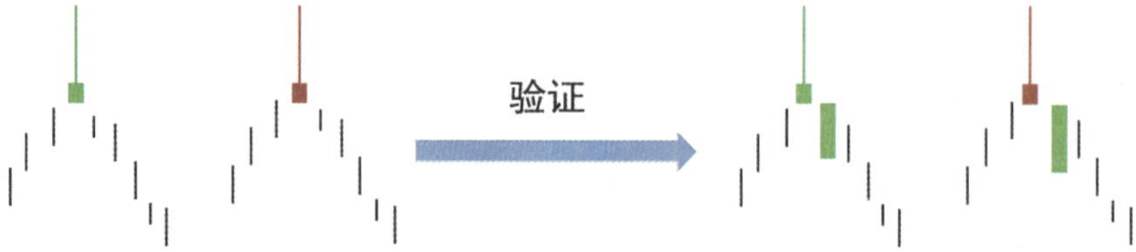

图 1-10　流星线示意图

流星形态要满足以下条件：

①必须出现在一段上升趋势的顶部或者横向交易的上边界才能满足反转条件。

②实体处于整个价格区间下端（实体颜色无所谓）。

③上影线长度≥2 倍实体高度（上影线越长，形态越完美）。

④没有下影线或者下影线极短。

⑤必须等待下一根阴 K 线的出现对它进行验证（阴 K 线的收盘价 < 前一日收盘价）。

流星线形态，如图 1-11 所示。

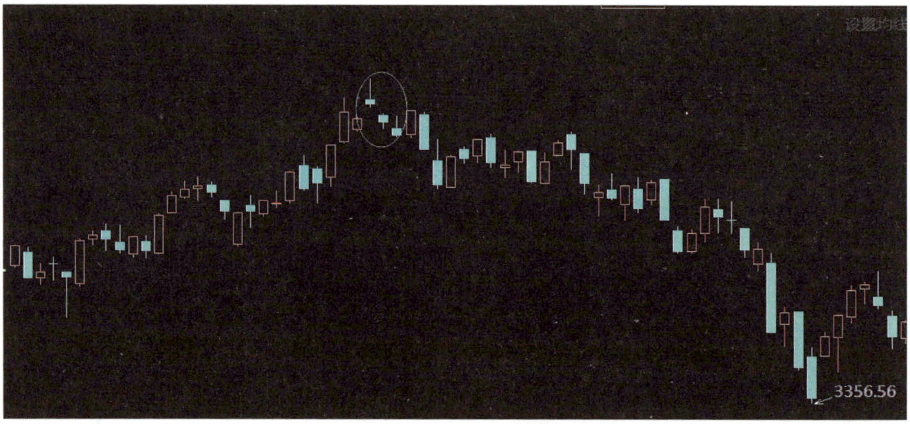

图 1-11　流星线形态

【价与量的评量】

市场在连续多日上涨的行情之后，这时市场老手必须注意到它反转下跌的可能。市场常常过度反应，但不会涨上天的。

连续多日上涨的成交量，必须保持一定的买力和人气在，股价才能步步推升。

中间如果发生高位放大量，那么反而是造市者抛售的警示信号。次一日转阴下降，就可能是这一上升波的高点反转了。周 K 线，如果连出九支阳线时，多头应该提高警戒。同样地，周 K 线，如果连出九支阴线时，空头也应该提高警戒。

下降确认线的强弱种类，至少可以分成下列 5 种：

①跳空+跌停板：最强力的下降确认线是当日开盘价的跳空，加上跌停板收盘。

②纯下跳空：次强力的下降确认线是当日开盘价的跳空，但未收跌停板。则确认线的开盘价在昨日的最低价之下。

③头脚相切线：其次是在之前一日的最低价切齐。也就是说，确认线的开盘价与之前一日的最低价相等。

④实体相切线：两日的实体有相切。

⑤沾连线：次一日的开盘价比前日低，但开在前一日实体之内，它是一种强力下跌的开始。

如何能够减小假信号的干扰？

第一，每次交易必须带风控。

第二，放大交易周期——周期越大，价格的稳定性越强。

1.2.3　看涨吞没形态与看跌吞没形态

（1）看涨吞没形态

看涨吞没形态反映出股价本来处于下降形态之中，但是后来出现了一根坚挺的实体，这根实体将它前面的那根实体吞没了。

看涨吞没形态，如图 1-12 与图 1-13 所示。

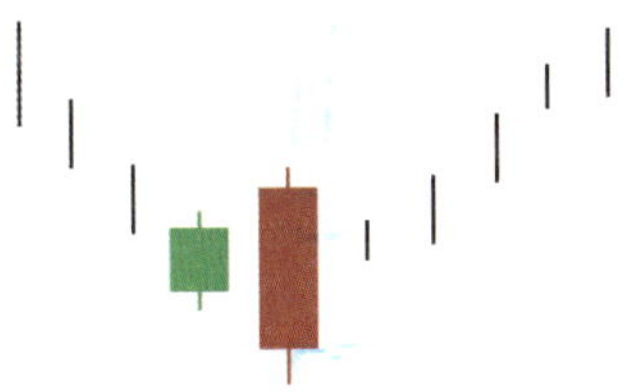

图 1-12　看涨吞没线示意图

看涨吞没形态要满足以下条件：

①必须出现在一段下降趋势的底部或者横向交易的下边界才能满足反转条件。

②两根K线必须一阴一阳。

③第一根阴K线的实体必须很短（说明前趋势已经明显减弱）。

④第二根阳K线实体必须覆盖第一根阴K线实体（不一定需要吞没影线）。

⑤必须等待下一根阳线的验证。

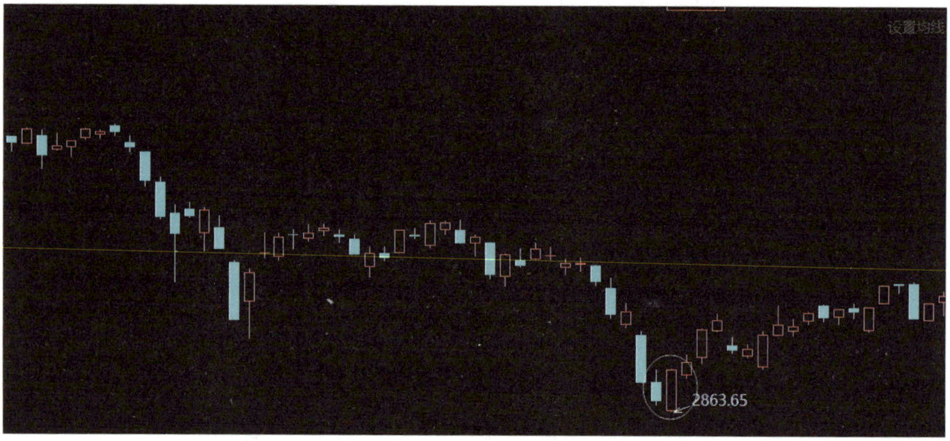

图1-13　看涨吞没形态

【价与量的评量】

看涨吞没的K线形态组成：

①短阴线。

②长阳线：它的成交量必须明显倍增才行。

③确认线：第三天的K线走势，开盘价最好高于第二天的长阳线的收盘价。

看涨吞没形态，通常都要3天左右才能完成反转。也就是说，大约在第3天的确认线出现之后，整个反转才会形成。

从价格走势的逐渐下落的形态中，突然出现一支大阳扭转跌势，这看来似乎是买入的信号。其实，它可能只是一种“转卖”的契机，多头必须特别注意。

看涨吞没形态之后，预估会有较慢的、较小的涨幅发生，因此可以轻仓做多，较小的投机，期望有小小的获利。之后如果做对的话，可以逐步加仓。

看涨吞没形态之后的价格发展，依次一日确认线的 K 线强弱定夺，而遵循下列几种走势图行进：

①上升推送波：做多具有最大的获利的可能。

②落入修正波：做多反弹波，只有小获利。

③停在低点盘整：低迷无利可图，而且有出场的风险。

④不涨反跌：这是看错行情必须止损出场。

如果没有新的消息面介入，看涨吞没形态后将会进入②的状态，获利与风险比值是 1∶4。投资人可以小额测试，以小博大，逐步投入。若是看错行情，必须止损出场。

（2）看跌吞没形态

在个股上涨的过程中，出现一个大阴线包含前一交易日阳 K 线的图形。看跌吞没形态，如图 1-14 与图 1-15 所示。

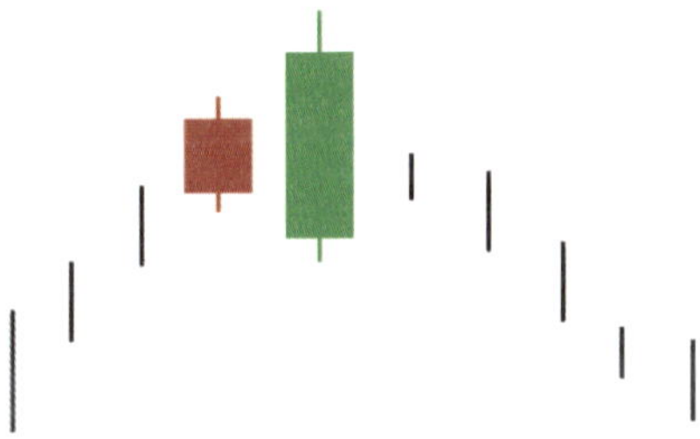

图 1-14　看跌吞没线示意图

看跌吞没形态要满足以下条件：

①必须出现在一段上升趋势的顶部或者横向交易的上边界才能满足反转条件。

②两根 K 线必须一阳一阴。

③第一根阳 K 线的实体必须很短（说明前趋势已经明显减弱）。

④第二根阴 K 线实体必须覆盖第一根 K 线实体（不一定需要吞没影线）。

⑤等待下一根阴线的验证。

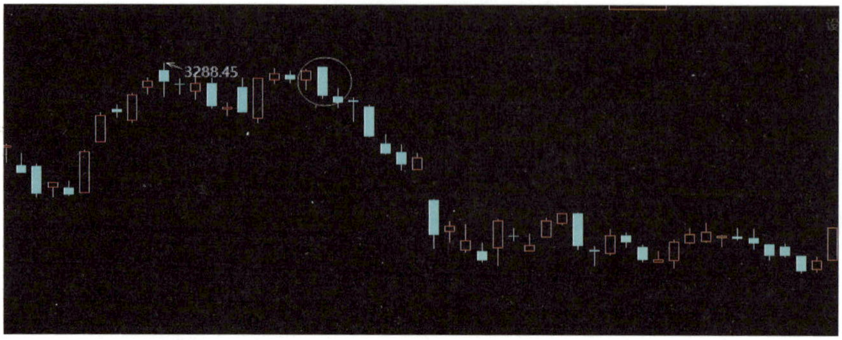

图 1-15　看跌吞没形态

【价与量的评量】

阴线的成交量可大可小，有时还有无量下跌的情形。也就是说，几乎没有什么成交量，但价格已经下跌。在恐慌性的卖盘出现时，委卖的人很多，但能成交的单子很少。

看跌吞没属于一种尖锐的倒 V 字形反转。

在价格上升一个月之时，成交量配合高位出现两次相邻的放巨量，它比单日的放巨量还要具有意义。投资者必须将接连两日的成交量一并观之。两次相邻的放巨量之后，价格大多在一周之内反转向下。因此，我们说两次相邻的放巨量是反转下跌的背书。

看跌吞没形态之后，预估会有很急、很大的跌幅发生。因此可以重仓做空，集中投机，一次大胜，多头必须一次止损（止盈）离场。

在长期的上升走势中，如果最后出现了看跌吞没形态时，应立刻抛售，它的主要考量点在于上升浪的长度。

看跌吞没形态的成交量，量大量小也有一些不同情况。如果成交量大，那么止跌还有些力道。但是如果成交量小，表示没有人敢买了。多头大多缩手而去，等待触底的低价才会回来，空头在这时几乎都是卖不掉的。

1.2.4　刺透形态与乌云盖顶形态

（1）刺透形态

刺透形态是由两个蜡烛线组成的，第一天是一根阴线，第二天是一根阳线，第二天的实体穿过第一天的实体，如图 1-16 所示。

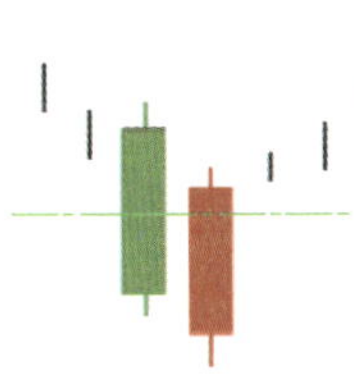

图 1-16　刺透线示意图

刺透形态要满足以下条件：

①必须出现在一段下降趋势的底部或者横向交易的下边界才能满足反转条件。

②第一天为一根坚挺的阴 K 线，第二天为一根坚挺的阳 K 线。阳 K 线明显扎入阴 K 线实体内≥50%（实体越深，构成反转的可能性越大）。

③阳 K 线开盘价＜阴 K 线的最低价。

④阳 K 线的收盘价≈阳 K 线的最高价，即上影线短（说明压力小）。

⑤必须等待第三根阳 K 线的验证。

刺透形态，如图 1-17 所示。

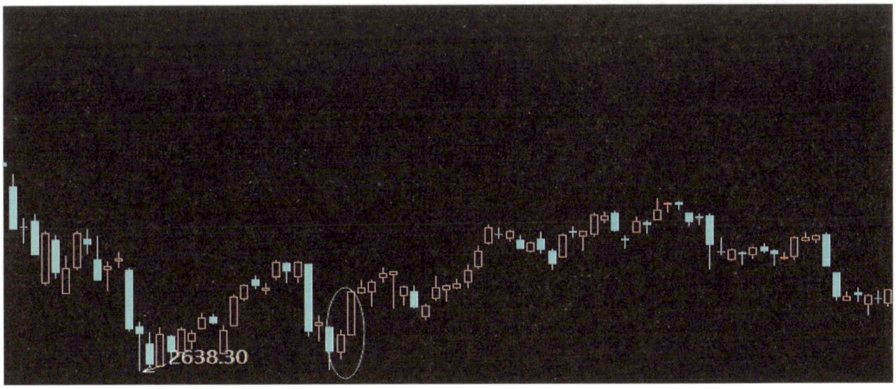

图 1-17　刺透形态

【价与量的评量】

下降波最好是有半个月以上的波动，实际交易日最好是超过 15 日以上，那么在大阳线之后的反转成真的概率比较大。

刺透是指大幅低开高走的阳线，这是涨势信号的一种。如果发生在下降波段中，价格大多反转。依照刺透阳线的长短分类，还有中阳线与小阳线等。从它的阳线的长短幅度，可以测出当日的涨势强度，底部反转的大阳线有两种状况：单独的光头光脚阳线、具有上下影线的长阳线。其中光头阳线的反转力量比较强，无论大阳线或长阳线，都要伴随着大的成交量。

刺透基本上是属于一种V字形的反转，它是一种强力反转向上的形态。

光头光脚大阳线的出现，几乎就是宣告这一波的反转属于推动浪上升。在这种兆头下买进做多的投资人，容易获取大利。假如次一日的确认线成立，也是好兆头的话，这就是属于大幅上涨的连续信号了。长阳线的收盘价，如果是次一日确认线的开盘价，这是价格强势的征兆。是一个好的开始，预期本波的涨幅十分可观。

刺透符合物极必反的法则，这是物理作用的结果。反者道之动，有一个作用出现，就有反作用的出现。因此，在动极之余，常常会有反向的运动出现。价格下降久了，跌过头了，早晚是要反弹向上的。我们可以买进做多获利的。

K线的精髓在于：窥知光头光脚大阳线之后反转的是推动浪，涨幅又急又大，可能有80%的潜在获利概率。因此，建议投资者在这个转折点重仓做多，增加仓位，当价格高涨之后，就是您口袋满载而归的时候。

刺透是在下跌的走势中遭遇极大的阻力，因为多头的全面反扑，所以是以大阳线阻挡前路，这种K线形态一旦出现，大概率是底部的反转。所以，空头的一方，在这应暂退一步为宜。刺透之后的价格发展，根据次一日的K线四价，可定出几种走势图：

① 上升推送波：具有最大的获利的可能。

②进入修正波：反弹波，小有获利。

③停在低点盘整：无利可图，并且有风险。

④不涨续跌：这是看错行情，必须止损出场。

如果政治经济形势未起新的变化，刺透后将会进入①的状态，获利与风险比值是4:1，投资人可以进场以小博大。

（2）乌云盖顶形态

乌云盖顶形态是K线图较为常见的顶部反转形态图表之一。这种形态由两根 K 线组成，它们一般出现在上升趋势之后，在有些情况下也可能出现在水平调整区间的顶部，如图 1-18 所示。

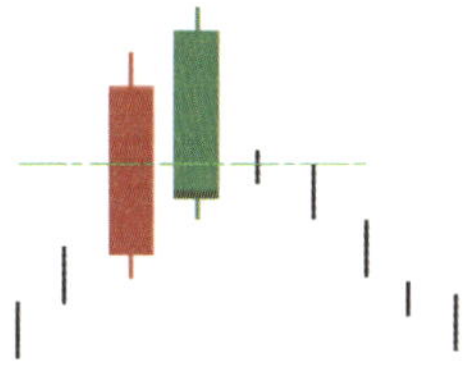

图 1-18　乌云盖顶线示意图

乌云盖顶形态要满足以下条件：

①必须出现在一段上升趋势的顶部或者横向交易的上边界才能满足反转条件。

②第一天为一根坚挺的阳 K 线，第二天为一根坚挺的阴 K 线。阴 K 线明显扎入阳 K 线实体内≥50%（实体越深，构成反转的可能性越大）。

③阴 K 线开盘价 > 阳 K 线的最高价。

④阴 K 线收盘价≈阴 K 线最低价，即下影线短（说明支撑弱）。

⑤必须等待第三根阴 K 线的验证。

看跌吞没形态的效力 > 乌云盖顶。

乌云盖顶是大幅高开低走，当日以长阴收盘，这是跌势信号的一种。依照它阴线的长短，另有中阴线与小阴线等。从它的阴线的长短幅度，可以测出当日的跌势强度。乌云盖顶形态，如图 1-19 所示。

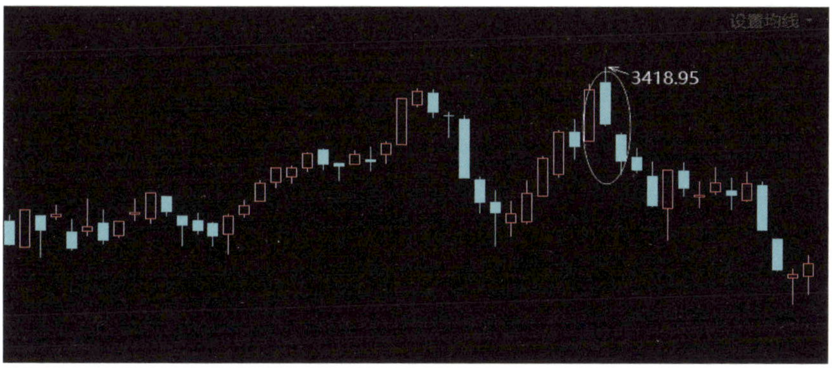

图 1-19　乌云盖顶形态

【价与量的评量】

上升浪发展一段时日之后，乌云盖顶的出现，是紧接着前一日的阳线之后的高开低走阴线，收在前日阳线实体50%以下。如果阴线收盘价愈低，表示卖压愈大。它的典型K线形态结构如下：

①中长阳线：代表买力强。

②中长阴线：又代表悲观至极，许多人排队卖股票，却卖不出去。

③确认线：它的开盘价低于之前一日，收盘价也低于之前一日，成交量都不大。

上升浪的乌云盖顶的成交量，具有比较大的弹性。但是如果之前数日有放巨量的话，或是乌云盖顶本身的连续两天放巨量，都是反转向下的信号。

乌云盖顶之后，预估会有较急、较大的跌幅发生，因此多头应立即离场，空头可以较大仓位做空。

乌云盖顶之后的价格发展，根据次一日的K线四价，可定出几种走势图：

①下降推送波：具有最大的放空获利的可能。

②落入修正波：放空小获利。

③停在高点盘整：无利可图，而有风险。

④不跌反涨：这是看错行情，必须止损出场。

如果其他基本条件未变，乌云盖顶后将会进入①的状态，获利与风险比值是4:1，投资人可以进场放空投机，以小博大。

1.2.5 启明星形态与黄昏星形态

（1）启明星形态（早晨之星）

启明星形态的前面有一根长长的阴线，随后出现了一个向下跳空的星线，随后又出现了一根长长的阳线，它明显地向上推进到第一根阴线实体之内。

启明星形态出现在趋势底部预示着上涨。启明星形态，如图1-20与图1-21所示。

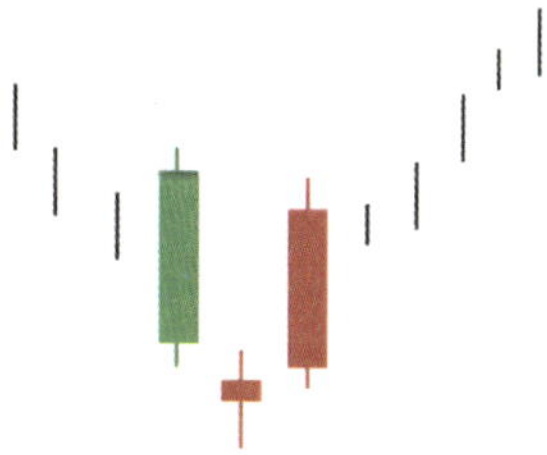

图 1-20　启明星线示意图

启明星形态要满足以下条件：

①必须出现在一段下降趋势的底部或者横向交易的下边界才能满足反转条件。

②第一根阴 K 线。

③第二根阳 K 线向下跳空（空方已经失去将市场进一步压低的能量）。

④第三根长阳 K 线，且明显向上推进到第一根阴 K 线实体之内（说明多方已经夺回主导权，如果第三根阳 K 线跳空则说明看涨强烈）。

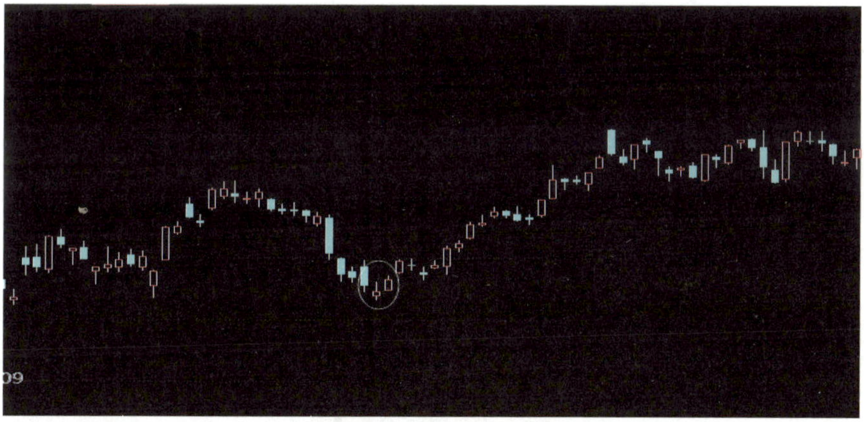

图 1-21　启明星形态

【价与量的评量】

启明星的 K 线短小，成交量可能不大，它是价格探底的象征。但一切都要等待第三天与第四天的 K 线形态反转。总的来说，启明星之后成交量的继续扩大，才是价格反转向上的保证。

启明星之后，预估会有很急、很大的涨幅发生；因此重仓做多，集中投机，一次大胜。

（2）黄昏星形态

黄昏星形态是由三根 K 线组成的，在前两根 K 线中，第一根是一根长长的阳线，后一根是星线。星线的出现，是顶部形态的第一个征兆。

黄昏星形态，如图 1-22 与图 1-23 所示。

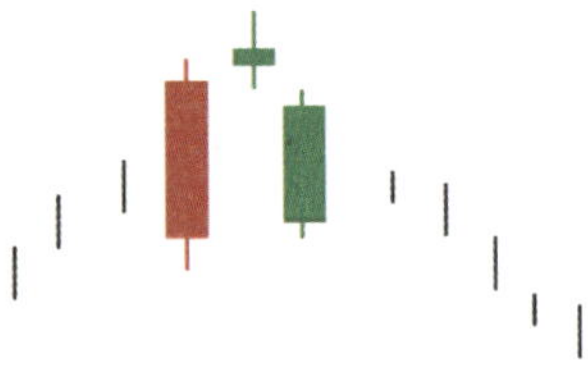

图 1-22　黄昏星线示意图

黄昏星形态，出现在趋势顶部预示着下跌。

黄昏星形态要满足以下条件：

①必须出现在一段上升趋势的顶部或者横向交易的上边界才能满足反转条件。

②第一根阳 K 线。

③第二根阴 K 线向上跳空（多方已经失去将市场进一步拉升的能量）。

④第三根长阴 K 线，且明显向下推进到第一根阳 K 线实体之内（第三根 K 线的跳空不常见，说明空方已经夺回主导权，如果第三根阴 K 线跳空则说明看跌强烈）。

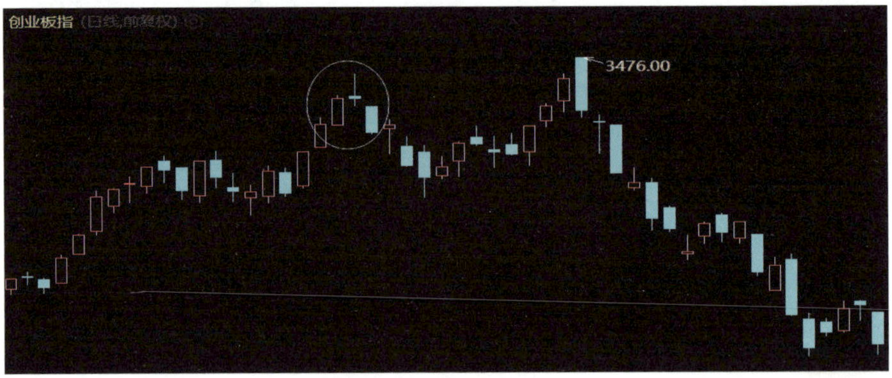

图 1-23　黄昏星形态

【价与量的评量】

黄昏星是指在上涨的过程中，多头气势如虹而在大阳线之后跳空而上出现的小阴线，翌日低开然后大幅下跌收长阴。它的 K 线形态排列特征如下：

①光头光脚大阳线：气势如虹地上涨，不带有上下影线。当然实际出现时，只要是长阳线的 K 线形态就可以充数了。

②黄昏星：其实只要是纺锤线，线型短小的都可以算是。

③长阴线：但在实际变化多端的 K 线形态当中，以中阴线的出现概率最高。

黄昏星的成交量大的话，是价跌量增，对于日后的涨势不利。如果黄昏星的成交量减小的话，那么更是反转向下的概率高。

强势顶部形态出现以后，你做了止损，结果趋势继续上涨，此时该怎么办？

第一，做交易一定要有完善的交易体系——交易计划。

第二，坚定不移地执行交易计划。

第三，做交易进场必须带止损，如果此次交易没有带止损，那么你即使获胜了也是错的。

第四，解决方案——按照交易体系找到买点——二次进场。

1.2.6　十字启明星形态与十字黄昏星形态

与黄昏星和启明星的原理一样，只是十字启明星和十字黄昏星的反转信号更强烈。因为十字星本身就代表了多空较量很激烈，所以第三根 K 线的验证就很能说明问题。

十字星是指开、收盘都位于同一价位上，但上下方各冒出长短不同的影线。

（1）十字启明星形态

十字启明星形态，如图 1-24 与图 1-25 所示。

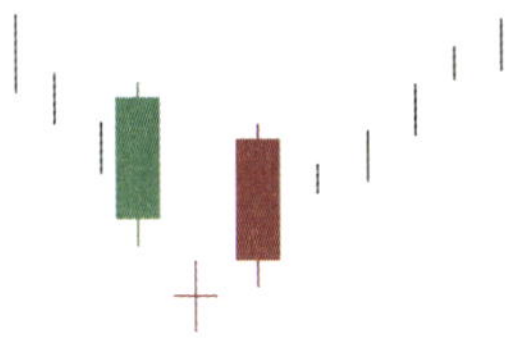

图 1-24　十字启明星线示意图

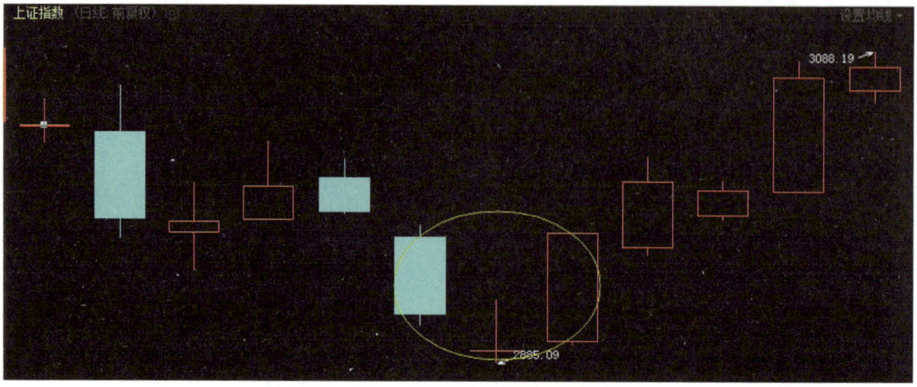

图 1-25　十字启明星形态

【价与量的评量】

十字启明星在下落的过程中，出现阴线，途中经过一天的十字星的跳空而下，然后出现跳空的阳线，这表示空头卖力已濒临尽头，随时有反弹的可能。十字启明星的典型结构如下：阴线、十字星、阳线。

在十字启明星出现后空头必须警戒，不可再行放空。如果见到底部反转时，应立刻转空为多。

十字启明星的成交量大小，是预估涨跌反转的重要依据之一。如果阳线出现时，带有明显的量的放大，那么反转向上的概率就要增大。如果它的成交量继续萎缩，那么依“K 线十字星”的原理，应该是下跌的成分多。

（2）十字黄昏星形态

十字黄昏星形态，如图 1-26 与图 1-27 所示。

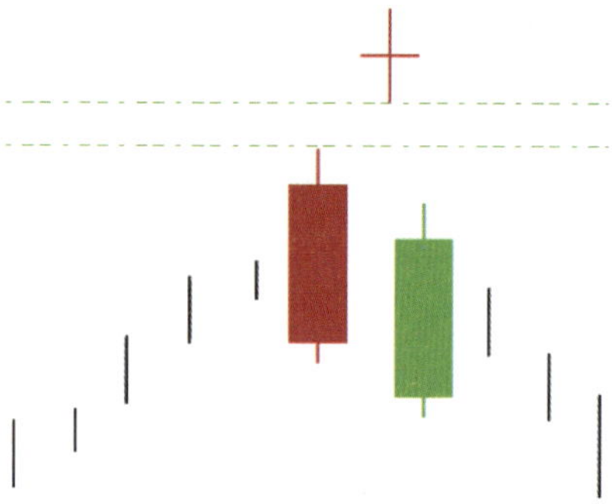

图 1-26　十字黄昏星线示意图

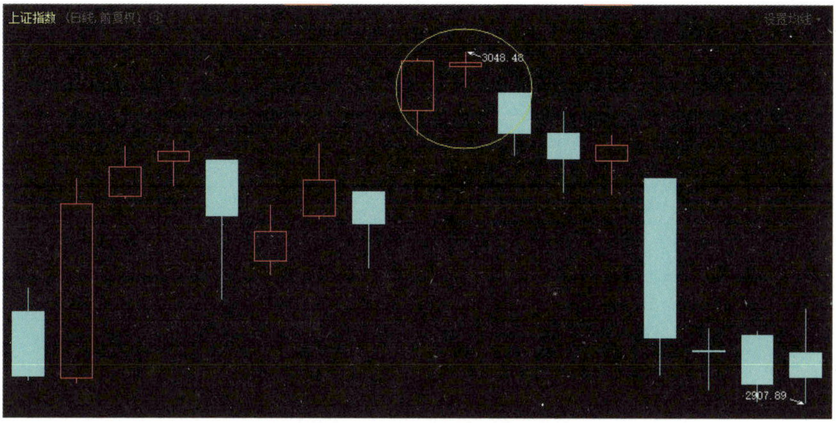

图 1-27　十字黄昏星形态

【价与量的评量】

十字黄昏星的这个 K 线形态与黄昏星十分相似，它们不同的是中间的小阴线改为十字星而已，所以称为十字黄昏星。它是属于跳空上涨后开、收盘都在同一点。因为出现十字线的关系，因而被称为“转换线”。如果在第二天出现长阴线，就可以确定今后的市场的下挫。黄昏星是抛售的信号，空头可以顺势做空。

十字黄昏星符合高点物极必反的原理。物理有作用的结果，就有反作用的出现。因此，在动极之余，常常会有反向的运动出现，这时可以捕捉反转的个股形态。价格上升高了，涨过头了，早晚会下跌的。

十字黄昏星在一连串的上升走势途中，如果先出现开收盘同一价位的长十字线，随后市场行情跳空下跌，而且是以长阴线收盘，这表示多头的买力到十字线发生时，已告枯竭。所以在这之后多头得弃守阵地，全面撤退。长十字线出现后行情很容易下降，所以空头可以乘势追击。

我们透过 K 线形态，特别是跳空向下的 K 线形态，事先窥知十字黄昏星之后是大的调整浪，跌幅可能又急又快，可能有 80%的潜在获利概率。因此建议多头在十字黄昏星后快速离场，空头在这个形态出现后重仓做空。

你应该先观察本轮行情是否上升已久，涨幅已高（有 20%以上），上涨时间是否持续两周了。这些都有助于判定多头买力衰竭的认定。十字黄昏星之后的价格发展，根据次一日的 K 线四价，可定出几种走势图：

①下降推送波：具有最大的放空获利的可能。

②落入修正波：放空小获利：大多会出现拉回测试，可以考虑二度进场放空卖出。

③停在高点盘整：放空无利可图，而有风险。

④不跌反涨：这是看错行情，必须止损出场。

估算在最大多数的状况下，十字黄昏星后将会进入①的状态，获利与风险比值是4:1，投资人可以进场投机，以小博大。

1.3 较弱反转形态

以下是几种较弱的反转形态，如果你在交易中遇到这些形态却未能及时做出正确的判断，那么你很有可能掉进市场的陷阱，造成巨大的损失。

1.3.1 孕线形态

（1）看涨孕线形态

看涨孕线形态，如图 1-28 与图 1-29 所示。

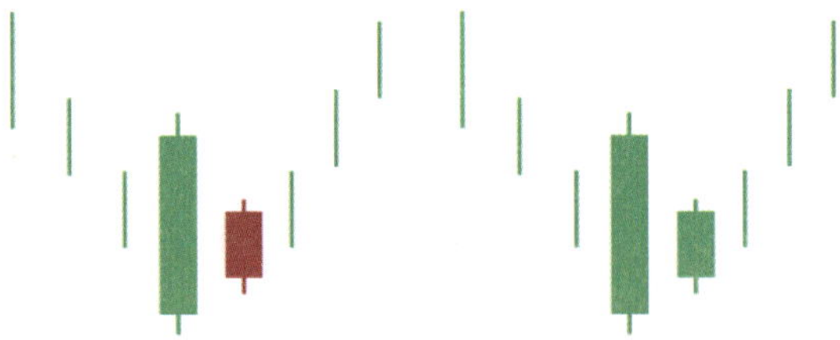

图 1-28　看涨孕线示意图

看涨孕线形态要满足以下条件：

①必须出现在一段下降趋势的底部或者横向交易的下边界才能满足反转条件。

②第一根为长阴 K 线。

③第二根短 K 线，且开、收盘价都在长阴 K 线之内（短 K 线实体越短，整

个形态越有力量，短 K 线实体颜色无关紧要，两 K 线上下影线长短无关紧要）。

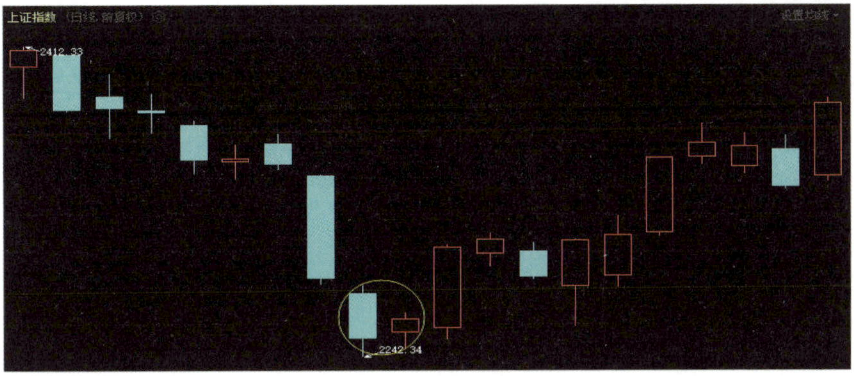

图 1-29　看涨孕线形态

【价与量的评量】

孕线是指第二支日 K 线从第一支日 K 线中孕抱而出，所以得名。这第二支阴阳线的线形实体开盘价、收盘价，都在前一日的实体之内。孕线又可以分成下列四种：阳包阳、阳包阴、阴包阴、阴包阳。它们都是属于趋势渐弱，动能渐衰的明证。

看涨孕线：大部分人看到大阴线的悲观情形，都会被骗，以为市场还有创新低的一波下跌。在下跌浪发展有好一段时日之后，可能发生有“阴包阴”的 K 线形态。它的线型结构如下：

①长阴线；

②小阴线；

③确认线：市场变化多端，保守的投资者都需要次一日的价格走势的确认。

阴包阴是处于下降波的走势的末梢，最后一支阴线被前一支阴线所包括，这是卖力与空头萎缩的明证。推断前段时间市场行情可能已经接近底部，因此被套的投资者应立即补仓买入，多头在这时也应迅速地低价买入。

阴包阴的成交量，成交量大是交投转手活跃。价跌预示价格即将反转。如果成交量小，价平量减，是卖方的惜售，他们不卖了。因此也是价格跌到这里，就很难再跌下去了。也可以这样说，它大概具备底部特征。

下降浪的看涨孕线的成交量，一般来说是不差的。它的理由在于长阴线的 K 线长度，因此成交量应该有所回升才是。如果成交量依旧萎缩，那么并不是探底的迹象，有可能还会进一步下跌。看涨孕线次日的开盘价与收盘价分别高于看涨孕线形态中的大阴线，并且成交量持续地推升，那么反转的意味就更深长了。

在下跌途中出现“阴包阳”的情况，这说明存在多空分歧，日后的走势不得而知，须视下一支日线的走势而定，等待市场证明自己的走势才是明确的。

看涨孕线之后，预估会有较慢的、较小的涨幅发生，因此可以轻仓做多，较小的投机，期望有小小的获利。之后如果做对的话，逐步加仓。

（2）看跌孕线形态

看跌孕线形态，如图 1-30 与图 1-31 所示。

图 1-30　看跌孕线示意图

看跌孕线形态要满足以下条件：

①必须出现在一段上涨趋势的顶部或者横向交易的上边界才能满足反转条件。

②第一根为长阳 K 线。

③第二根短 K 线，且开、收盘价都在长阳 K 线之内（短 K 线实体越短，整个形态越有力量，短 K 线实体颜色无关紧要；两 K 线上下影线长短无关紧要）。

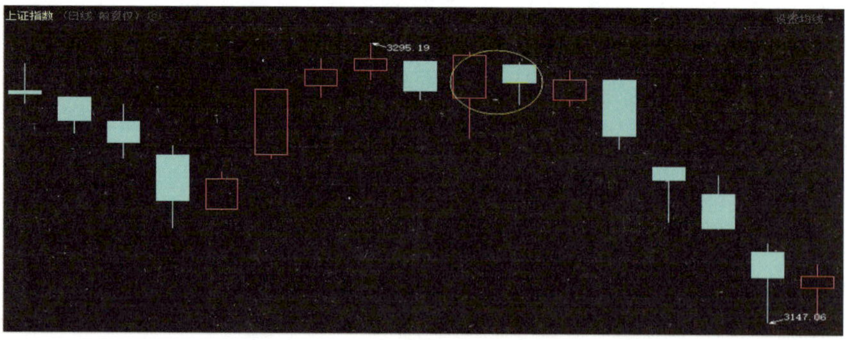

图 1-31　看跌孕线形态

【价与量的评量】

看跌孕线形态的成交量，在第二天时明显地缩小。如果第二天的成交量未能缩小，那么也是一种价平量增的不合理状态；投资者以为这是主力在对敲的意思，第三天的开盘价与收盘价，才是看跌孕线形态要反转下跌的确认。

它的 K 线形态是先出现阳 K 线，再出现下跌的实体都包含在前一根阳 K 线内的高低点，两次无法突破，有如撞上了铜墙铁壁一般。看跌孕线的反转向下，成交量的单次放巨量或两次放巨量为最佳。

市场老到的投资人会研判之前的上升浪所费的时间、涨幅、斜率高低，以作为反转之后的参考。另外，之前一波的上涨，如果是属于第 5 浪的性质，那么它的反转向下，自然也会以比较急的 A 浪出现，这时的跌幅就会比较大。

看跌孕线形态之后，预估会有较慢的、较小的跌幅发生。因此轻仓做空，用较小的投机期望有小小的获利。之后如果做对的话，可以逐渐加仓。特别是在上升途中的看跌孕线，先出一根大阳线，然后急缩成小阳线，这都是走势渐弱的先兆。阳孕阴的情况，须视第三天是高开的阳线或低开的阴线，才能决定价格的走势。

大部分的人看到长阳线的乐观情形，都会被骗，以为市场还有高的一波上涨。其实在上升浪的末段中，会发生阳包阳的线形。也就是说，最后一支日线被前一支阳线所包括，这是涨势缩小的明证。

阳包阳的线型结构如下：

①长阳线：它的成交量颇大，市场是乐观到最高点。

②小阳线：市场的买力忽然小了下来，观望的人变多了，整个成交量急剧缩小。小阳线的成交量即使很大，通常也是主力资金所为，因此还是改变不了反转下跌的命运。

③确认线：开盘价要低于前一日的开盘价，收盘价也必须低于之前一日的收盘价。

阳包阳的整个量能萎缩，当然是价格触顶的迹象。即使成交量没有萎缩，但交易区间小，价格不涨，却是主力资金抛售的解读，所以仍然可判断为市场要下跌的信号。尤其当出现在上升走势时，可能形成高位盘整时，多头应迅速地平仓出场为宜。

除上面所说的阳包阳，在上升中途会出现阳包阴的情况，这说明存在多空分歧，日后的走势不得而知，要根据下一支日线的走势而定，等待市场证明自己的走势才是明确的。

1.3.2　十字孕线形态

同理孕线形态，较强的反转形态。十字孕线形态，如图 1-32 所示。

图 1-32　看涨十字孕线示意图（左）与看跌十字孕线示意图（右）

（1）看涨十字孕线形态

看涨十字孕线形态，如图 1-33 所示。

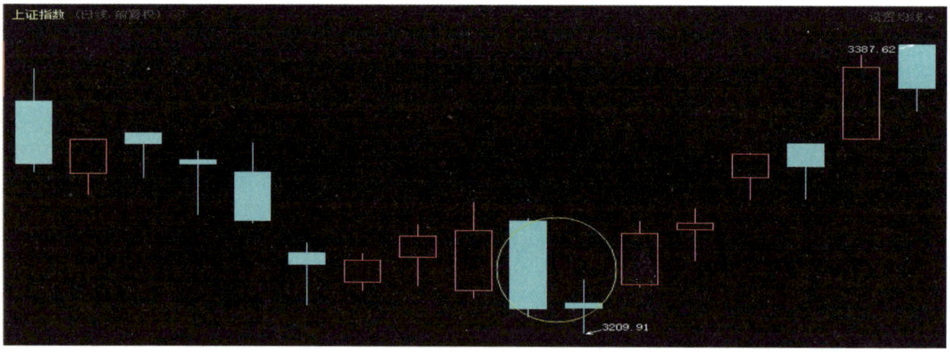

图 1-33　看涨十字孕线形态

【价与量的评量】

价格走到了低位之处，K 线形态变短，成交量变小，因此这时出现了十字星，不像高位处出现的意义大。

看涨十字孕线是指十字星被前面的大阴线所包括，这时市场卖力突然陷入衰竭。如果这时是处在低价位阶段的话，空头投资人这时应迅速回补仓位，转空为多方为上策。

如何确认走势的强弱？以次一日 K 线来确认。

上涨确认线的强弱，至少可以分为以下 5 种：

①跳空+涨停板：最强的上升确认线，是当日开盘价的跳空高开，加上涨停板的收盘。

②跳空高开：次强的上升确认线是当日开盘价的跳空高开，但未收涨停板。跳空高开的 K 线开盘价在昨日的最高价之上。

③头脚相切线：其次是在之前一日的最高价切齐。也就是说，确认线的开盘价与之前一日的最高价相等。

④实体相切线：两日的实体有相切。

⑤沾连线：次一日的开盘价比前一日高，但开在之前一日的实体之内。

做交易要抓大不放小，市场价格的运动，有大有小，并非都有道理可循。对策是必须抓大不放小，大利有大单伺候，小利加码。有时，看似小利也会成大利的；有时看似大利，也有可能成小利的。

（2）看跌十字孕线形态

看跌十字孕线形态出现，如图 1-34 所示。

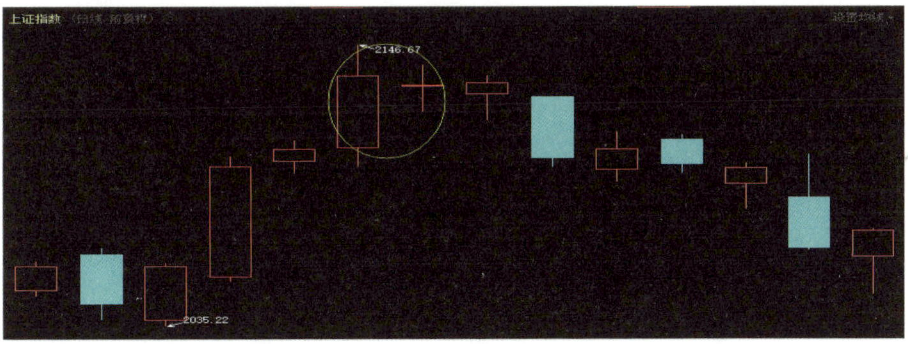

图 1-34　看跌十字孕线形态

【价与量的评量】

看跌十字孕线是指十字星被前面的大阳线所包括，这时市场买力突然陷入胶着。如果这时是处在高价位阶段的话，那么大约是警告市场已到了高位横盘整理的信号，多头投资人这时应迅速转多为空方为上策。

平常如果出现这种K线形态，应可看成是多空分歧的关键，多头在这必须考虑是否再度出击。相反地，如果十字星被大阴线包括的情况，而这时又出现在低价位阶段的话，这反而是一种买入的契机。

看跌十字孕线符合高点物极必反的原理，有物理作用的出现，就有反作用的出现。因此，在动极之余，常常会有反向的运动出现。价格上升高了，涨过头了，早晚是要下跌的。空头投资者，正摩拳擦掌，准备放空获取大利，看跌十字孕线之后的价格发展，依次一日的确认线的K线强弱定夺，而遵循下列几种走势图行进：

①下降推送波：具有最大的获利的可能。

②落入修正波：回档波只得小获利。

③停在高点盘整：无利可图，而有风险。

④不跌反涨：这是看错行情，必须止损出场。

如果其他基本条件未变，看跌十字孕线后将会进入②的状态，获利与风险比值是1∶4；投资人可以小额测试，以小试大，逐步投入。

1.3.3 平头顶部形态与平头底部形态

（1）平头底部形态

平头底部形态必须出现在一段下降趋势的底部或者横向交易的下边界才能满足反转条件。满足条件：两K线最低点几乎等高。

平头底部形态，如图1-35与图1-36所示。

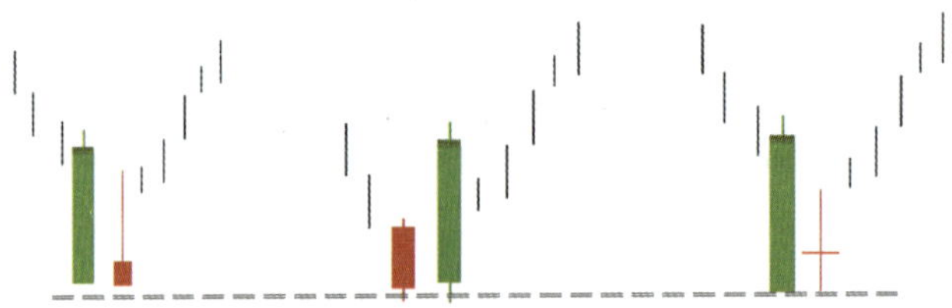

图1-35 平头底部示意图

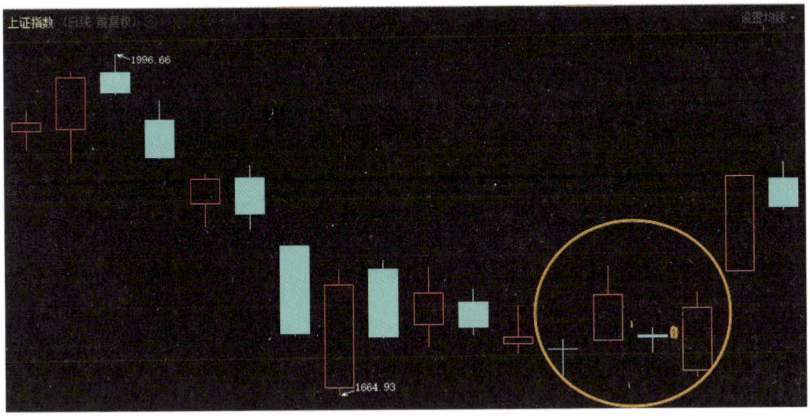

图 1-36　平头底部形态

【价与量的评量】

盘整的意思就是横向整理，在盘整时刻，千万不可勉强支撑买进或是先行抛售，否则一旦行情崩溃，或往上直蹿时，必遭大败。

如果这种 K 线形态出现在 C 浪，成熟的投资者对于市场中常见的沉闷行情——盘整的所谓横向整理，有一套预备好的作战方式。他们通常不会预设立场，而是划出支撑线与压力线，然后以逸待劳，等待市场确立是向上走势，或是向下走势，然后顺势操作。

很多人期待下降波之后的盘整向上，事先埋伏，等到盘久了就可以反转向上。但是衡量市场的规律，更多的是久盘必跌。市场不明朗时，成熟的投资者会将资金用在别的刀口上。

下跌浪之后的盘整，股价的升降缓急，决定在成交量。成交量大才有将来远景；成交量小，新上市的个股又多，江山代有新人出，对于上市已久的股票是存在向上或朝下突破情况，如果是依次一日的开盘价比前一日开盘价高，且在之前一日的实体之内的形式出现，预估有最慢的、很小的涨跌幅发生，常常并未被投资人所注意到。这时先轻仓买入，采取较小的投机，期望有些微利就可以满足了。但配套措施是以做对加仓的方式，逐级增加获利的额度。

如果你发现平头底处于 C5 浪末端，短期下跌有 20%以上，或者前期下跌时间是否超过两周，这都有助于判断是卖力枯竭的认证。平头底跳空高开突破之后的价格发展，根据次一日的 K 线四价，可定出几种走势图：

①下降推送波：这是看错行情，必须止损出场。

②落入修正波：小有亏损。

③停在低点盘整：无利可图，而有风险。

④继续上涨：这是预期中的事。

如果没有新的消息面介入，平头底跳空高开向上突破后将会进入④的状态，获利与风险比值是 4∶1，投资人可以进场投机，以小博大。平头底跳空高开向上突破之后是大的推动浪，涨幅又急又大，可能有 80%的潜在获利概率。因此，建议投资人在这个分界点重仓等待做多，顺势加仓，当价格飙涨之际，就是满载而归的时候。

平头底出现在中价位，是指发生在上涨中的盘整，多发生在波浪的 2 浪和 4 浪，在走势不明时，只有观察，不必急着介入。

这是多空摊牌时刻，千万不可勉强支撑买进或抛售，否则一旦行情崩溃，或往上直蹿升时，必遭大败。

平头底出现在中价位之后的价格发展，依次一日确认线的 K 线强弱定夺，而循下列几种走势图行进：

①上升推送波：具有最大的获利的可能。

②进入修正波：反弹波，只有小获利。

③停在低点盘整：低迷无利可图，并且有出场的风险。

④不跌反涨：这是看错行情，必须止损出场。

推估在大多数的状况下，平头底出现在中价位后将会进入②的状态，获利与风险比值是 1∶4，投资人可以小额测试，以小试大，逐步投入。在消息面、心理面未有重大变化的状况下，寻找许久不动的个股。

宇宙的法则之一是“动极思静，静极思动”。因此，我们关注许久不动的个股，一有眉目，就可以伺机进场获利，前提是它要有一定的成交量。

个股从不动转为动的信号，就是突破支撑线与压力线。我们只要“看线论线”就好了。平头底出现在中价位的盘整的静极思动也是如此，至于要快速运动的个股，都会先出现跳空的走势。

平头底出现在 B 浪，一旦跌出横盘整理往往行情会朝下发展，所以空头可以乘势追击。盘整时间为期不一，最小的也须一周以上，一旦遇到了这种典型的空头信号，空头就可以持续抛售。

平头底出现在 B 浪之后的价格发展，依次一日确认线的 K 线强弱定夺，通常有以下几种可能走向：

①上升推送波：这是看错行情，必须止损出场。

②进入修正波：反弹波，小有亏损。

③停在低点盘整：无利可图，并且有风险。

④不涨反而下跌：放空具有最大的获利的可能。

估算在大多数的状况下，平头底出现在 B 浪后将会进入④的状态，获利与风险比值是 4∶1，空头可以进场逢低卖出，浮盈加仓。多头要果断止损。

（2）平头顶部形态

平头顶部形态必须出现在一段上升趋势的顶部或者横向交易的上边界才能满足反转条件。满足条件：两 K 线最高点几乎等高。

平头顶部形态，如图 1-37 与图 1-38 所示。

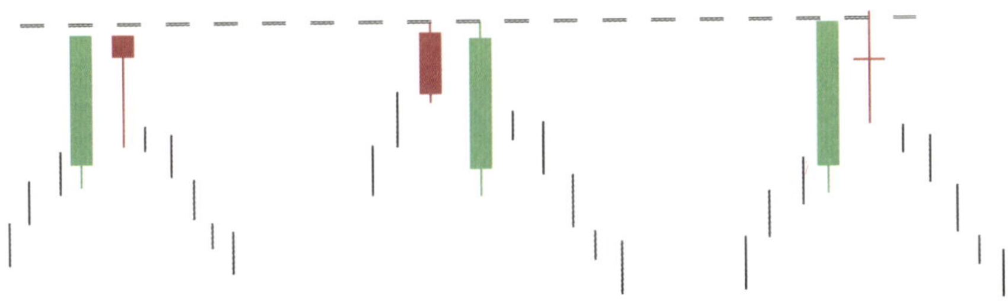

图 1-37　平头顶部示意图

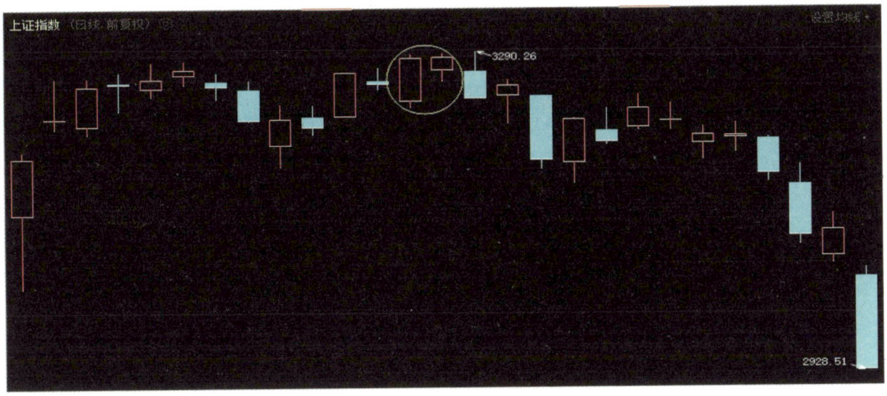

图 1-38　平头顶部形态

【价与量的评量】

平头顶依据出现的位置不同，而有不同的意义。

如果这种 K 线形态出现在 5 浪，下降确认线的强弱种类，至少可以分为 5 种：

①跳空+跌停板：最强力的下降确认线是跳空低开，加上跌停板收盘。

②纯下跳空：次强力的下降确认线是跳空低开，但未收跌停板。确认线的开盘价在昨日的最低价之下。

③头脚相切线：开盘价与前一日的最低价切齐。也就是说，确认线的开盘价与之前一日的最低价相齐。

④实体相切线：两日的实体有相切。

⑤沾连线：次一日的开盘价比前一日开盘价低，且在之前一日的实体之内。

这时投资者应该检视上升浪的成交量是否缩减。如果价涨而量减，先知先觉的主力早已出场，剩下不知情的散户，这就有助于头部反转的认证。

如果这种 K 线形态出现在 2 浪和 4 浪，平头顶形态之后大多是强力上涨的推动浪，它是市场大行情来临的征兆。尤其是盘整越久，一旦冲破平台，它的威力越是惊人。以上所说的长期盘整，如属最短也需 7 到 12 支，遇到这种 K 线形态时，多头可以持续买进。

平头顶的突破如果是跳空高开，符合宇宙的法则的“动者恒动，静者恒静”，这时买入的话，一般是介入飙涨的个股的前段或中段，透过追涨而获利。

1.3.4 捉腰带线形态

捉腰带线经常出现在反转行情里面，往往会与其他反转形态互相配合形成趋势逆变的条件。

捉腰带线示意图，如图 1-39 所示。

图 1-39 看涨捉腰带线示意图（左）与看跌捉腰带线示意图（右）

捉腰带线形态要满足以下条件：

①看涨必须出现在一段下降趋势的底部或者横向交易的下边界才能满足反转条件；看跌必须出现在一段上涨趋势的顶部或者横向交易的上边界才能满足反转条件。

②看涨捉腰带线——秃脚长阳，短上影；看跌捉腰带线——秃头长阴，短下影。

老胡心经：

如果市场收盘于看跌捉腰带线的阴 K 线最高价之上，则意味上升趋势已经恢复。

（1）看涨捉腰线形态

看涨捉腰带线形态，如图 1-40 所示。

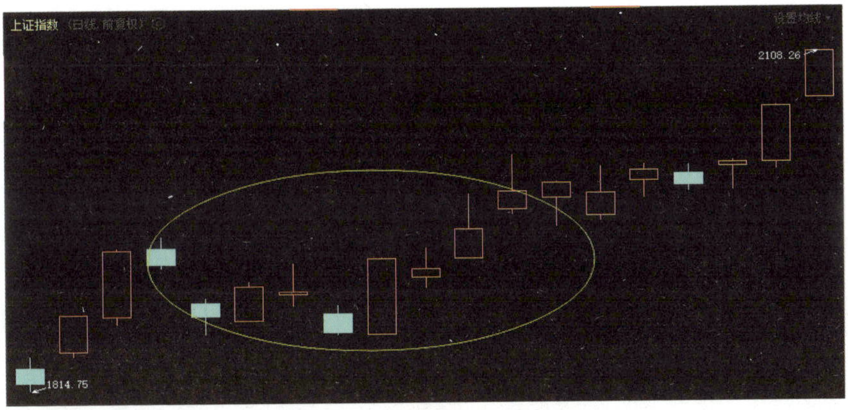

图 1-40　看涨捉腰带线形态

【价与量的评量】

下跌浪最好是发展有半个月以上的波动，实际交易日最好是超过 15 日以上，那么在看涨捉腰带线之后的反转成真的概率比较大。

看涨捉腰带线，是指大幅低开高走的阳线，这是涨势信号的一种。如果发生在下跌浪中，价格大多反转。依照阳线的长短分类，还有大阳线与中阳线。从它的阳线的长短幅度，可以测出当日的涨势强度，底部反转的看涨捉腰带线有两种状况：

①光脚的大阳线。

②具有上下影线的长阳线。

其中光脚大阳线的反转力量比较强，无论光脚大阳线或具有上下影线的长阳线，都要伴随着大的成交量。

看涨捉腰带线基本上是属于一种V字形的反转，它是一种强力反转向上的形态。看涨捉腰带线的出现，几乎就是宣告这一波的反转是属于推动浪上升了。在这种兆头下买进做多的投资者，容易获取大利。假如次一日的确认线上涨，也是好兆头的话，这就是属于大幅上涨的连续信号了。

看涨捉腰带线的收盘价，就是次一日确认线的开盘价，这是价格强势的征兆，是一个好的开始，预期本波的涨幅十分可观。

看涨捉腰带线符合物极必反的法则，物理作用的出现，就有反作用的出现。因此，在动极之余，常常会有反向的运动出现，价格下降久了，跌过头了，早晚是要反弹向上的。我们可以买进做多获利的。

K线形态的精髓在于，窥知看涨捉腰带线之后反转的是推动浪，涨幅又急又大，可能有80%的潜在概率获利。因此，建议投资者在这分界点重仓等待做多，顺势做多。当价格高涨之余，就是你的利润满载而归的时候。

（2）看跌捉腰线形态

看跌捉腰带线形态，如图1-41所示。

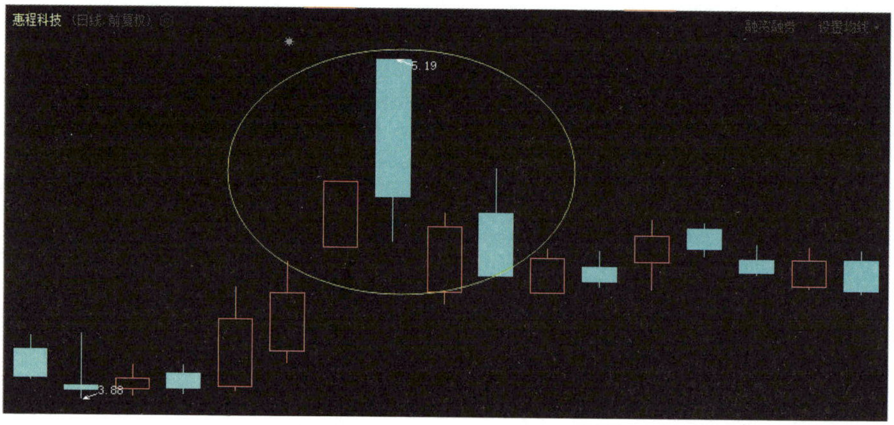

图1-41　看跌捉腰带线形态

【价与量的评量】

看跌捉腰带线是指不具有上影线的 K 线形态。如果阴线实体长而又具有上、下影线，那么就称为大阴线。

看跌捉腰带线，大幅开高收低，当日以大阴线收盘，这是跌势信号的一种，特别是当它发生在上升波中为然。依照它的阴线的长短，还有大阴线与中阴线。

从它的阴线的长短幅度，可以测出当日的跌势强度。看跌捉腰带线的收盘价，早已楔入前一日的实体中间 50%线之下。

看跌捉腰带线的成交量可大可小，有时还有无量下跌的情形。也就是说，几乎没有什么成交量，但价格已跌到低点。在恐慌性的卖压出笼时，委卖的人很多，但能成交的手数很少。

看跌捉腰带线属于一种尖锐的倒 V 字形反转。

在价格上升一个月之时，成交量配合高位出现连续两次放巨量，它比单日的放巨量还要具有意义。投资者必须将接连两日的成交量一并观之。在高位出现连续两次放巨量之后，价格大多在一周之内反转向下。因此，我们说高位出现连续两次放巨量是反转下跌的背书。

上升波后的大阴线之后，预估会有很急、很大的跌幅发生，因此空头可以重仓做空，集中投机，一次大胜。多头应该果断离场。

看跌捉腰带线本身，就已经宣告它的反转是强力的，不是回调而已。接续看跌捉腰带线的一种强力下跌的头脚相切形态，也就是确认线的最高价，就是大阴线的最低价，中间毫无向上杂音，多头可以说是溃不成军，预期在这之后有很大的跌幅将要发生。如果你是多头，请在第一时间卖出，并且寻找机会反手放空就是。

看跌捉腰带线之后的价格发展，根据次一日的 K 线四价，可定出几种走势图：

①下降推送波：具有最大的放空获利的可能。

②落入修正波：放空小获利。

③停在高点盘整：无利可图，而有风险。

④不跌反涨：这是看错行情，必须止损出场。

如果其他基本条件未变，看跌捉腰带线后将会进入①的状态，获利与风险比值是 4∶1，投资人可以进场放空投机，以小博大。如果你不娴熟放空卖出操作的话，就很难在市场中生存，早晚会被市场驱逐出场。

1.3.5 反击线形态

反击线形态即当两根颜色相反的蜡烛线具有相同的收盘价时，就形成了一个反击线形态。

反击线形态，如图 1-42 所示。

图 1-42 看涨反击线示意图（左）与看跌反击线示意图（右）

（1）看涨反击线形态

看涨反击线要满足以下条件：

①必须出现在一段下降趋势的底部或者横向交易的下边界才能满足反转条件。

②第一根长阴 K 线。

③第二根长阳 K 线跳空，阳 K 线长度 > 阴 K 线，阳 K 线收盘价 = 阴 K 线收盘价（或者≈）。

看涨反击线形态，如图 1-43 所示。

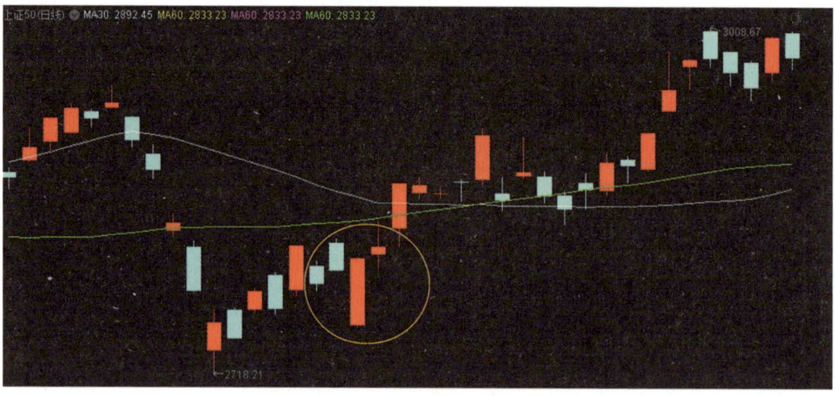

图 1-43 看涨反击线形态

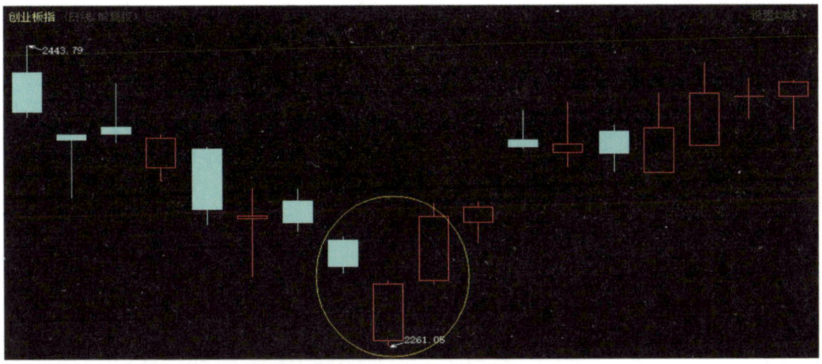

图 1-43　看涨反击线形态（续）

【价与量的评量】

看涨反击线，这种 K 线形态，是一种比较常见的 K 线形态，往往是一种比较激烈的价格反转。这种 K 线形态，是一种多头绝地反击的价格反转。价格连续下跌之后，空头的动能仍然很强。场外等待的多头以迅雷不及掩耳之势在空头低开之后强势拉起，以力拔山兮气盖世的力量，在底部将空头筹码一网打尽，且迅速拉高到前一日空头的收盘价附近，宣示着多头彻底夺回市场的主导权。

空头源源不断地抛售，多头也源源不断地买进空头抛出的筹码。双方的气势是刺刀见红，最终在底部放出巨大的成交量，多头将筹码悉数买入，空头丧失了做空动能，最后多头在随后的交易日，边收集空头剩余筹码，边强势拉升。有时多头还会稍作停留，作横盘形态，继续收集空头残余筹码。待底部筹码所剩无几时，多头开始发动行情，一路高歌猛进，走出一波强势的拉升行情。

这时投资者应该观察拉升行情成交量是否逐渐增加。如果价涨而量增，先知先觉的主力资金已经在坚决进场，剩下的是不知情的散户。这就有助于底部反转的认证。看涨反击线之后的价格发展，根据次一日的 K 线四价，可定出几种走势图：

①上升推送波：这是看对行情，可以加仓进场。

②进入修正波：反弹波，小有盈利。

③停在低点盘整：无利可图，并且有风险。

④不涨反而下跌：放空具有小幅盈利的可能。

预计在最大多数的状况下，看涨反击线后将会进入①的状态，并且在上升之中，可能有跳空出现，它的获利与风险比值是 4 : 1，多头可以进场做多投机，以小博大。空头应该果断停止抛出筹码。

投资人最关心的是看涨反击线之后的上升浪的涨幅问题。我们推测接下来是较大的涨幅，是一种主力上升浪的形式。

（2）看跌反击线形态

看跌反击线满足的条件如下：

①必须出现在一段上升趋势的顶部或者横向交易的上边界才能满足反转条件。

②第一根长阳 K 线。

③第二根长阴 K 线跳空而下；阴 K 线长度 > 阳 K 线长度，阴 K 线收盘价 = 阳 K 线收盘价（或者 ≈）。

看跌反击线形态，如图 1-44 所示。

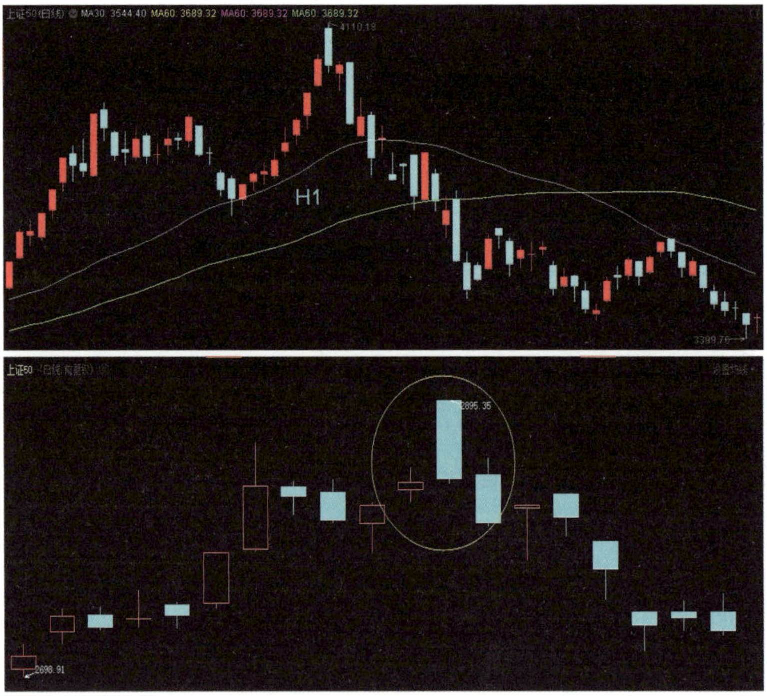

图 1-44　看跌反击线形态

【价与量的评量】

看跌反击线的 K 线形态，也是比较常见的一种 K 线形态。这种行情的出现一般随着宏观和行业政策的突然出台，而出现价格的剧烈反转。先知先觉的主力资金急于拉高出货。在政策和行业信息尚未公布时，连续的大阳线逼空，走出酣畅淋漓的上涨行情，营造乐观的积极氛围，诱导短线客和踏空资金积极入场，边拉边派，在筹码派现所剩不多时，将所剩筹码集中抛出，以达到快速出场的目的。

在强势的上涨中，出现的高开调整，短线客和踏空资金禁不住这种强烈诱惑，往往会认为是千金难买牛回头，买盘会源源不断地飞蛾扑火入场，这时主力尽可能地派发筹码，潇洒出场，余下不明真相的散户在高处站岗。

有时主力资金还有所剩无几的筹码时，会在看跌反击线之后，再做一个横盘走势，让散户误以为主力是中场休息，诱使更多散户以为涨势尚未结束，诱导散户继续买入，等待已经不存在的反弹。

看跌反击线之后的价格发展，根据次一日的 K 线四价，可定出几种走势图：

①下降推送波：具有最大的放空获利的可能。

②落入修正波：放空小获利。

③停在高点盘整：无利可图，而有风险。

④不跌反涨：这是看错行情，必须止损出场。

如果其他基本条件未变，看跌反击线之后将会进入①的状态，获利与风险比值是 4:1，投资人可以进场放空投机，以小博大。如果你不娴熟放空卖出操作的话，你很难在市场中生存，你早晚被市场驱逐出场。多头应该迅速离场，已经套住的，应尽快止损离场。

1.3.6　向上跳空两只乌鸦形态——看跌

向上跳空两只乌鸦是指小阴线实体与它们之前的实体（即第一根阴线之前的 K 线实体，一般情况为阳线）之间出现价格跳空。该形态为看跌信号。

向上跳空两只乌鸦形态，如图 1-45 所示。

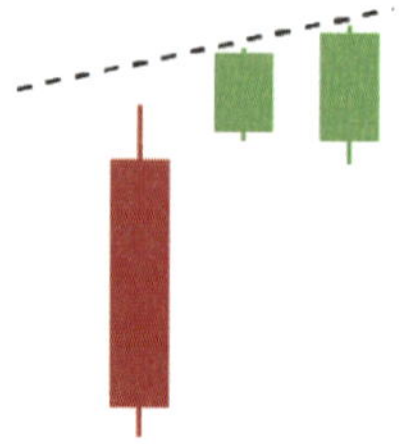

图 1-45　向上跳空两只乌鸦示意图

向上跳空两只乌鸦形态要满足以下条件：

①必须出现在一段上升趋势的顶部或者横向交易的上边界才能满足反转条件。

②第一根长阳 K 线。

③第二、第三根短阴 K 线向上跳空（短影）。

④第三根阴 K 线开盘价高于第二根阴 K 线开盘价。

向上跳空两只乌鸦及变体形态，如图 1-46 所示。

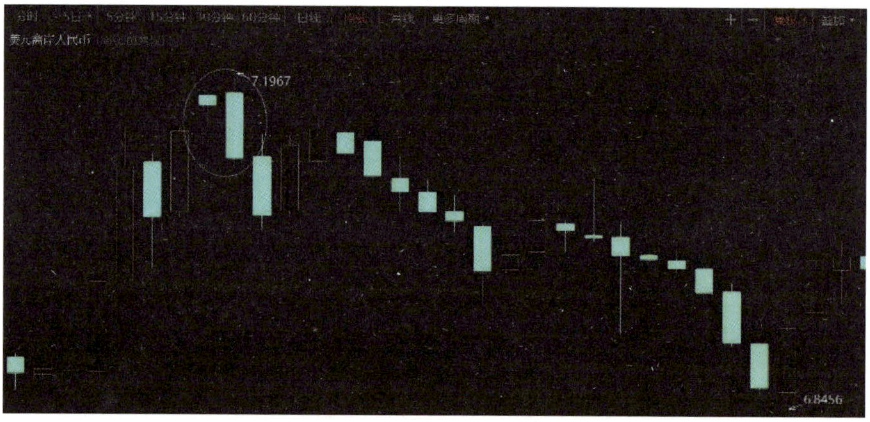

图 1-46　向上跳空两只乌鸦及变体形态

【价与量的评量】

向上跳空两只乌鸦，它的 K 线形态与十字黄昏星很像，只是中间的 K 线改为中阴线而已。随后的大阴线立刻回补缺口。在这之前的跳空就被回补了，补缺口是表示上涨的跳空虚而不实，或是价格到此已是无力向上了。后面的结局演成山不转水转，上涨的可要转成下跌了，典型的向上跳空两只乌鸦的 K 线形态排列如下：

①大阳线；

②跳空阴线（一般情况下是假阴线）；

③中长阴线；

④确认线。

这种 K 线形态，预示着空头的卖力将接踵发生，后来的行情可能再朝下发展，所以是可持续空头的抛售方针。向上跳空两只乌鸦的成交量通常不大。成交量的开始缩小，是抛售的力道。如果成交量大减，那么又是恐慌性的抛压难以成交，都符合价跌量减的重力下坠的命运。在向上跳空两只乌鸦之后，如果 K 线形态的反转是伴随着大幅跳空低开或连续跳空的情形，那么这是一种非常规 K 线形态——这是十分稀罕的线型，这时预估会有很急、很大的涨跌幅发生。因此，投资人可以重仓做空，集中押宝，一次大胜。

值得注意的是，补缺口表示之前的跳空是虚是假。这时多头必须注意的是，该缺口并非什么突破缺口，而只是一场闹剧而已。

这时投资者应该检视上升来波的成交量是否缩减。如果价涨而量减，先知先觉的主力资金早已出场，剩下的是不知情的散户。这就有助于头部反转的认证。向上跳空两只乌鸦之后的价格发展，根据次一日的 K 线四价，可定出几种走势图：

①下降推送波：放空具有最大的获利的可能。

②落入修正波：放空小获利，大多会出现拉回测试。

③停在高点盘整：放空无利可图，而有风险。

④不跌反涨：放空是看错行情，必须止损出场。

估算在大多数的状况下，向上跳空两只乌鸦后将会进入①的状态，并且在下降之中，可能有跳空出现，它的获利与风险比值是 4 : 1，空头可以进场做空投机，以小博大。多头应该果断离场。

投资人最关心的是向上跳空两只乌鸦之后的下跌浪的跌幅问题。我们推测接下来的是较大跌幅，是一种主力下跌浪的形式。

1.3.7 三只乌鸦形态——看跌

三只乌鸦是指股市行情在运行时突然出现连续三根阴线的下跌信号。

三只乌鸦形态，如图 1-47 所示。

图 1-47 三只乌鸦示意图

三只乌鸦形态要满足以下条件：

①必须出现在一段上升趋势的顶部或者横向交易的上边界才能满足反转条件。

②每根阴 K 线的开盘价处于前一根阴 K 线的实体内。

③每根阴 K 线的收盘价低于前一根阴 K 线的最低价——创新低。

④若第一根阴 K 线的开盘价 > 前一根阳 K 线的最高价，则加强看空。

三只乌鸦形态，如图 1-48 所示。

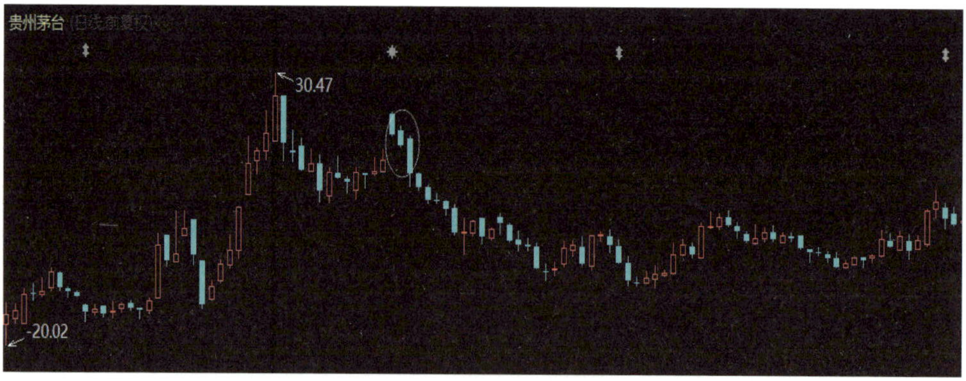

图 1-48 三只乌鸦形态

【价与量的评量】

上升浪发展一段时日之后出现的三只乌鸦形态，它的出现是市场行情崩落的前兆。如果连续一个月的向上走势，在上端出现这一 K 线形态时，不久市场就将大幅滑落，甚至随后可能一连下挫一个月以上。

三只乌鸦形态也有它的识别特征，重点在于它的每日开盘价、收盘价都要低于之前一日，形成一种阶梯状的下滑。

三只乌鸦形态的相对 K 线形态是红三兵，它是市场大涨的信号之一。下跌浪发展一段时日之后出现的红三兵本身极有可能是价格反转向上的线型，成交量伴随着红三兵而放大。

三只乌鸦形态的成交量是逐日萎缩。不论是在股票或是期货市场上都一样，看坏的市场中，投资人都是噤若寒蝉的，这时几乎没有人要买。

市场的急跌连阴，大多是与主力资金的抛售相关。他们手握大量持股，能有效地打压股价。如果他们联合起来的力量，更是不可小觑。

三只乌鸦形态之后，预估会有很急、很大的跌幅发生，因此空头可以重仓做空，集中投机，一次大胜。多头应该果断离场。

三只乌鸦形态之后的价格发展，根据次一日的 K 线四价，可定出几种走势图：

①下降推送波：具有最大的放空获利的可能。

②落入修正波：放空得有小获利。

③停在高点盘整：无利可图，而有风险。

④不跌反涨：这是看错行情，必须止损出场。

如果市场未有新的变化，三只乌鸦形态后将会进入①的状态，获利与风险比值是 4∶1，投资人可以进场投机，以小博大。

燕子与乌鸦

对红三兵来说，第一只燕子来时，大家以为春天已经到了。其实三只燕子来说，才能确定是春天的到来，不用怀疑，进场买进就是。

相同的道理，三只乌鸦形态出现，北雁南飞，或是枝头乌鸦出现时，当看到第一只时，千万别放空，出手得太早。待有三只北雁出现时，再出手放空不迟。

三只乌鸦形态既出，除了放空或果断离场，似乎也别无良策。

1.3.8 圆形底部形态与圆形顶部形态

圆形底是由一群K线组合的，反映市场处于底部反转，市场逐渐形成向下凹陷的圆弧走势。经历了圆弧底部之后，走势开始往上，最终往上跳空开盘，形成一个上升缺口，从此走向更高的位置。

圆形顶也是指一群 K 线组合，反映市场逐步形成向上凸起的圆弧状的顶部，因为是顶部，所以上方阻力比较强劲，K线实体都比较小。最后，在圆弧终结的地方，K线发生往下跳空，正式开启下跌浪。

圆形底部形态与圆形顶部形态，如图1-49所示。

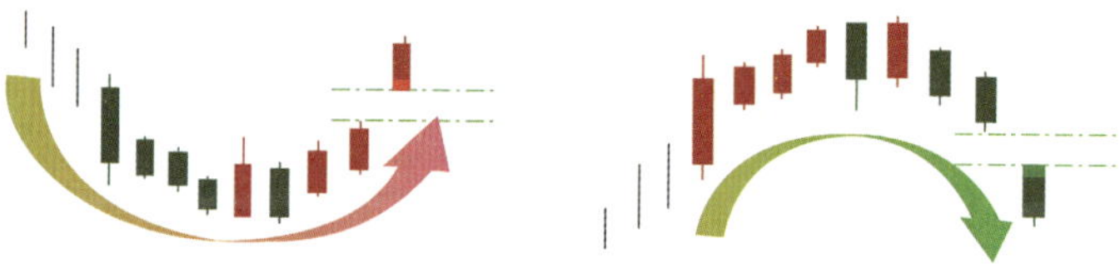

图1-49　圆形底部——看涨形态示意图（左）与圆形顶部——看跌形态示意图（右）

圆形底部形态与圆形顶部形态要满足以下条件：

①看涨：必须出现在一段下降趋势的底部或者横向交易的下边界才能满足反转条件；看跌：必须出现在一段上升趋势的顶部或者横向交易的上边界才能满足反转条件。

②必须出现一个向上（下）跳空窗口以证明市场底的完成（完美形态）。

（1）圆形底部形态

圆形底形态，如图1-50所示。

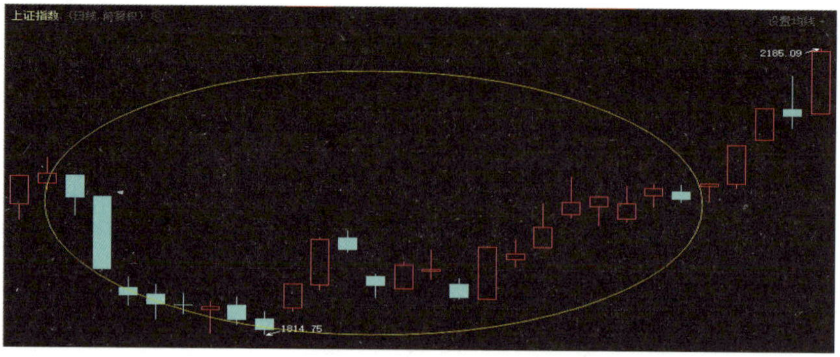

图1-50　圆形底形态

【价与量的评量】

圆形底是在市场长期走缓的时候，常会出现这种 K 线形态。它对于利空消息也不太起作用，于是逐渐形成盘落，在底部低价区呈现半圆形底，最后再缓缓地上升圆形的形态。

这种底部，在西方技术分析中，称为碟形（Saucer），它是与 W 底、V 字底、三重底称为四大底部形态。

圆形底期限较长，大圆形底有时长达半年以上，所以圆形底形成不容易看清楚，基本上它是属于上涨的信号之一。

初入股市的新手，常常对于盘整的锅底充满期待，其实这是不必要的，投资人只需要在市场走势突破之后，再行进场买卖就行了。

圆形底的成交量也是特别难看的，如果它有大的成交量，它就不会形成锅底。平均来看，有起码量的锅底，代表买力虽然减少，但最后价格还是会再回来的。可是，如果成交量稀稀拉拉，那么我们认为它们完成圆形底的希望比较小。或者是说，它们还会每况愈下的。

无论如何，我们想要提醒投资者的是，对于长期下落的股票，不应预设立场说它们还会反转向上——怀着这种天真的想法是不对的。你应该提醒自己，很多公司是在江河日下之中，而盈利为股价之母，对于它们下跌的个股，请别抱太大的希望。

圆形底反转符合宇宙的法则之一是“动极思静，静极思动”。因此，我们关注许久不动的个股，一有眉目，就可以伺机进场获利。个股从不动到动的信号，就是突破支撑线或压力线，投资人只需站在正确的一边就行了。

要快速运动的个股，都会先出现跳空的形势。

圆形底反转之后的价格发展，要看它是跳空突破压力线的形式，还是慢慢地、不知不觉地上升突破来做决定。一般来说，它有几种可能的走向：

①上升推送波：具有最大的获利的可能。

②进入修正波：反弹波，小有获利。

③停在低点盘整：无利可图，并且有风险。

④不涨续跌：这是看错行情，必须止损出场。

如果其他基本条件未变，在最大多数的状况下，圆形底的反转后将会进入

①的状态，获利与风险比值是 4∶1，投资人可以进场逢低买进，以小博大，以多取胜。

如果是不知不觉缓慢上涨，那倾向于②落入修正波的路线。

向下跳空后形成的圆形底，如果它的成交量并未有明显减少的情况下，说明市场人气和买力还在。也就是说，该个股的活力还在。因此，在之后价格有所反转，也是预料之中的事。在局势未明朗之前，真正的隐患是在于它的 K 线形态变得短小。这时如果圆形底部 K 线保持一定振幅，则隐患可以解除。

（2）圆形顶部形态

圆形顶形态，如图 1-51 所示。

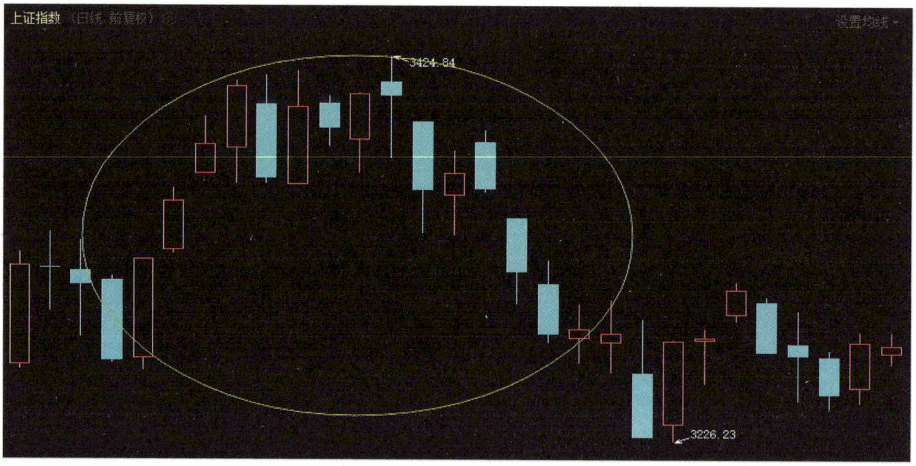

图 1-51　圆形顶形态

【价与量的评量】

圆形顶，它是圆形底的颠倒图形。圆形顶的形成也是不知不觉的，在高位也是缓缓形成半圆，甚至曲度更平缓些。当它被看成是高位头部的时候，走势往往已经走了 3 个月以上了。这种圆形顶、M 字头、倒 V 字形、三重顶并称为四大头部形态。一旦圆形顶形成，随后的行情下挫，将为期不远了。

如果之中发生放出巨量的情况，价格大多在一周之内滑落。

圆形顶之后，预估会有最慢的、很小的跌幅发生，常常并未被投资人所注意到。因此，空头轻仓做空，采取较小的投机，期望有些微小的获利就可以满足了。但配套措施是以做对加码的方式，逐级加码，增加获利的额度。多头应该果断离场。

投资致富的重点在于胜率的多寡，无可否认的会存在有少数看错的例子，这时投资人必须能够避险与止损。如果在进场下单之后，发现有看错市场的方向的情形，并且发生有 10%以上的亏损之时，投资人必须立刻认错，实时清仓出场。

1.3.9　塔形底部形态与塔形顶部形态

塔形底因左右两根塔线得名。塔线即一根大阴线和一根大阳线，两根塔线中间均为小阴线或小阳线。塔形底出现在下跌行情中，由一根大阴线、一根大阳线和中间的若干根小阴线或小阳线组成。

塔形底部形态与塔形顶部形态，如图 1-52 所示。

图 1-52　塔形底部——看涨形态示意图（左）与塔形顶部——看跌形态示意图（右）

（1）塔形底部形态

塔形底部形态要满足以下条件：

①必须出现在一段下降趋势的底部或者横向交易的下边界才能满足反转条件。

②在一段下降趋势中出现一根长阴 K 线。

③市场放缓下降幅度，从低点开始上升，之后市场出现一根或者数根长阳 K 线。

塔形底部形态，图 1-53 所示。

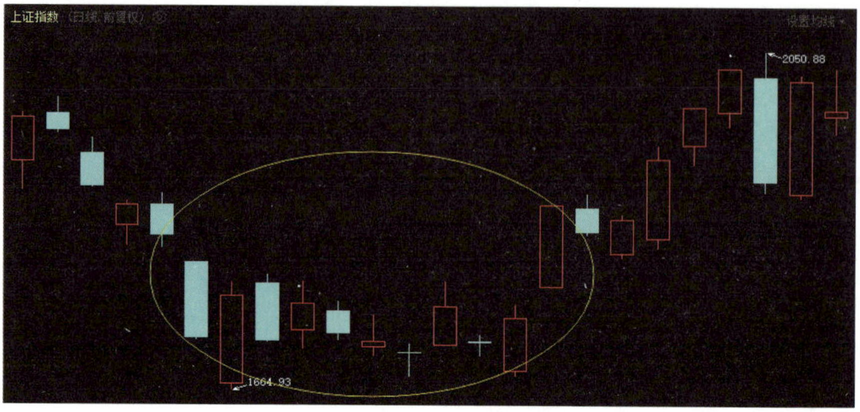

图 1-53 塔形底部形态

【价与量的评量】

塔形底部形态是指在一连串下跌之后急速地由底部翻转过来。需要注意的是，市场的下降波的价格滑落，大部分与握有筹码的主力资金的抛售有关，因为市场的松动筹码逐渐增加，供需改变，价格不下跌也难。

塔形底部形态中，最后冒出的长阳线，可以抵挡前面数支日线的幅度，并且迅速地形成底部。

对于这种低位盘整的K线形态，投资者拿出笔尺来，在上头画上压力线，在稍下方画出支撑线，然后静待价格本身的突破。请注意，价格可能在低落之后还是低落。反转向上是出现在教科书上，并且将它们反转的时间缩短。很多老掉牙的股票，它们都不太会反转了。

经验显示，塔形底部形态一出，有如日出东方，行情常常会持续上涨一个月以上，所以它是上涨的重要信号之一。

塔形底部形态的成交量降低，可是如果它要反转，它也不能低得太难看。忽然跃起的长阳线，大部分是因为主力资金的买进。这时散户大多还活在失望之中，主力资金得有重要的获利情报在先。长阳线出现之后，它的成交量必须保持在一定水平之上。次一日的确认线也显得重要非凡。

塔形底部形态之后的价格发展，依次一日的确认线的K线强弱定夺，通常有以下几种可能走向：

①上升推送波：具有最大的获利的可能。

②进入修正波：反弹波，小有获利。

③停在低点盘整：无利可图，并且有风险。

④不涨续跌：这是看错行情，必须止损出场。

如果没有新的消息面介入，塔形底部形态后将会进入②的状态，获利与风险比值是 1∶4，投资人可以进场逢低买进，以小博大，以多取胜。

如果是以光脚大阳线或长阳线突破，那么有可能进入①，有加速跳空的，上涨会更加强劲。

（2）塔形顶部形态

塔形顶部形态要满足以下条件：

①必须出现在一段上涨趋势的顶部或者横向交易的上边界才能满足反转条件。

②在一段上涨趋势中出现一根长阳 K 线。

③市场上涨逐渐疲软，从高点开始下跌，之后市场出现一根或者数根长阴 K 线。

塔形顶部形态，如图 1-54 所示。

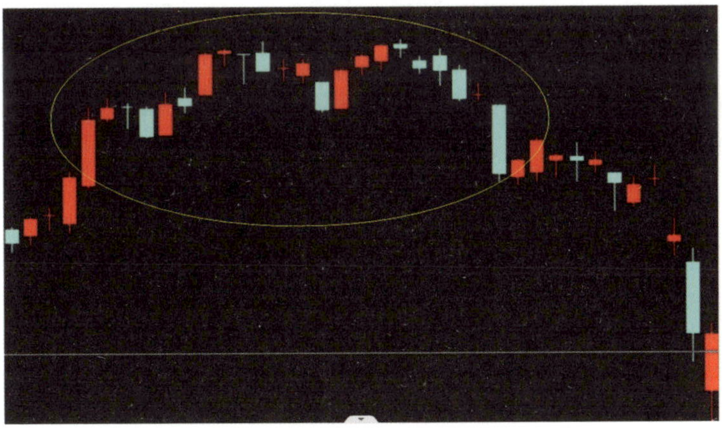

图 1-54　塔形顶部形态

【价与量的评量】

塔形顶是塔形底的颠倒图形。塔形顶的形成也是不知不觉的。

当被看成是高位头部的时候，它往往走势已经走了一个月以上。一旦形成，随后的行情下跌将为期不远。

如果塔形顶在形成时，放出巨量，价格大多在一周之内滑落。塔形顶之后，预计会有很慢、很小的跌幅发生，常常并未被投资人注意到。因此，轻仓做空，期望有小的获利就可以满足了。做对之后再浮盈加仓，扩大盈利。

投资成功在于胜率的高低，避免不了有少数看错的例子，如果看错了，这时投资人必须能够避险和止损。如果在进场建仓之后，发现有看错市场方向的情形，并且发生有10%以上亏损的时候，投资人必须立即认错，及时止损或减仓。

塔形顶的形状，犹如两根柱子架住的高台。整个趋势逆转后，投资人该止损应立即止损。

塔形顶的走势，如果是以向下跳空大幅下跌收盘，我们称为“碎石崩盘”。顾名思义，犹如悬崖上的碎石崩落一样，又快又急。

K 线语言的精髓在于，概率上可以窥知“塔形顶+跳空”之后是大大的推送波，跌幅又急又大，犹如崩盘一般，这种情况大概率有80%的潜在获利概率。因此，建议投资人在这分界点重兵守候“放空”，浮盈下顺势空头加仓。当价格重挫之时，就是您大满贯的时候。

塔形顶之后的价格发展，根据次一日的 K 线四价，可定出以下几种走势图：

①下降推送波：具有最大的获利的可能。

②落入修正波：小有获利。

③停在高点盘整：无利可图，而有风险。

④不跌反涨：这是看错行情，必须止损出场。

如果其他基本条件未变，“塔形顶+跳空向下”后的走向，将会进入①的状态，获利与风险比值是4∶1。投资人可以进场投机，以小博大。如果塔形顶的反转向下是逐渐缓慢下跌的话，那么它可以走②落入修正波的路线。

1.4 持续形态

很多投资者没了解持续形态之前，往往就将手中的“黑马”半途放跑了，因为他们不知道短时间的调整是为后市股价的抬升蓄存能量的。而持续形态是单边趋势（下跌或者上涨）在运行过程中出现暂时性的休整，股价经过阶段性的蓄势休整之后，又重新回归到原有的趋势。

持续形态的特征如下：不属于顶底反转形态，可以作为一种趋势的导向；出现在靠近顶部和底部的位置，意义较大；可以作为支撑阻力位进行交易的止盈止损。

1.4.1　向上跳空与向下跳空并列阴阳线形态

向上跳空并列阴阳线是市场在上涨趋势中，突然一天价格跳空高开收一根阳线，紧接着第二根 K 线是一根阴线，长度与前一根阳线相近，开盘价和收盘价基本在前一根 K 线里面，向下跳空阴阳线则刚好相反。

向上跳空和向下跳空并列阴阳线形态，如图 1-55 所示。

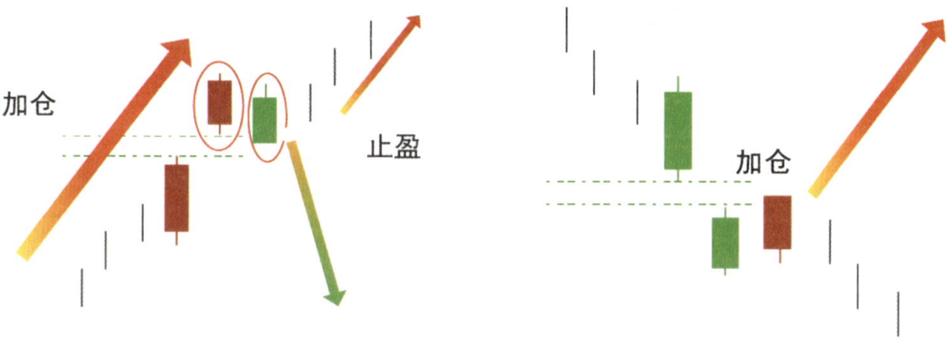

图 1-55　向上跳空并列阴阳线——看涨形态示意图（左）与向下跳空并列阴阳线——看跌形态示意图（右）

（1）向上跳空并列阴阳形态

向上跳空并列阴阳线形态要满足以下条件：

①在一段上升趋势中，出现一根向上跳空的阳 K 线。

②阳 K 线后紧跟一根阴 K 线，且阴 K 线开盘价在阳 K 线之内，收盘价在阳 K 线之外。

老胡心经：

如果市场回头填补缺口，之后价格继续下跌，则趋势看涨不再成立；如果市场回头填补缺口，之后价格继续上涨，则此缺口可以作为看多的止损位置。

向上跳空并列阴阳线形态出现，如图 1-56 所示。

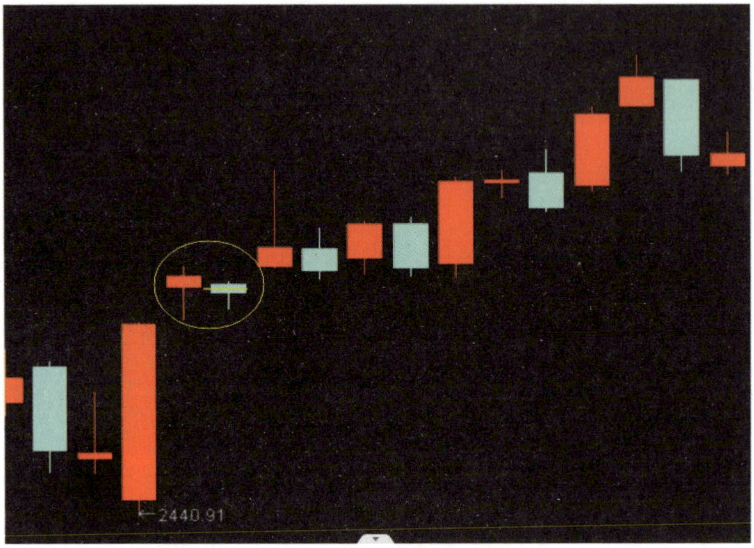

图 1-56　向上跳空并列阴阳线形态

【价与量的评量】

一般来说，跳空高开的话，有以下几个分类：

①普通跳空：交易意义不大，一般在个股盘整期，成交量小，迅速回补缺口。

②初始跳空：也叫突破跳空，伴随着价格的突破，成交量放近期巨量，缺口一般不回补。

③中继跳空：价格继续向上，成交量放中等的成交量，缺口一般不回补。

④衰竭跳空：价格上涨已经处于末端，成交量可大可小，缺口一般快速回补。

向上跳空并列阴阳，是发生在上述四类跳空中。需要注意的是，向上跳空并列阴阳发生的情况，是发生在初始跳空、中继跳空、衰竭跳空。这三类跳空并非一定是连续跳空，可以是间断跳空。通常在上升浪之中，有可能出现三次跳空，但大部分的跳空发生在主升浪即三浪之内。

表现形式如下：

①连续跳空：有可能连三跳或连二跳。

②前段跳空：在三浪之中的前 1/3 段发生。

③中段跳空：在三浪之中的中间的 1/3 段发生。

④后段跳空：在三浪之中的后面的 1/3 段发生。

连续的跳空，用满了三次，表示价格涨满，动能用尽，在发生间断三次跳空的状况下，将以枯竭收场。

三次跳空，有上跳三空和下跳三空两种。这里的“三”，并非连续三跳空，而是分成数个阶段的，它的意义更大。

上跳三空时，多头投资人乐观到极点；下跳三空时，代表恐慌性的卖压。盘整之后的上跳三空，是表示市场行情将要大涨。盘整之后的下跳三空，是表示市场行情就要大跌。

尤其是盘整的日期越久，一旦出现跳空，威力将十分惊人。一个发展良好的上升浪中，可能出现三度向上跳空。同样地，一个下跌浪中，也可能出现三度向下跳空。重点在于，这一定是一个长的波动。不过，向上跳空如果出现了四次，可能引发高价警戒的回落。

（2）向下跳空并列阴阳形态

向下跳空并列阴阳形态要满足以下条件：

①在一段下跌趋势中，出现一根向下跳空的阴 K 线。

②在阴 K 线后紧跟一根阳 K 线，且阳 K 线开盘价在阴 K 线之内，收盘价在阴 K 线之外。

向下跳空并列阴阳形态，如图 1-57 所示。

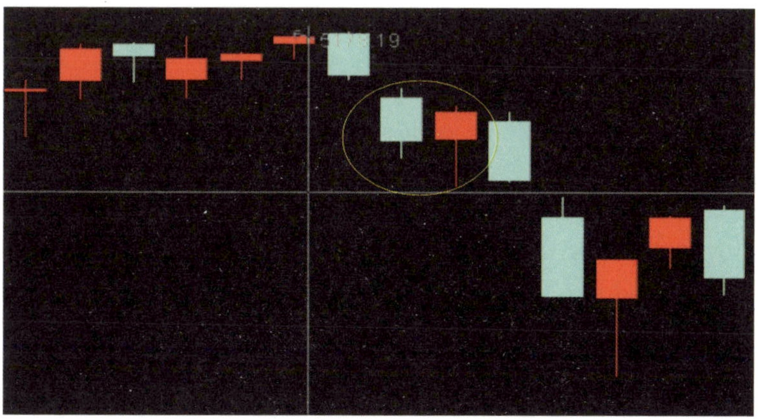

图 1-57　向下跳空并列阴阳线形态

【价与量的评量】

向下跳空并列阴阳大多伴随着基本面的重大利空而来，行情走势犹如惊弓之鸟，成交量十分低落，人气非常低迷。连续的跳空，用满了三次，表示价格跌透，卖方动能用尽，在发生间断三次跳空的状况下，将以枯竭收场。

密切关注向下跳空并列阴阳的成交量，低迷的成交量，可以继续做空或观望。但是，如果它能出现有较大的成交量，那么价格并非无所作为的，这时要谨慎操作，防范意外情况发生。

1.4.2 高价位与低价位跳空突破形态

高价位跳空突破形态中，市场先是在最近形成的高价位上徘徊，后来才下定决心向上跳空；低价位跳空突破形态是一个向下跳空的缺口，是从一个低价位的横向密集区向下打开的。

高价位和低价位跳空突破形态，如图 1-58 所示。

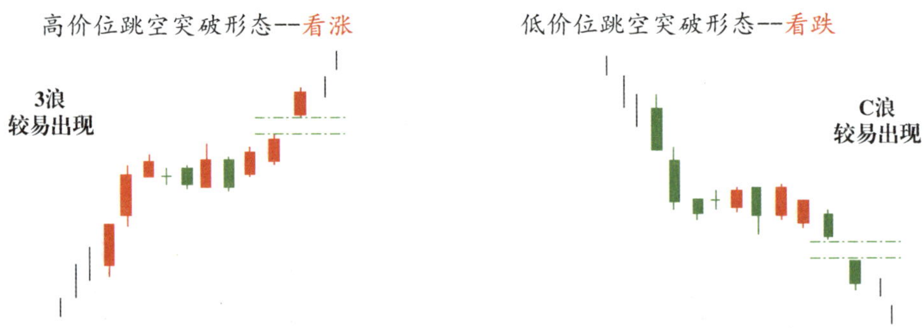

图 1-58　高价位跳空突破形态示意图（左）与低价位跳空突破形态示意图（右）

（1）高价位跳空突破形态

高价位跳空突破形态要满足以下条件：

①上升趋势中，市场经历一两个急剧上涨趋势以后出现一系列小阴小阳的盘整形态（这些小阴小阳是对前期市场巨幅增长的一个消化）。

②然后某一天突然跳空形成缺口，此缺口可以作为买进的时机。

高价位跳空突破形态出现，如图 1-59 所示。

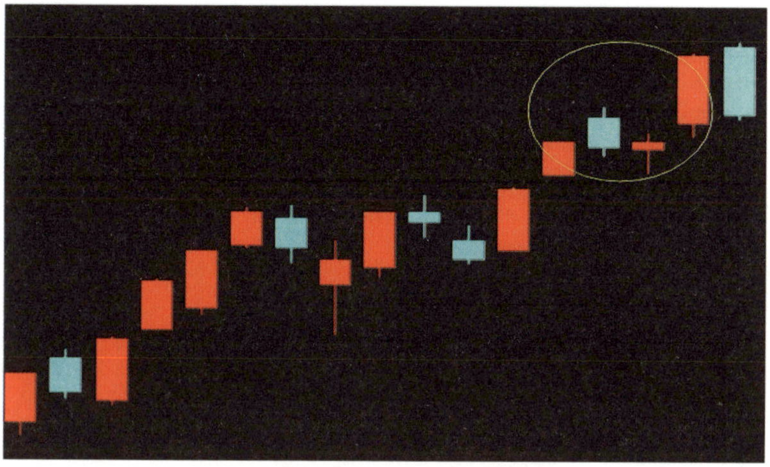

图 1-59　高价位跳空突破形态

【价与量的评量】

高价位跳空突破形态，是市场大行情来临前的征兆；尤其是它盘整得越久，一旦冲出盘整区间，这种向上跳空的威力越是惊人。它的 K 线形态结构如下：

①跳空带量的阳线。

②确认线：数日之内不能补缺口，否则这一个跳空即为虚假。

以上所说的长期盘整，如果最短也需 7 支到 12 支，遇到这种线型时，多头可以持续买进。有的盘整盘到众多投资人受不了，纷纷出场之后，一年半载之后才有表现。

整个来看，乐观的高价位跳空突破形态，它的 K 线不应缩小，要有一定的长度，最好的状况是 K 线越长越好。

高价位跳空突破形态之后大多是强力上涨的推动浪。它是市场大行情来临的征兆，尤其是它的盘整越久，一旦冲出盘整区间，它的威力越是惊人。以上所说的长期盘整，如果最短也需 7 支到 12 支，遇到这种 K 线形态时，多头可以持续买进。

高价位跳空突破形态符合宇宙的法则“动者恒动，静者恒静”，介入飙涨的个股的前段或中段，透过追涨而获利，运动中的上升股，常常会出现三阳一阴的 K 线形态，我们轻易地就能掌握它的波动关键与转折。

你应该先检视高价位跳空突破形态前的下跌是否下降已久，跌幅已深

（有 20%以上），下跌时间是否超过两周了。这都有助于卖力枯竭的认证。

高价位跳空突破形态之后的价格发展，根据次一日的 K 线四价，可定出以下几种走势图：

①下降推送波：这是看错行情，必须止损出场。

②落入修正波：小有亏损。

③停在高点盘整：无利可图，而有风险。

④继续上涨：这是预期中的事。

如果没有新的消息面介入，高价位跳空突破形态后将会进入④的状态，获利与风险比值是 4∶1。投资人可以进场做多投机，以小博大。高价位跳空突破形态之后是大的推动浪，涨幅又急又大，可能有 80%的潜在概率获利。因此，投资者应在这个分界点重仓等待做多，顺势加仓，当价格涨升之际，就是满载而归的时候。

（2）低价位跳空突破形态

低价位跳空突破形态要满足以下条件：

①下跌趋势中，市场经历一两个急剧下跌趋势以后，出现一系列的小阴小阳盘整形态（这些小阴小阳是对前期市场大幅下跌的一个消化）。

②然后某一天突然跳空形成缺口，此缺口可以作为卖出的时机。

低价位跳空突破形态，如图 1-60 所示。

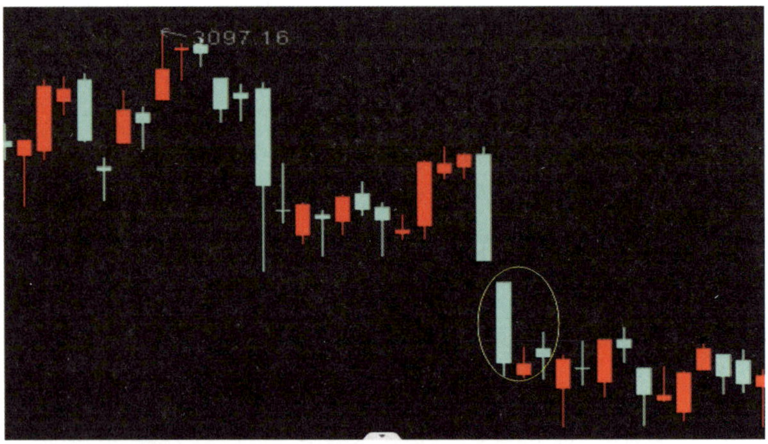

图 1-60　低价位跳空突破形态

【价与量的评量】

低价位跳空突破形态，是与高价位跳空突破形态相反的形态。它的线型结构如下：

①跳空向下的阴线。

②确认线：数日之内不得补缺口，否则该一跳空就成了无效的闹剧。

一旦向下突破盘整后，市场行情往往朝下方发展，因此空头的一方是可以乘胜追击的。盘整时间为期不一，最小的也需一周以上，比较理想的是一个月左右。一旦遇到了这种典型的空头信号，空头就可以持续地抛售。

低价位跳空突破形态的成交量必然低落，主要是这时候根本没有人买。而抛售的人多，有点恐慌性卖压的情绪。在低价位跳空突破形态之后，如果 K 线形态出现伴随着大跳空或连续跳空的情形，那么是一种特殊的 K 线形态。这是十分稀罕的 K 线形态，这时预估会有很急、很大的涨跌幅发生。因此，空头可以重仓做空，集中投机，一次大胜。多头应该迅速离场。

低价位跳空突破形态之后的价格发展，依次一日确认线的 K 线强弱定夺，通常有以下几种可能的走向：

①上升推送波：这是看错行情，必须止损出场。

②进入修正波：反弹波，小有亏损。

③停在低点盘整：无利可图，并且有风险。

④不涨反而下跌：放空具有最大的获利的可能。

估算在最大多数的状况下，低价位跳空突破形态后将会进入④的状态，获利与风险比值是 4：1，投资人可以进场逢低做空，以小博大，以多取胜。多头应该迅速离场。

符合宇宙法则之一的是“动极思静，静极思动”。因此，我们关注许久不动的个股，一有眉目，就可以伺机进场获利。个股从不动转为动的信号，就是突破支撑线或压力线。投资人只需“看线论线”，依信号买卖进出场就行了。要快速运动的个股，都会先出现跳空的情况。

1.4.3　多方尖兵与空方尖兵形态

多方尖兵形态由若干根 K 线组成，一般出现在上涨行情中。股价在上涨构成中，遇到卖方打击，再拉出一根中阳线或大阳线时，很快出现了一根上影线，股价随之回落整理，但买方很快又发起一次进攻，股价穿越了前面的上影线。

空方尖兵形态由若干根 K 线组成，一般出现在下跌行情中。股价在下跌过程中遇到了多方反抗，出现了一根较长的下影线。股价随即小幅反弹，但空方很快又发动了一次攻势，股价穿越了前面的下影线。

多方尖兵和空方尖兵形态，如图 1-61 所示。

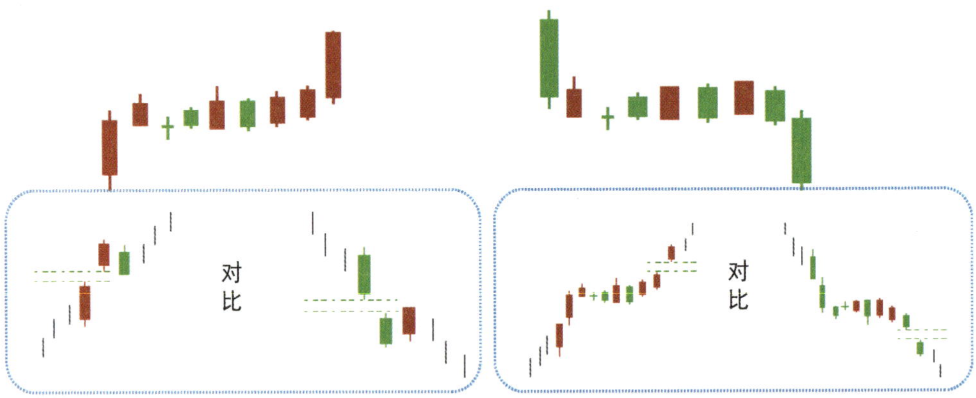

图 1-61　多方尖兵——看涨形态示意图（左）与空方尖兵——看跌形态示意图（右）

（1）多方尖兵形态

多方尖兵形态要满足以下条件：

①多方尖兵 K 线组合一定要出现在股价上升趋势，并且股价虽然当时属于上升趋势，但股价短期内不能涨幅过高。

②由于股价上升趋势中，出现多方尖兵的变化图形较多，K 线组合的最后一根 K 线是选择大阳线向上突破，还是选择连续多根小阳线缓慢推升向上突破都有可能，所以对成交量的配合没有特殊要求。

③投资者应在多方尖兵最后一根大阳线当天买入或者是在多方尖兵 K 线组合完成之后再适量买入。

多方尖兵形态，如图 1-62 所示。

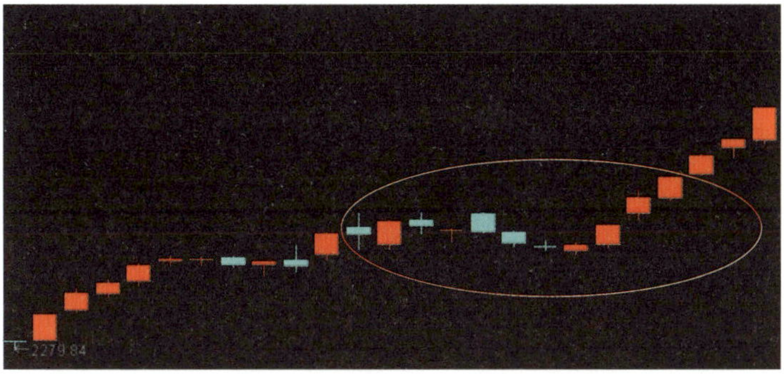

图 1-62　多方尖兵——看涨形态

（2）空方尖兵形态

空方尖兵形态要满足以下条件：

①空方尖兵 K 线组合一定要出现在股价下跌趋势，并且股价虽然当时属于下跌趋势，但股价短期内不能跌幅过大。

②由于股价下跌趋势中，出现空方尖兵的变化图形较多，K 线组合的最后一根 K 线是选择大阴线向下突破，还是选择连续多根小阴线缓慢下跌向下突破都有可能，所以对成交量的配合没有特殊要求。

③投资者应在空方尖兵最后一根大阴线当天卖出或者是在空方尖兵 K 线组合完成之后再适量卖出。

空方尖兵形态，如图 1-63 所示。

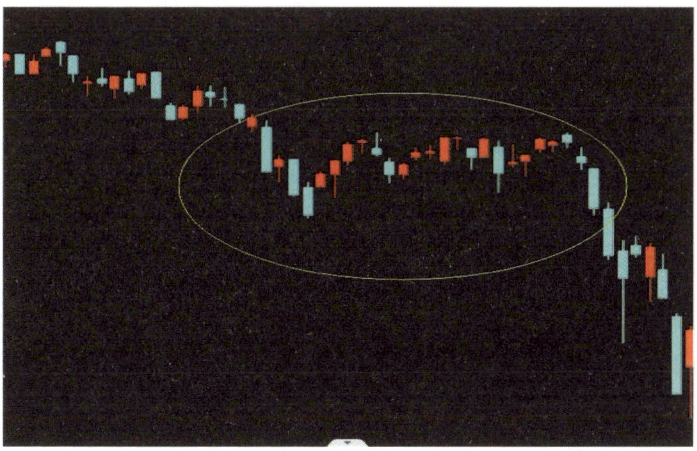

图 1-63　空方尖兵——看跌形态

【价与量的评量】

在平时，个股的表现都差不多。但一旦有强烈的消息而来临时，个股就会出现各种不同的反应。这时聪明的投资人，就能从中选出强势股与弱势股，强势股之后的涨势惊人。

弱势股在这之后的跌势也十分惊人。成熟的投资者在市场遇到突发消息而发生跳空上涨时，他们会勇敢地追涨，胜率很高。或市场碰到突发消息而跳空下跌时，他们会顺势杀跌。这种良性的追涨杀跌使得他们赚多赔少。

如果在突发消息时，市场反应未能出现跳空的激情 K 线形态，而只是以平常心的“连续线”的情况出现时——我们称为“沾连”，就是指实体部分有交接的部分。成熟的投资者则有比较多的顾虑，很明显他们也在意利多不涨，或是利空不跌的诡异情形。

如果利多消息来时，个股相应不涨，那么日后将更被看淡。类似的道理，如果利空消息来袭之时，个股 K 线形态显得利空不跌，那么只要大盘回稳之时，个股将可能大涨。

如果 K 线形态的反转是伴随着大跳空或连续跳空的情形，那么是一种特殊的 K 线形态——这是十分罕见的线形，这时预估会有很急、很大的涨跌幅发生。因此，投资人可以重仓介入，集中投机，一次大胜。如果在进场信号十分强烈的机遇之中，你也是小心翼翼地轻仓操作，那么你很难有致富的机会。

遇到利空的消息来袭时，如果个股是沾连下跌，预估它多少有抗跌性，因此跌幅不深。但个股如果是向下跳空，这种强烈的反应，让成熟的投资人嗅出他们之后的跌幅十分可观的先机，因而积极建仓，需找可以放空的卖点。

1.4.4 上升三法与下降三法形态

上升三法形态是指，在上升趋势中出现一根长阳线，在此长阳之后，出现一群实体短小的阴阳线，显示先前趋势所面临的一些压力。下降三法形态为上升三法的对应形态，市场处于下降趋势，一根长阴线的出现使其跌势得到加强，随后三天则为实体短小的线型，其走势与既定趋势相反，如果这些盘整线型的实体为红色，则情况最佳。

上升三法和下降三法形态，如图 1-64 所示。

图 1-64　上升三法——看涨形态示意图（左）与下降三法——看跌形态示意图（右）

（1）上升三法形态

上升三法形态要满足以下条件：

①第一根长阳 K 线。

②其后跟 3～5 根小阴小阳，所有小阴小阳的价格都在第一根长阳最高最低价范围内（市场的喘息，代表多空之争的休战）。

③最后一根长阳 K 线，开收盘价均 > 第一阳开收盘价。

④如果形态不理想，则通过后市进行验证（注意：下一根 K 线的形态，如果下一根 K 线不能明确趋势就再等下一根，直到图形给出多空信号为止才进行交易）。

备注：如头尾阳 K 线的交易量 > 小阴小阳的交易量，则该形态份量加重。

上升三法形态，如图 1-65 所示。

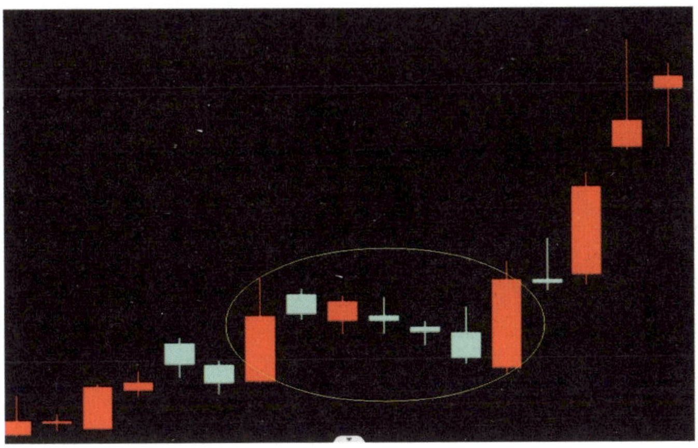

图 1-65　上升三法形态

【价与量的评量】

上升三法它的完成转折动作，中间需三天到五天。

上升三法尾阳的成交量明显较大，一般是以量增为主。

上升三法之后，预估会有缓慢的、些微的涨幅发生。因此，空头可以轻仓做多，采取较小的投机，期望有些微的获利就可以满足了。做对则浮盈加仓，增加获利的额度。

上升三法出现时，必须再静观片刻。如果尾阳翌日上涨就可以买进，上升三法大多是走继续上涨的路径。

上升三法符合宇宙法则之二的“动者恒动，静者恒静”，介入疯涨的个股的前段或中段，透过追涨而获利。运动中的上涨股，常常会出现三阳一阴的K线形态，我们轻易地就能掌握它的波动关键与转折。

投资者应该先检视上升三法前的行情是否上升已久，涨幅已高（有20%以上），上涨时间是否持续两周了。这些都有助于买力已衰，重新蓄力上涨的认定。

虽说宇宙法则是“动者恒动”，但在有外力介入之下，物理或人事上的运动，常常不能以直来直往的直线前进，而是不得已地要探取曲线前进的方式。简而言之，就是绕路前进。这一绕路的转折点，刚好是成本最低，并且泄露它真正的价格走向，因此是最佳的切入点。

（2）下降三法形态

下降三法，是上升三法的相反形态，它的完成转折动作，中间需三天到五天。

下降三法形态，如图1-66所示。

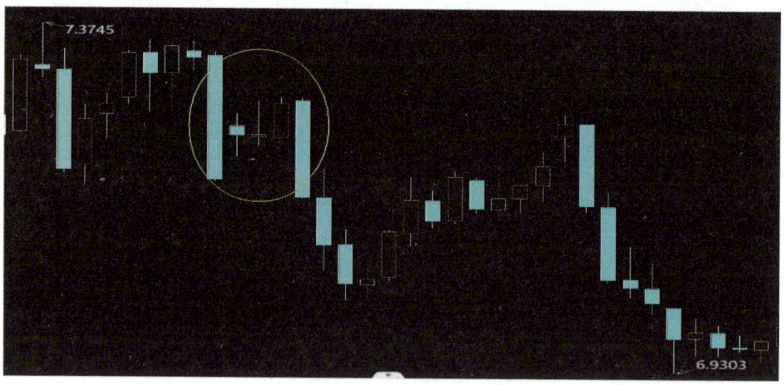

图1-66　下降三法形态

【价与量的评量】

下降三法的尾阴成交量弹性较大，但一般是以量缩为主。

下降三法之后，预估会有缓慢的、些微的跌幅发生。因此空头可以轻仓做空，採取较小的投机，期望有些微的获利就可以满足了。做对则浮盈加仓，增加获利的额度。多头则减仓为上策。

下降三法之后的价格发展，依次一日确认线的 K 线强弱定夺，而循下列几种走势图行进：

①上升推送波：这是看错行情，必须止损出场。

②进入修正波：反弹波，有小亏损。

③停在低点盘整：低迷无利可图，并且有出场的风险。

④不涨反跌：具有最大的获利的可能。

估算在大多数的状况下，下降三法后将会进入④的状态，放空的获利与风险比值是 4∶1，投资者可以小额测试，以小试大，逐步投入。

下降三法符合转折点介入的原则。虽说宇宙法则是“动者恒动”。但在有外力介入之下，物理或人事上的运动，常常不能以直来直往的直线前进，而是不得已地要探取曲线前进的方式，简而言之，就是绕路前进。这一绕路的转折点，刚好是成本最低，并且泄露出它真正的价格走向，因此是最佳的切入点。

1.4.5　两红夹一黑与两黑夹一红形态

两红夹一黑形态指的是左右两边是阳线，中间是阴线，三根 K 线的中轴基本上是处在同一水平位置上，两根阳线的实体一般比阴线实体长。两黑夹一红形态指的是左右两边是阴线，中间是阳线，两根阴线的实体一般比阳线实体长。

两红夹一黑与两黑夹一红形态，如图 1-67 所示。

图 1-67　两红夹一黑——看涨形态示意图（左）与两黑夹一红——看跌形态示意图（右）

（1）两红夹一黑

两红夹一黑形态要满足以下条件：

①两根阳线中间夹着一根阴线。

②两红夹一黑三根 K 线的中轴几乎在同一水平位置上，中间的阴线实体较短，两边的阳线实体较长，少数情况下，三根 K 线的实体大小相当。

③被夹在中间的阴线实体长度不能大于两边阳线的实体长度。

④夹在中间的 K 线也可以是小十字星或 T 字线。

两红夹一黑形态出现，如图 1-68 所示。

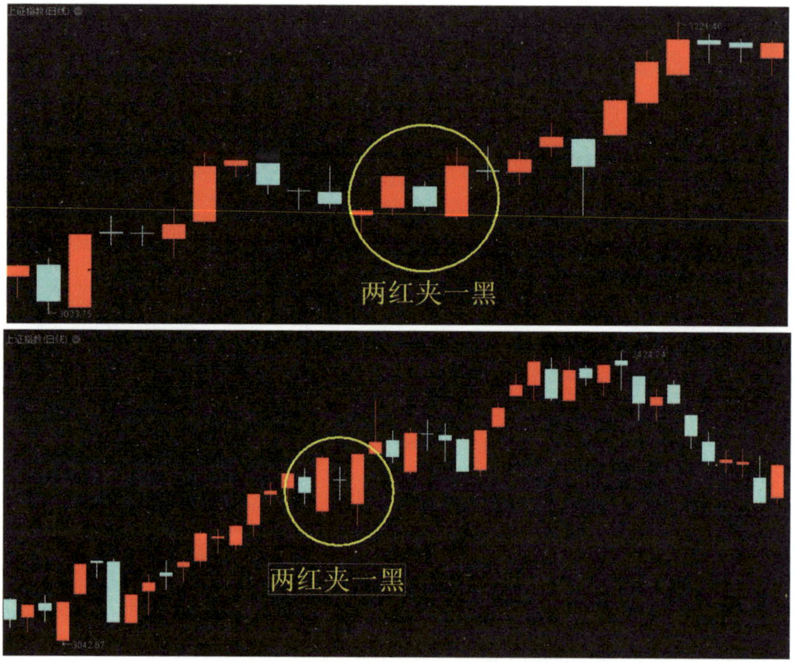

图 1-68　2 浪突破后的两红夹一黑

【价与量的评量】

两红夹一黑的图形一般是代表股价的暂时休整，要结合波浪理论来判定价格的相对位置。在上升五浪中，C 浪的末端一般容易出现底部盘整。也就是说，在价格连续下跌到 C 浪末端，指数或个股在连续下跌之后，多空双方出现了暂时的休整，空头经过连续下跌之后，做空动能日渐衰竭。同时多头也在积极地吸货，多空双方出现相对平衡。

这时在低价位区域股价形成盘整，出现两红夹一黑，往往是主力试盘。这里出现的两红夹一黑，往往孕育着短线的机会。

成交量在底部的时候往往比较清淡，随后出现的成交量放大与否往往很重要。如果两红夹一黑之后，出现爆量，这时股价可能在此位置开始上涨，行情往往比较客观。如果成交量没有有效放大，则反映出多头的犹豫不决，这时短线应该获利了结。

如果两红夹一黑在中价位盘整，也就是说，出现在二浪和四浪末端，结合着成交量放大，且价格出现明显的平台突破或压力线突破，这使得行情有望有较大涨幅，投资者应及时加仓，获取较大的收益。

两红夹一黑出现在 B 浪的时候，如有持仓盈利，则应尽快获利离场。当我们知道股价终将大概率下跌时，及时了结获利的头寸是一个明智的选择。

（2）两黑夹一红

两黑夹一红形态要满足以下条件：

①两根阴线中间夹着一根阳线。

②两黑夹一红三根 K 线的中轴几乎在同一水平位置，中间的阳线实体较短，两边的阴线实体较长，少数情况下，三根 K 线的实体大小相当。

③被夹在中间的阳线实体长度不能大于两边阴线的实体长度。

④夹在中间的 K 线也可以是小十字星或 T 字线。

两黑夹一红形态，如图 1-69 所示。

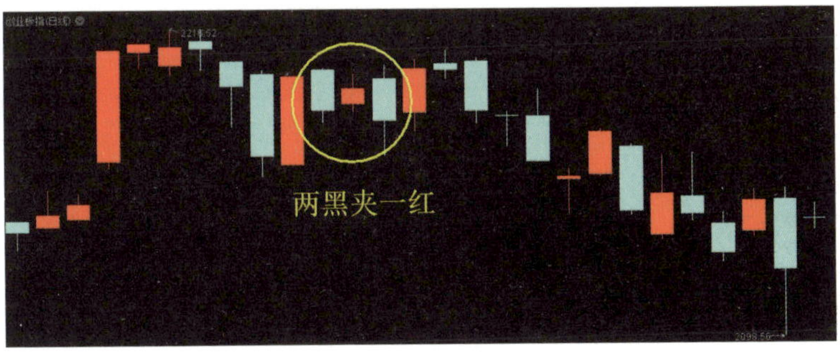

图 1-69　两黑夹一红

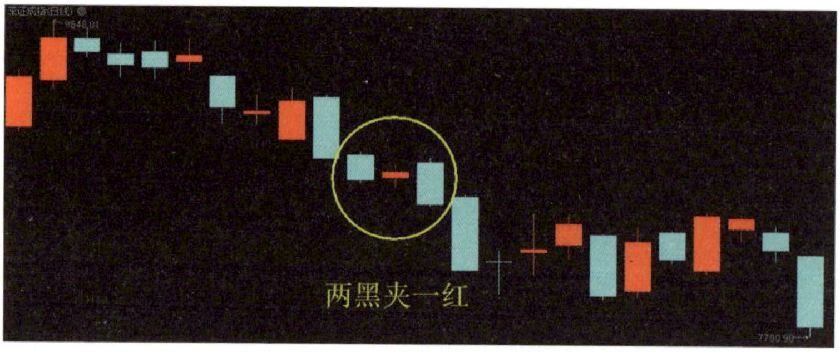

图 1-69　两黑夹一红（续）

【价与量的评量】

两黑夹一红同样也要结合波浪理论的浪形结构确定价格运动的位置。在处于波浪的 A、B、C 的调整浪中，出现两黑夹一红，一般预示着股价是调整过程中的确认信号，成交量增减意义不是太大。但我们认识到股价处于在波浪的 A、B、C 调整过程中的时候，两黑夹一红出现，进一步会让有识之士加紧离场。

1.4.6　前进红三兵形态

前进红三兵形态是一种常见的日线组合，在行情底部区域连续出现三根阳线，依次上升，收盘价不断抬高，形成“三阳开泰”的组合。

一旦出现“红三兵”形态，上涨情况居多。

前进红三兵形态，如图 1-70 所示。

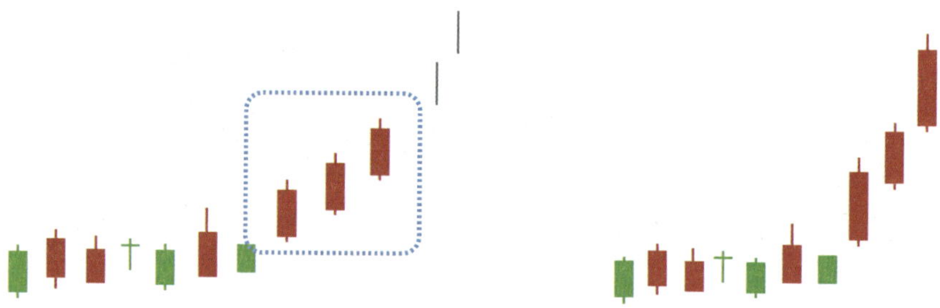

图 1-70　前进红三兵形态示意图

前进红三兵形态要满足以下条件：

①连续三根阳 K 线收盘价依次上升，且每日创新高（说明市场稳健攀升）。

②后一天开盘价处于前一日 K 线实体内。

备注：如果阳 K 线伸展过长，那我们应该对市场的超买状态有所戒备。

前进红三兵形态，如图 1-71 所示。

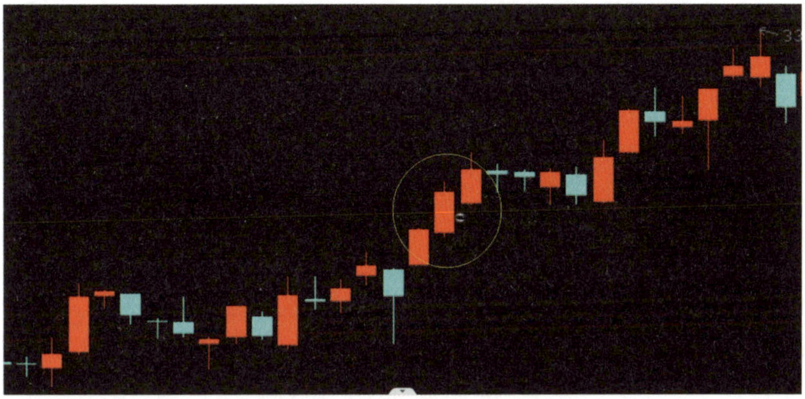

图 1-71　前进红三兵形态

【价与量的评量】

长期下跌低迷的个股，一旦出现前进红三兵时，它的涨势最为凌厉，所以多头应可倾全力出击。这种红三兵，可以用《易经》来加以理解。它是在潜龙勿用之后的“见龙在田”，是一种大吉之象。前提就是得配合较佳的成交量，才能逐步地将价格推升上去。假的前进红三兵是 K 线涨幅不够，并且成交量有萎缩之象，然后又没有明显的推升量（百日均量线平均量的 1～2 倍），这都是令人可疑之处。

前进红三兵，是市场行情大涨的信号，它将一鸣惊人。必须配合成交量的倍增，达到价涨量增的效果。

长期低迷的盘势，一旦出现红三兵时，它的涨势最为凌厉，所以多头可倾全力出击。长期处于下降走势的波动，如果出现红三兵时，应是属于一种 V 字形的底部反转，这时应当配合成交量的扩大，才能推升价格的反转向上。

前进红三兵看它的 K 线形态，又看它的量。K 线形态要长要大，才够看。成交量必须逐步推升才行。如果它的量没有明显的放大，那么这一前进红三兵可能只是华而不实的骗钱而已。

大部分在前进红三兵之后，会有小小的回落。这是因为短期涨幅过大的关系。如果红三兵之后未有回跌，那么它的涨幅还要再看上涨的。

前进红三兵之后的价格发展，依次一日确认线的 K 线强弱定夺，通常有以下几种可能走向：

①上升推送波：具有最大获利的可能，是否进入推送波，从它的上升斜率高达 75°就可以识别出来。

②进入修正波：反弹波，小有获利，修正波的斜率在 45°～60°之间。

③停在低点盘整：无利可图，并且有风险。

④不涨续跌：这是看错行情，必须止损出场。

如果没有新的消息面介入，前进红三兵后将会进入①的状态，获利与风险比值是 4∶1，投资人可以进场逢低买进，以小博大，以多取胜。

前进红三兵形态的精髓在于：窥知前进红三兵之后是大大的推动浪，涨跌幅又急又大，可能有 80%的潜在获利概率。因此，建议投资者在这个分界点重仓等待做多，顺势建仓，当价格急剧上涨时，也就是你荣登富贵之时。

前进红三兵符合宇宙的法则之二的“动者恒动，静者恒静”，介入飙涨的个股的前段或中段，透过追涨而获利，运动中的上升股，常常会出现三阳一阴的 K 线形态，我们轻易地就能掌握它的波动关键与转折。

1.4.7 前方受阻形态

前方受阻形态是由连续上升的三根阳线组成的图形。它是“红三兵”的一个特殊形态，因此也称为“前方受阻红三兵”。

前方受阻形态，如图 1-72 所示。

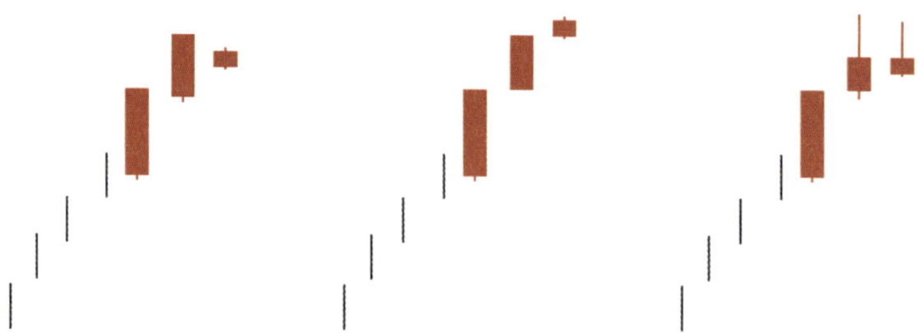

图 1-72　前方受阻形态示意图

前方受阻形态要满足以下条件：

①第二根和第三根或者仅仅第三根阳 K 线上涨趋势减弱。

②实体越来越小，或者具有较长的上下影。

前方受阻形态，如图 1-73 所示。

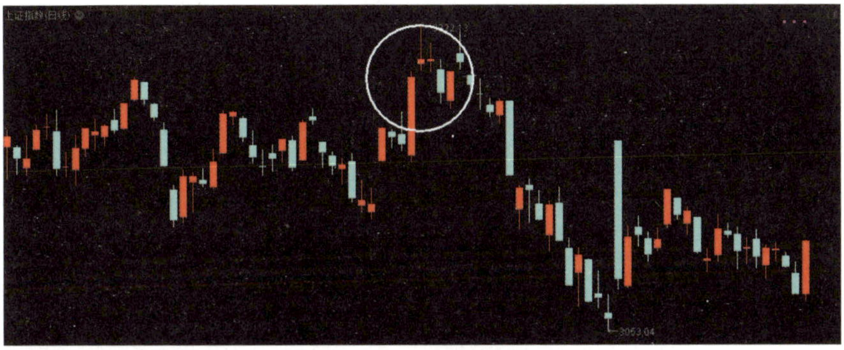

图 1-73　前方受阻形态

【价与量的评量】

前方受阻形态，一样是红三兵，但到了第二根或三根时，涨势已经受挫——而以小阳线收盘，并且上端出现上影线。它的三根阳线名称如下：

①长阳线：带有下影线，阳线实体长，成交量大。

②中阳线：一般不带有上下影线。

③小阳线：K 线形态短小，带有短短的上下影线。不论成交量大小，都可能面临反转下挫的命运。

④确认线：它的开盘价与收盘价都要比之前一天的低。

这种情况是可以看成买力出尽的解读。因此，已经进场的多头，应立刻获利了结，并且改弦易辙的以高价抛售，或是放空出场为宜。

前方受阻形态的成交量，无论量大或量小，都难以自圆其说。成交量大的话，可是价格却不涨，这是价缩量增，属于价量背离，前景自然不妙。如果成交量小，那么就是价跌量减，不正是强弩之末吗？该是价格反转向下了。

前方受阻形态之后，预估会有中等的、中度的跌幅发生。因此，空头轻仓做空，採取中度的投机，期望有中等的获利就可以了。多头应该果断减仓或离场。

前方受阻形态是发生在涨势的末梢，涨势已尽，价格自然走入修正的行列。

前方受阻形态之后的价格发展，依次一日确认线的K线强弱定夺，而循下列几种走势图行进：

①下降推送波：放空具有最大的获利的可能。

②落入修正波：放空回档波只得小获利。

③停在高点盘整：无利可图，而有风险。

④不跌反涨：这是看错行情，必须止损出场。

如果政治经济形势未起新的变化，前方受阻形态后将会进入②的状态，获利与风险比值是1∶4，空头可以小额测试，以小试大，逐步投入。在许多状况中，前方受阻形态也会进入③的停在高点盘整，造成投资人的久留无益，并且有风险。

前方受阻形态符合高点物极必反的原理，物理有作用的出现，就有反作用的出现。因此，在动极之余，常常会有反向的运动出现。价格上升高了，涨过头了，早晚会下跌的，空头可以坐等放空获利。

1.4.8 停顿形态（深思熟虑之后决定后市方向）

停顿形态是指在K线图中有些包含大阳线、中阳线的组合形态，表面上吉祥如意，实则是股价见顶的不祥征兆，需要特别注意。

停顿形态，如图1-74所示。

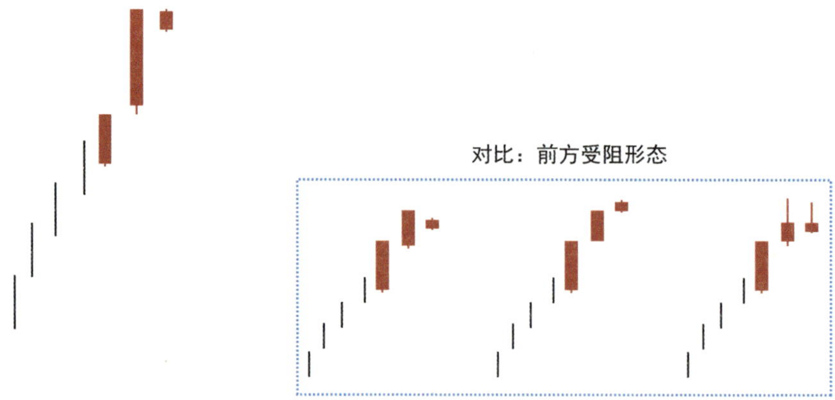

图1-74 停顿形态示意图

停顿形态要满足以下条件：

①第二根为长阳 K 线，且创新高。

②第三根为短阳 K 线（形成停顿形态，说明多方力量被消耗和衰退，从而导致多头头寸平仓获利）。

停顿形态出现，如图 1-75 所示。

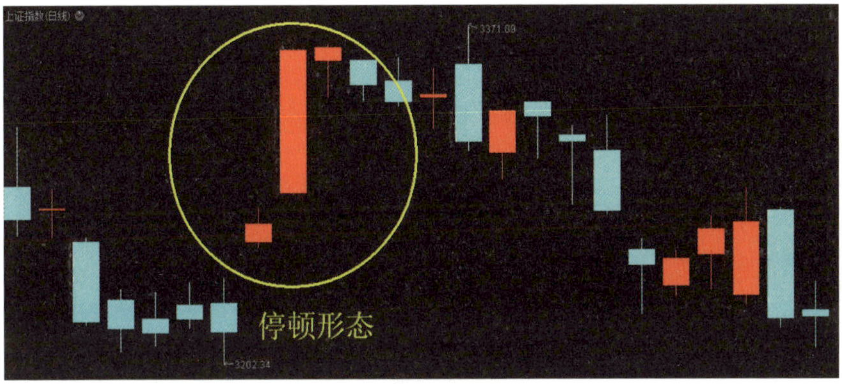

图 1-75　停顿形态

【价与量的评量】

停顿形态出现，大部分的人看到长阳线的乐观情形，都会被骗，以为市场还有高的一波上涨。其实，在上升波的末段中，如果发生阳包阳的 K 线形态。也就是说，最后一支日 K 线被前一支阳线所包括，这是涨势缩小的明证。阳包阳的 K 线形态结构如下：

①长阳线：它的成交量颇大，市场乐观到最高点。

②小阳线：市场的买力忽然弱了下来，观望的人变多。整个成交量急剧缩小。小阳线的成交量即使很大，通常也是主力资金所为，因此还是改变不了反转下跌的命运。

③确认线：开盘价要低于前一日收盘价，收盘价也必须低于前一日开盘价。

阳包阳的整个动能急剧萎缩，当然是价格触顶的明证。但是，即使成交量没有萎缩，但交易区间变小，价格不涨，却是主力资金抛售的解读。所以，仍然可判断为市场要下跌的信号。尤其是当出现在上升走势时，可能形成高位盘整时，多头应迅速地平仓出场为宜。

停顿形态之后的价格发展，依次一日确认线的K线强弱定夺，而循下列几种走势图行进：

①下降推送波：放空具有最大的获利的可能。

②落入修正波：放空回档波只得小获利。

③停在高点盘整：无利可图，而有风险。

④不跌反涨：这是看错行情，必须止损出场。

估算在最大多数的状况下，停顿形态后将倾向于进入②的状态，获利与风险比值是1∶4，空头可以轻仓测试，以小试大，浮盈加仓。

停顿形态符合高点物极必反的原理，物理作用的出现，就有反作用的出现。因此，在动极之余，常常会有反向的运动出现。这时可以透过精准的停顿形态捕捉反转的个股形态。价格上升高了，涨过头了，早晚会下跌的，投资人要站在对的一边就行了。

第 2 章

K 线盘整形态

股票形态作为买卖点的依据（K 线选股）

对于投资者而言，只要掌握股票 K 线形态的走势，就不会出现大的失误。投资者不应该在股价上涨了一大段后才匆匆杀入。而那些整日沉迷于股市短期波动的散户，却对股价宏观走势缺乏了解，因为大多数股票投资者都被贪婪、恐惧和侥幸心理支配。

2.1 持续形态

持续形态发生在一段趋势的中间部位，趋势方向不改变。常见的持续形态，包括三角形、旗形、楔形、矩形、持续型头肩等。

2.1.1 三角形

三角形的共性特征如下：

①四个转折点确定两条趋势线。

②通常有六个转折点。

③A、C、E 三个波峰依次降低。

④运动周期：属于中等形态，通常持续的时间在 1 ~ 3 个月。

⑤时间界定（完结的时间极限）：KM=（50%～75%）KO。

⑥价格在三角形内运行交易量收缩，突破则放量。

⑦最小波动值：H1=H2。

三角形 K 线形态，如图 2-1 所示。

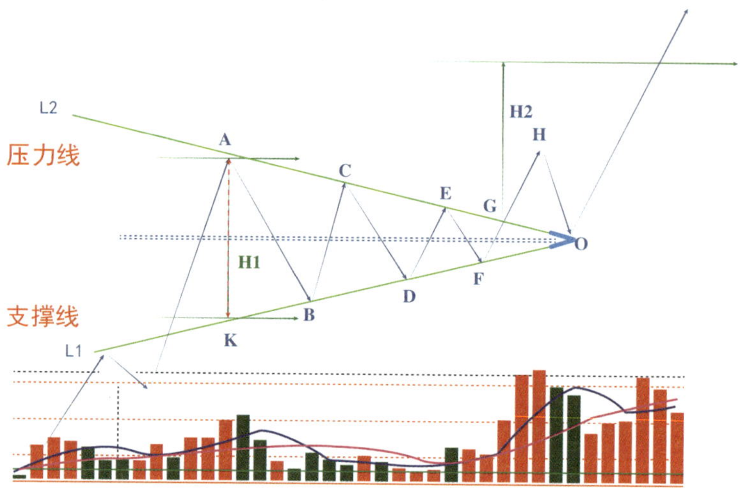

图 2-1 三角形 K 线形态

三角形通道线测量法，如图 2-2 所示。

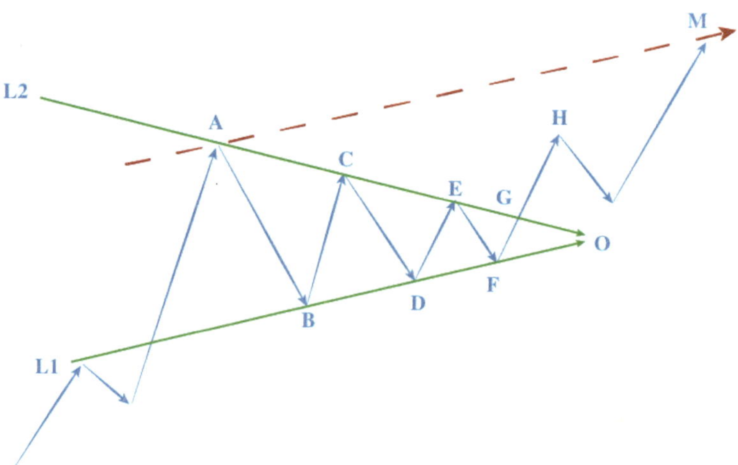

图 2-2 三角形通道线测量法

时间测量法，如图 2-3 所示。

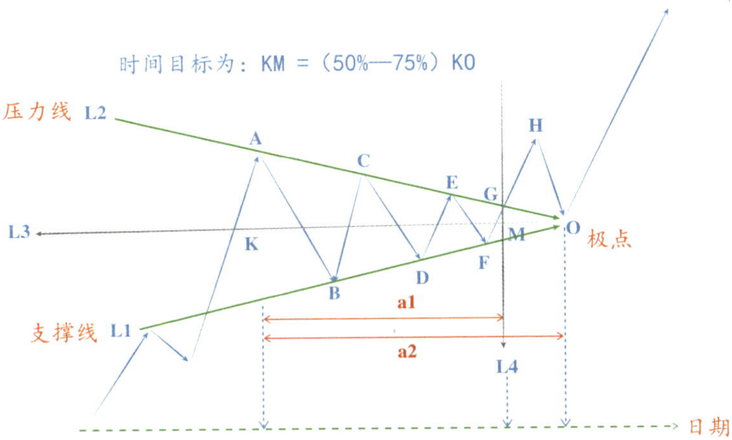

图 2-3 时间测量法

（1）对称三角形

对称三角形形态，如图 2-4 所示。

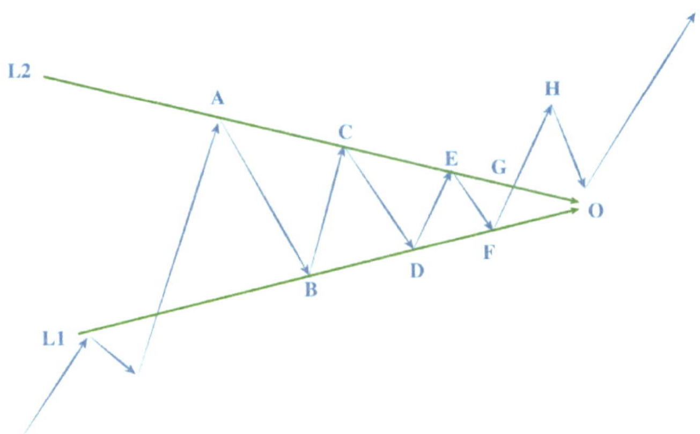

图 2-4 对称三角形形态

对称三角形形态要满足以下条件：

①上下两条趋势线相互聚拢。

②在一段上升趋势中——看涨，在一段下降趋势中——看跌。

③在上升趋势的顶部出现——看跌，在下降趋势的底部出现——看涨（对顶底的判断）。

对称三角形 K 线形态出现，如图 2-5 所示。

图 2-5　对称三角形 K 线形态出现

（2）变体三角形

上升三角形和下降三角形都是对称三角形的变体。

下降三角形的下边线为水平线，上边线向下倾斜；上升三角形的上边线为水平线，下边线向上倾斜，如图 2-6 所示。

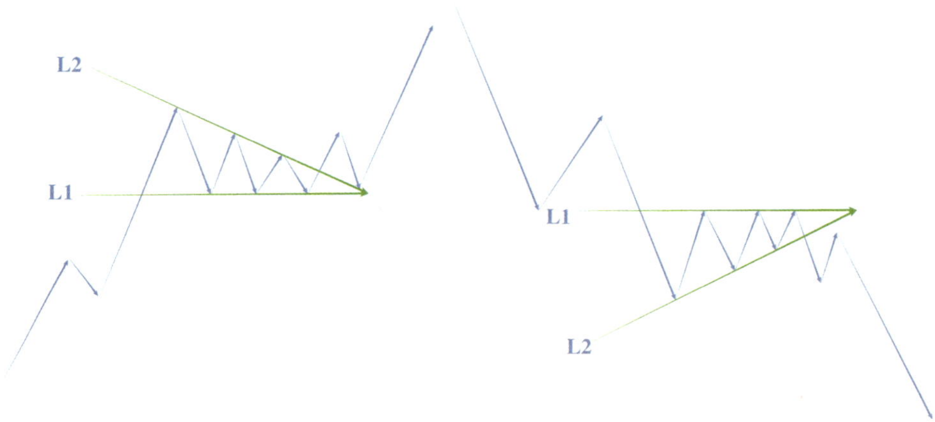

图 2-6　变体下降三角形示意图（左）与变体上升三角形示意图（右）

2.1.2　旗形与三角旗形

旗形的调整类似四边形和矩形，与前趋势方向相反，稍微倾斜；三角旗形调整浪是收缩三角形形态，类似对称三角形，但是持续时间≤3 周。如图 2-7 所示。

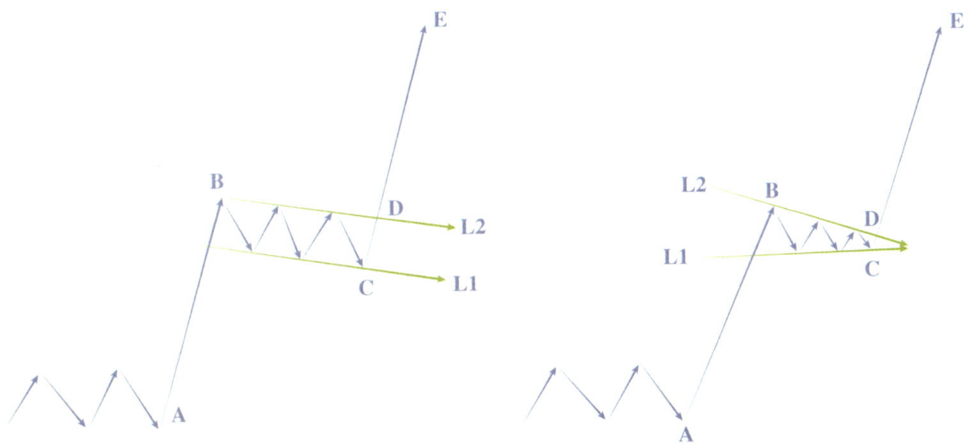

图 2-7　旗形示意图（左）与三角旗形示意图（右）

旗形和三角旗形的共性如下：

①代表市场充满活力，但是暂时处于休止状态。

②旗形和三角旗形出现的先决条件——之前的趋势很剧烈，几乎是直线运动。

③调整过程中交易量先萎缩，当趋势突破以后交易量剧增。

④起始点是相对的低点，一般在重要的支撑阻力位。

⑤运动周期——上升过程中 1 ~ 3 周，下降过程中 1 ~ 2 周。

⑥最小波动值：H1=H2，如图 2-8 所示。

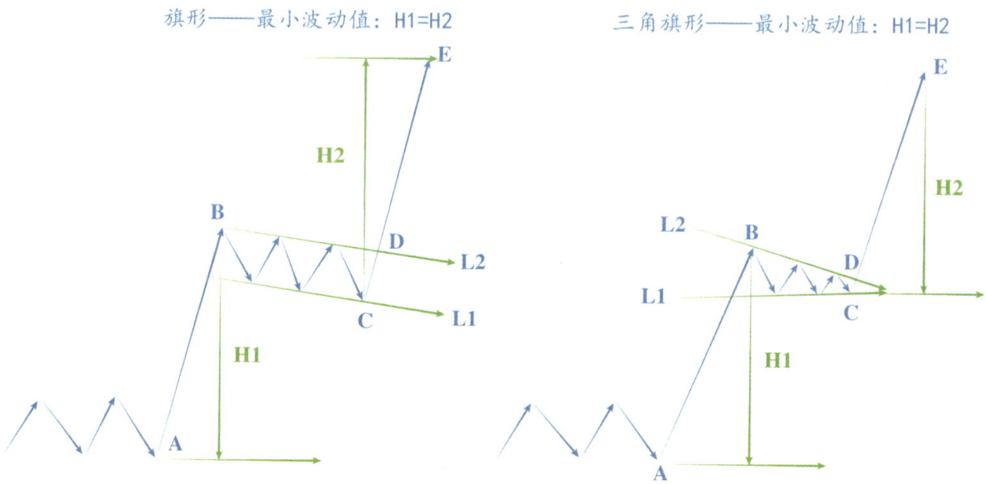

图 2-8　旗形与三角旗形的共性

旗形与三角旗形 K 线形态，如图 2-9 所示。

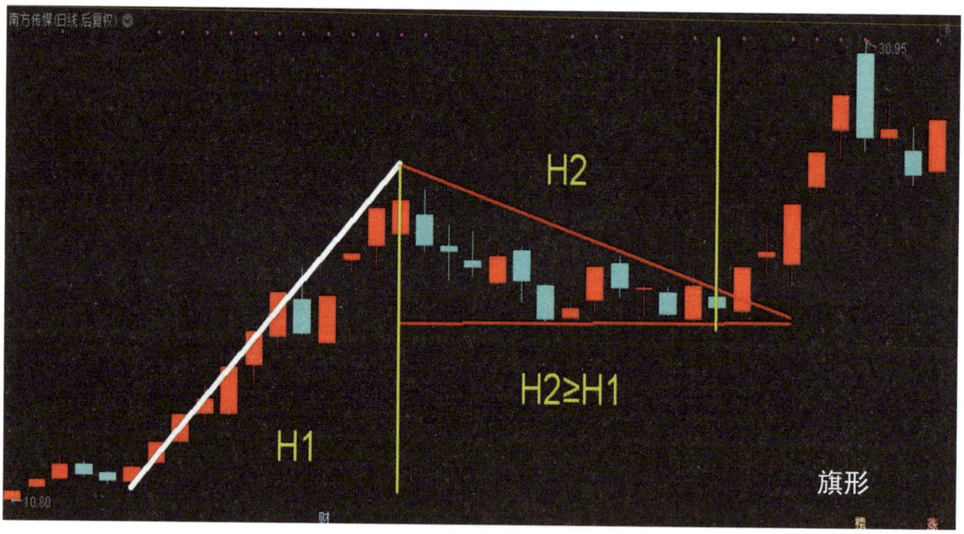

图 2-9　旗形 K 线形态

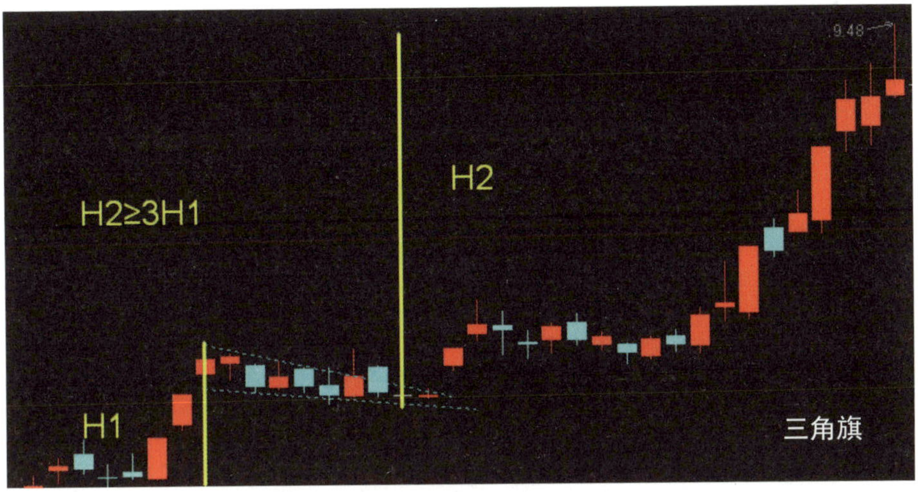

图 2-9　三角旗形 K 线形态（续）

2.1.3　楔形

楔形具有以下特征：

①角度极小。

②倾斜方向通常与主趋势相反。

③交易量在形态形成期先缩量，后突破增量。

④属于中间趋势，即通常发生在一段趋势的中部。

⑤时间的界定：T1 > 2/3T2，形态才算完成（很多时候楔形调整甚至会运动到 O 点——与三角形的区别）。

⑥突破 A 点水平线（即 L2）更安全（对趋势的确认更强烈）。

⑦运动周期——上涨 1 ~ 3 个月，下降周期会相对缩短。

⑧最小波动值：H1=H2。

楔形特征，如图 2-10 所示。

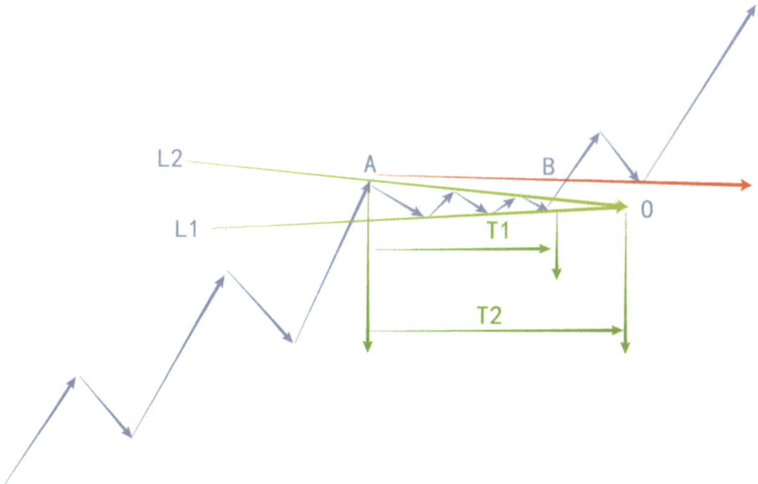

图 2-10　楔形的特征

楔形 K 线形态，如图 2-11 所示。

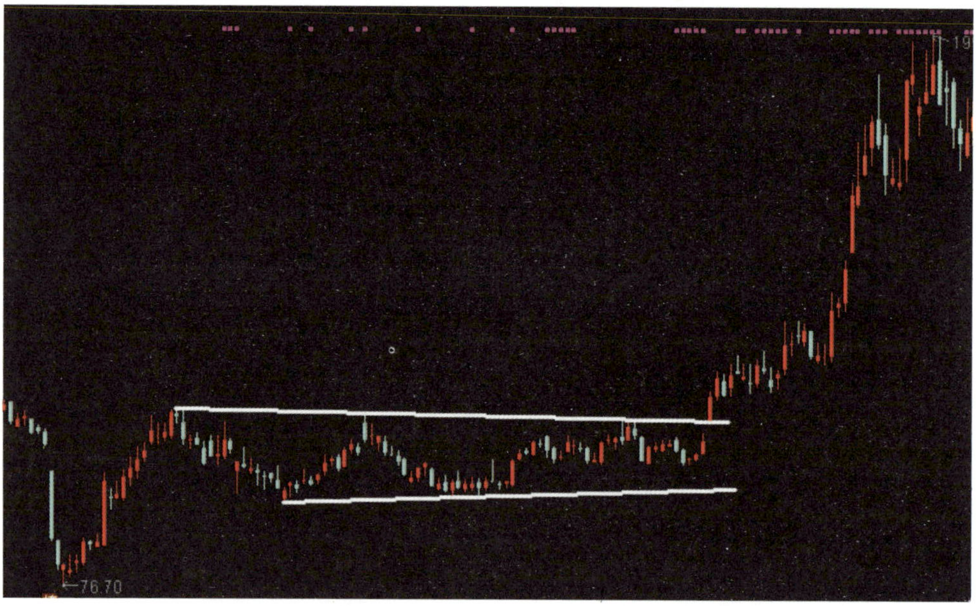

图 2-11　楔形 K 线形态（横有多长，涨有多高）

2.1.4　矩形

矩形的特征如下：

①通常形态完成会延续原趋势方向，但也有反转可能——遵循突破原则。

②密切关注涨跌方向的交易量。

③运动周期——上涨 1～3 个月，下降周期会相对缩短。

④最小波动值：H1=H2。

矩形的特征，如图 2-12 所示。

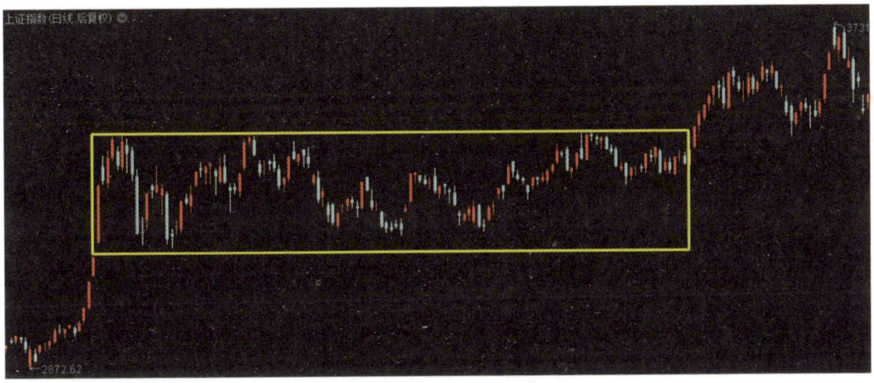

图 2-12　矩形的特征

矩形 K 线形态出现，如图 2-13 所示。

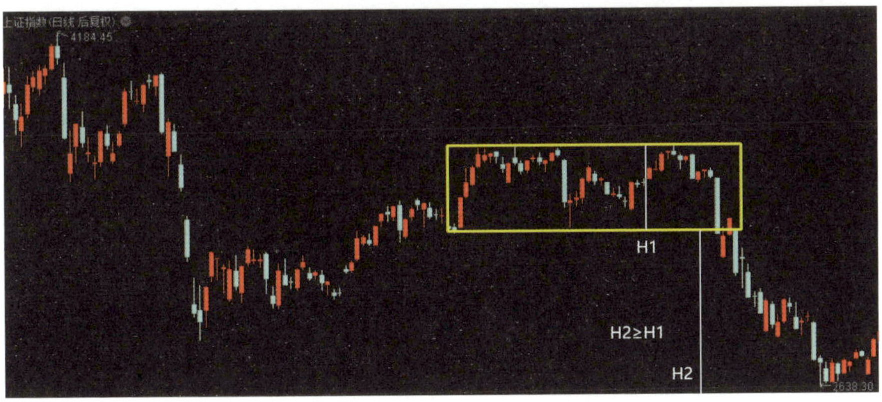

图 2-13　矩形 K 线形态测距图

2.2 反转形态

常见的反转形态有头肩形、双顶和双底、三重顶和三重底、圆底与圆顶、V 形反转等。它们的共性如下：先有趋势，再有反转；趋势线的突破；形态规模越大，市场动作越大；形态被突破的时候，交易量通常会顺趋势方向相应增长；顶部形态表现为价格波动更剧烈，形态形成时间较短；底部形态表现为价格波动幅度较小，形态形成时间较长。

2.2.1 双重顶、底

（1）双重顶

双重顶（M 头）的特征如下：

①在一段上升趋势顶部。

②必须跌破颈线，形态才形成。

③价格跌破颈线，成交量明显缩小。

④价格跌破颈线 L1 以后回撤再下跌，则 L1 成为重要的阻力位。

⑤最小波动值：H1=H2。

双重顶（M 头）的特征，如图 2-14 所示。

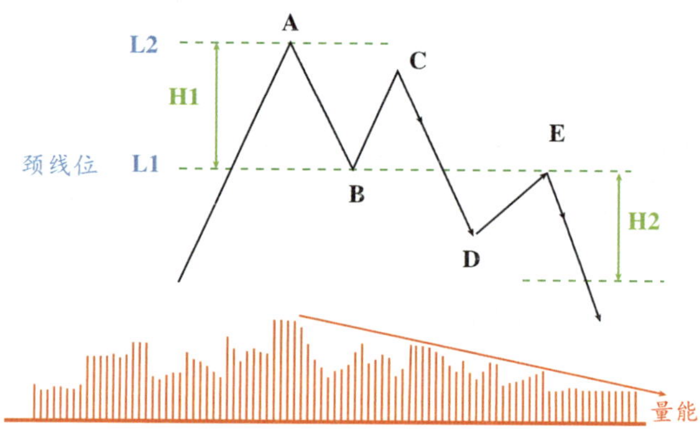

图 2-14 双重顶（M 头）的特征

双重顶（M 头）K 线形态，如图 2-15 所示。

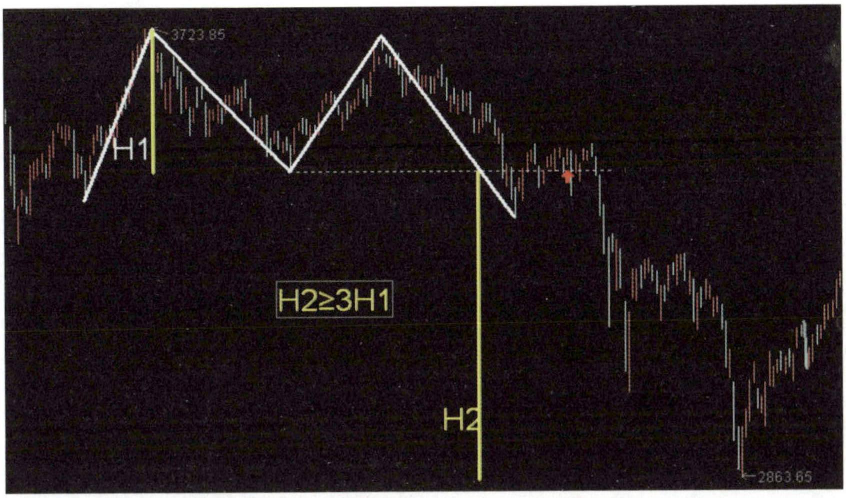

图 2-15　双重顶（M 头）K 线形态

（2）双重底

双重底的特征如下：

①在一段下降趋势底部。

②必须突破颈线，形态才形成。

③价格突破颈线，成交量明显增大。

④价格突破颈线 L2 以后回撤再下跌，则 L2 成为重要的支撑位。

⑤最小波动值（最小盈利目标为）：H1=H2。

双重底（W 底）的特征，如图 2-16 所示。

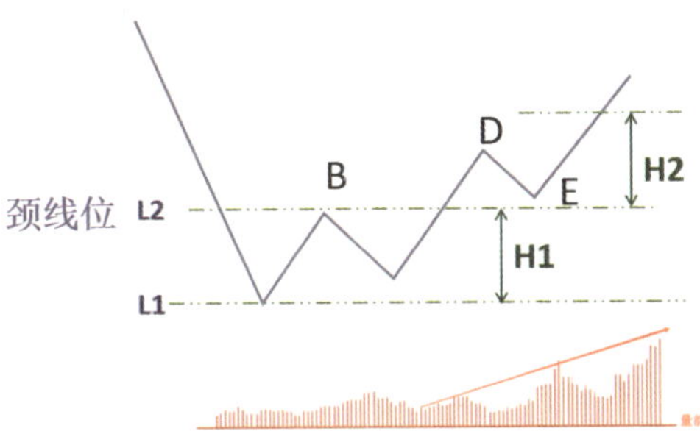

图 2-16　双重底（W 底）的特征

双重底 K 线形态，如图 2-17 所示。

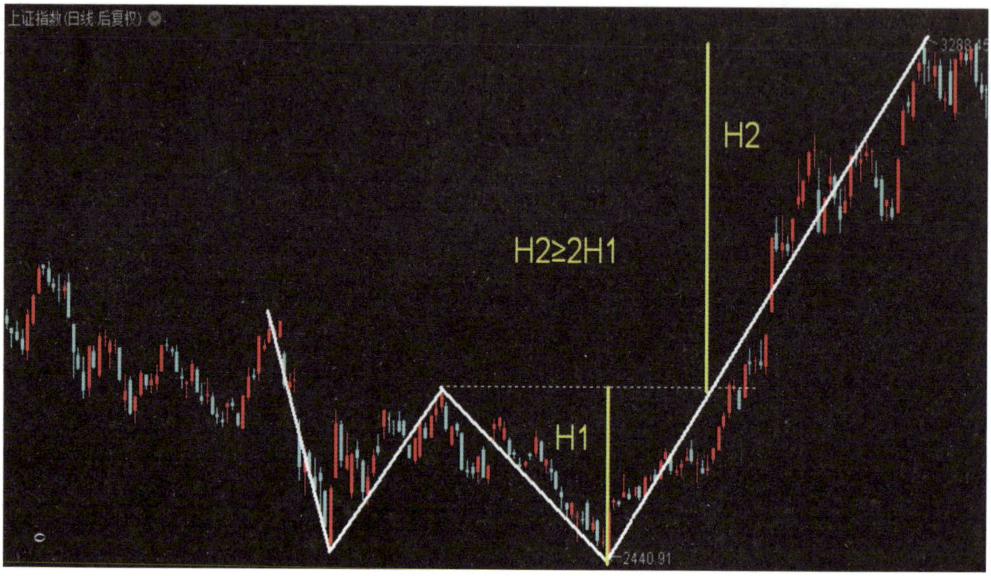

图 2-17　双重底 K 线形态

2.2.2　三重顶、底

（1）三重顶

三重顶的特征如下：

①在一段上升趋势的顶部。

②A、B、C 三个顶的高度相差无几。

③价格跌破颈线，成交量明显放量。

④F 量 > A、B、C、D、E。

⑤相当于矩形调整。

⑥最小波动值：H1=H2。

三重顶的特征，如图 2-18 所示。

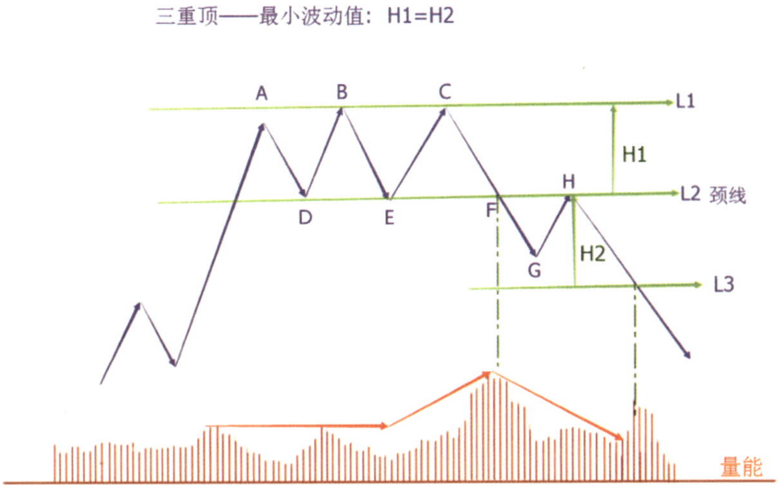

图 2-18　三重顶的特征

三重顶 K 线形态，如图 2-19 所示。

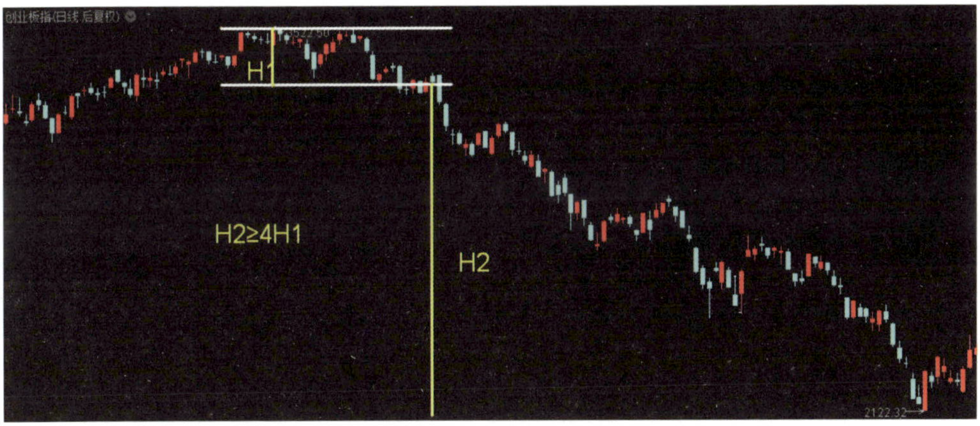

图 2-19　三重顶 K 线形态

（2）三重底

三重底的特征如下：

①在一段下降趋势的底部。

②A、B、C 三个底的高度相差无几。

③价格突破颈线，成交量明显放量。

④F 量 > A、B、C、D、E。

⑤相当于矩形调整。

⑥最小波动值：H1=H2。

三重底的特征，如图 2-20 所示。

三重底的入场方式：放量突破 F 点（首先对趋势进行判断，其次放量的程度和周期，以及价格波动的幅度要有严格的界定范围，模型技法有明确的参数设置）。

三重底的止损方式（根据对未来趋势看多的程度而定）：

①看多程度强：C 点止损（A、B、C 的最低点）。

②看多程度不强：E 点止损（E 点为箱体调整的最高点）。

③看多程度一般：E 点止损 50%，C 点止损 50%。

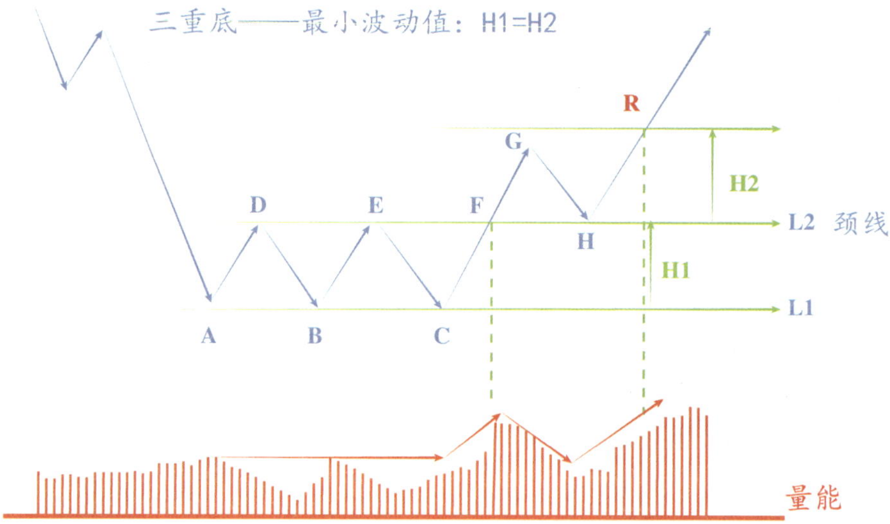

图 2-20　三重底的特征

三重底的止损方式，如图 2-21 所示。

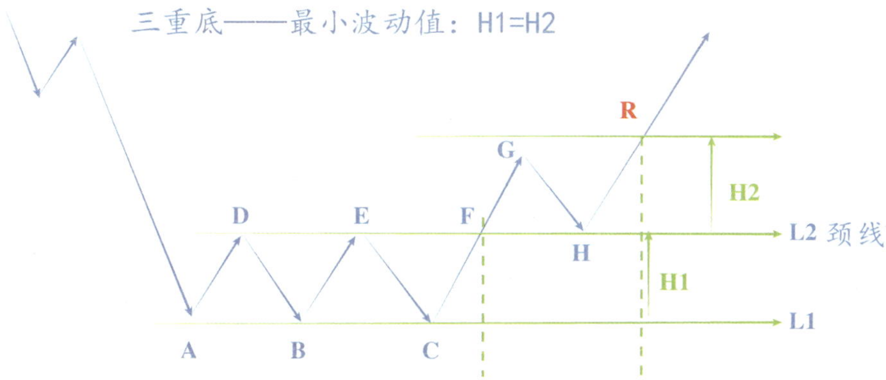

图 2-21　三重底的止损方式

三重底的退场方式如下：

①R 点退 20%～50%（根据未来趋势看多的程度而定，此处退场是为了保护成本）。

②浮动止盈（平台法则、趋势法则、价格同级别运动法则、小时间级别转大时间级别的运动法则、波浪理论、缠论等）——运用交易技法和理论体系。

③根据时间周期原理和价格的运行原理退场。

④根据主力建仓、拉升、出货的操作逻辑退场。

⑤运用指标给出的信号（此信号一定是经过历史数据统计得出来的，具有高胜算率的出场方法）。

此方式适用于任何形态，如果是针对顶部形态做空的交易，则思维反向即可操作。最好的交易方法——运用模型技法达到稳定盈利。

三重底 K 线形态，如图 2-22 所示。

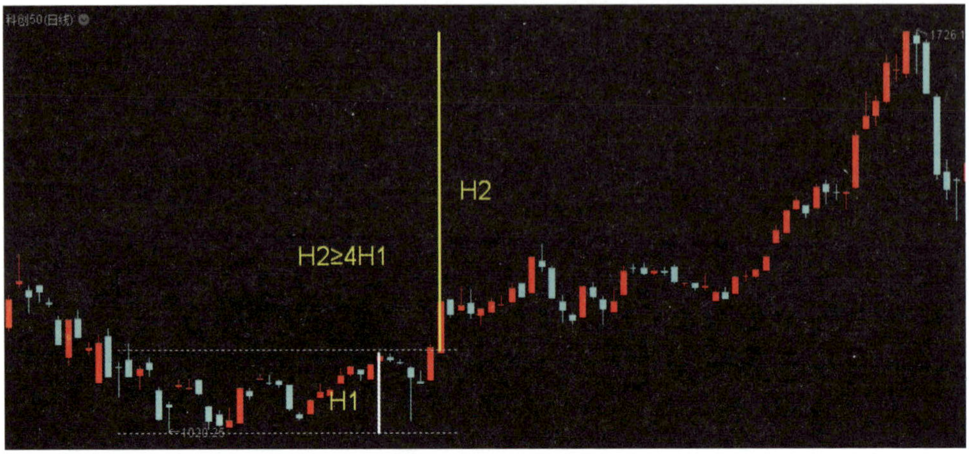

图 2-22　三重底 K 线形态

2.2.3　头肩顶、底

（1）头肩顶

头肩顶的特征如下：

①在一段上升趋势的顶部。

②F、H、A、G 依次下降。

③左、右肩高度差不多。

④C、B、F 成交量逐渐减少。

⑤收盘价明显突破颈线 L1 以下（M30 看形态、M5 进场）。

⑥颈线稍微倾斜，说明市场疲软有反转现象。

⑦下跌的最小波动值：H1=H2。

头肩顶的特征，如图 2-23 所示。

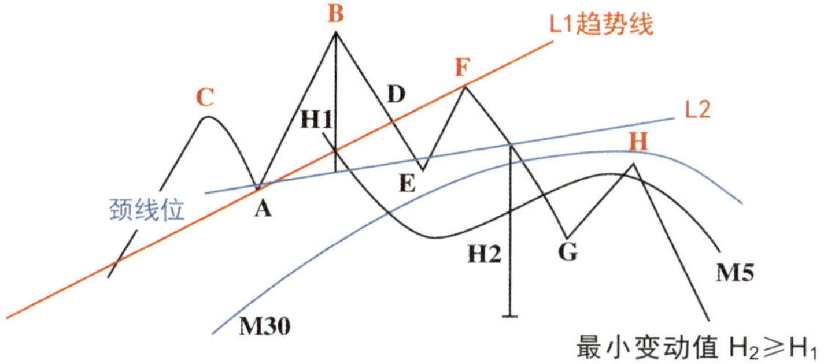

"天女散花"示意图（上）

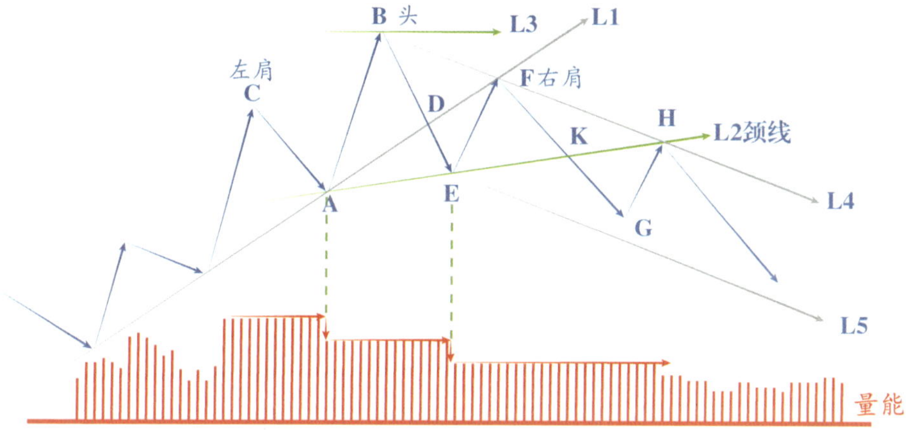

头尖顶量能图（中）

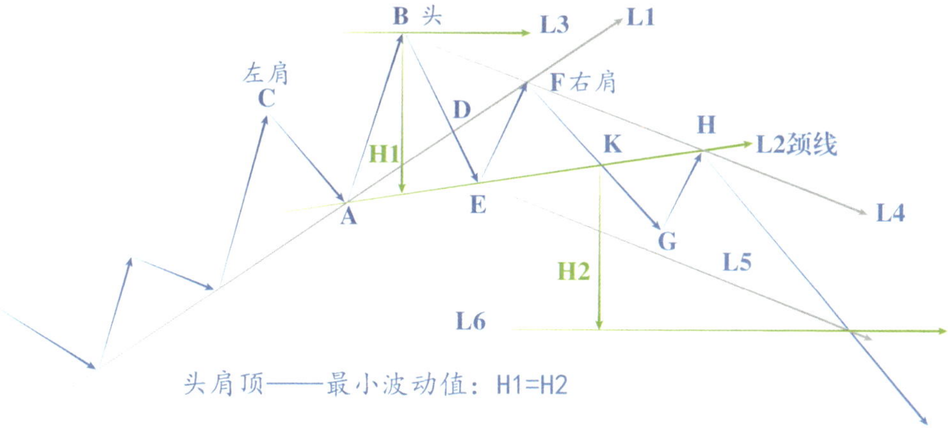

下跌测距图（下）

图 2-23　头肩顶的特征（上、中、下）

头肩顶形成的四个阶段，如图 2-24 所示。

第一个阶段：价格突破趋势线 L1

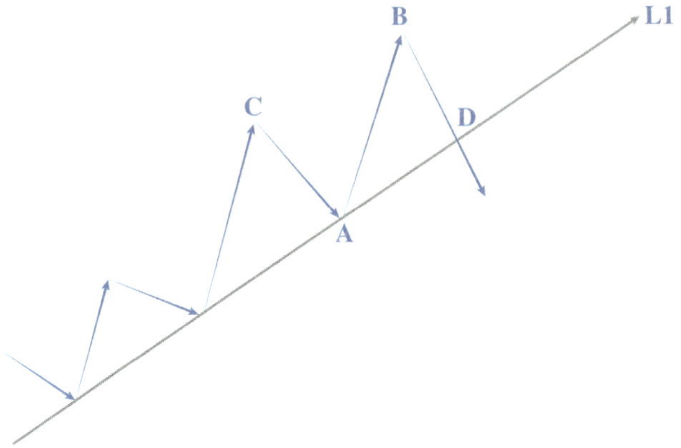

第二个阶段：初步确立左肩、头和右肩

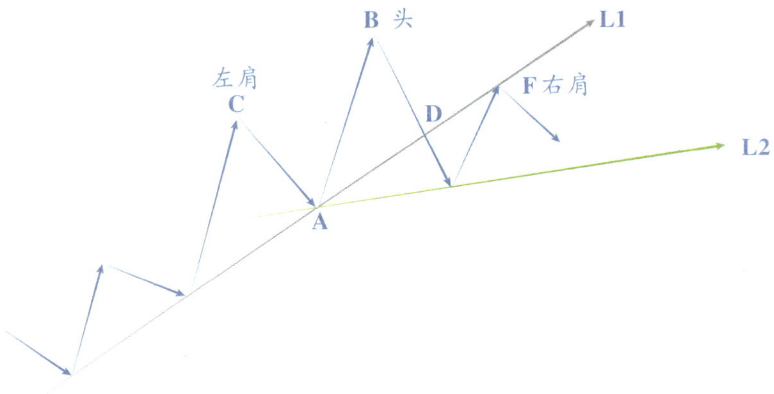

图 2-24　头肩顶形成的四个阶段

第三个阶段：价位突然颈线，头肩顶形态成功确立

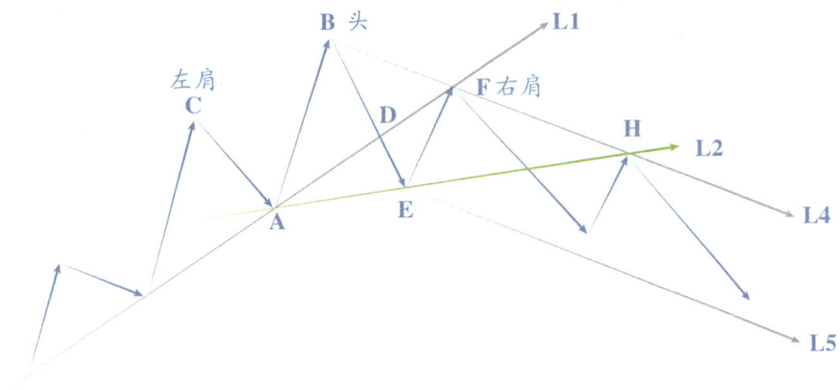

第四个阶段：回调确认后，展开最后的下跌走势

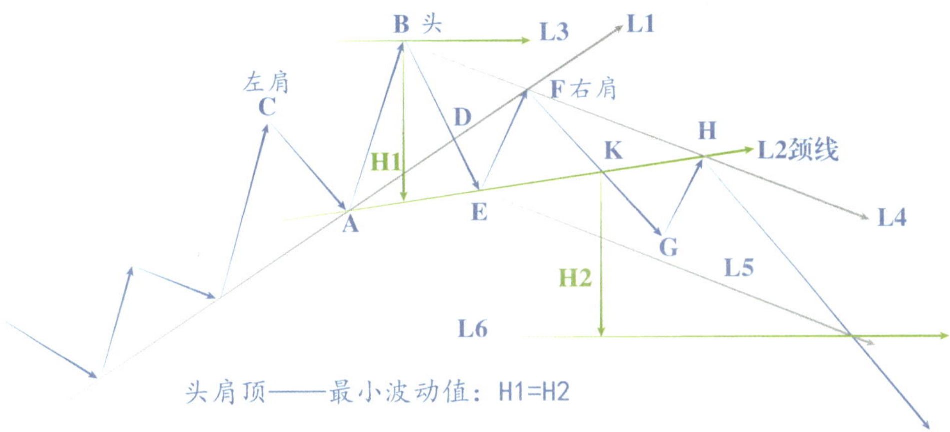

图 2-24　头肩顶形成的四个阶段（续）

头肩顶 K 线形态，如图 2-25 所示。

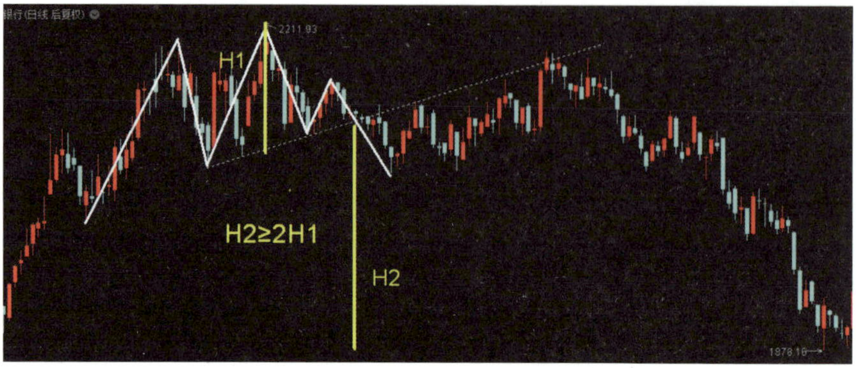

图 2-25　头肩顶 K 线形态

（2）头肩底

头肩底的特征如下：

①在一段趋势的底部。

②A、C、H 依次上升。

③左、右肩高度差不多。

④B、A、C 交易量，逐渐增加。

⑤收盘价明显突破颈线 L1 以上。

⑥颈线稍微倾斜，说明市场疲软有反转现象。

⑦右肩通常比左肩更疲软。

⑧上涨的最小波动值：H1=H2。

头肩底的特征，如图 2-26 所示。

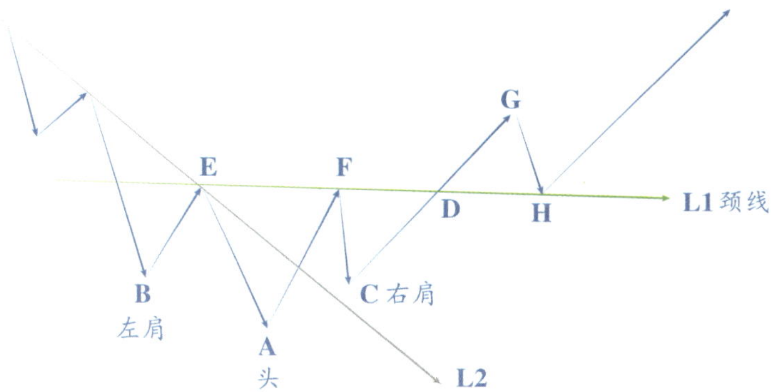

图 2-26　头肩底的特征示意图

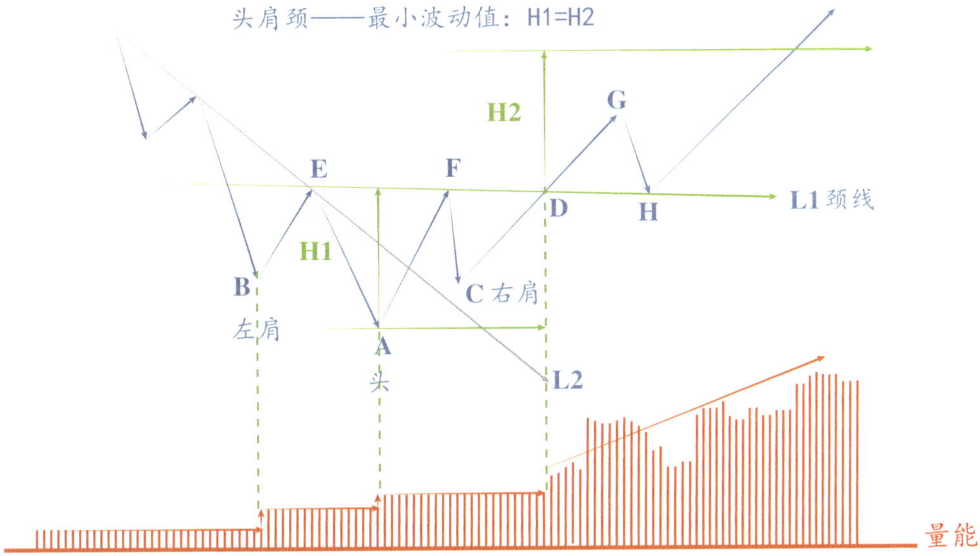

图 2-26　头肩底的特征示意图（续）

头肩底的 K 线形态，如图 2-27 所示。

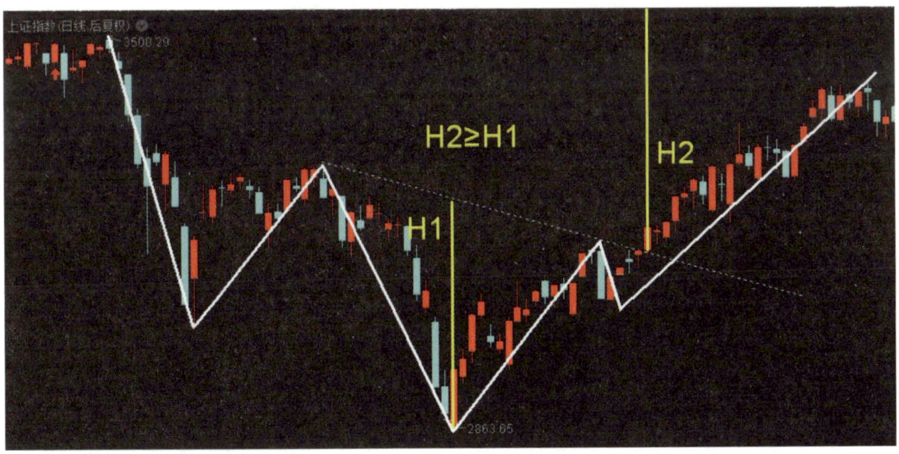

图 2-27　头肩底的 K 线形态

2.2.4 圆形底与圆形顶

（1）圆形底

圆形底的特征如下：

①突破 A 点交易量突然上升。

②原趋势的规模越大，圆形形态持续时间越长，后续反转空间就越大。

圆形底的特征，如图 2-28 所示。

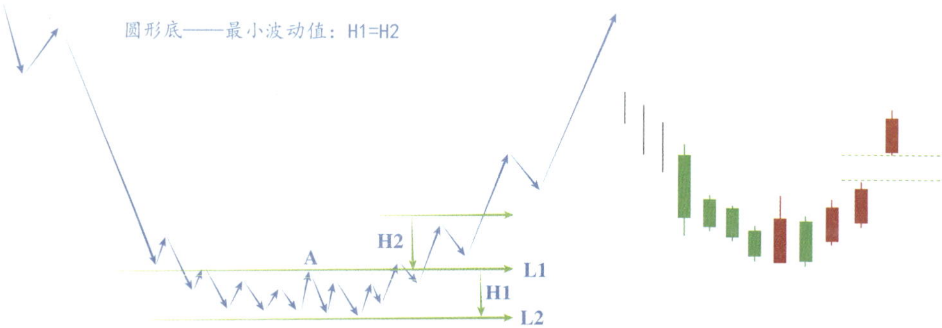

图 2-28 圆形底的特征示意图（左）与加强图（右）

圆形底 K 线形态，如图 2-29 所示。

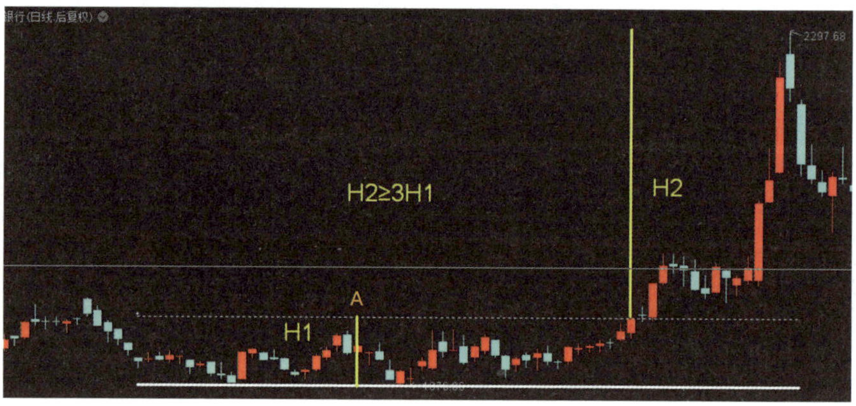

图 2-29 圆形底 K 线形态

（2）圆形顶

圆形顶的特征如下：

①指数到达高点之后，走势趋缓甚至逐渐下滑。

②圆形顶的完成时间往往较长，它也可能与其他形态复合出现。

③圆形顶成交量多呈现不规则状，一旦圆形顶左侧量大于右侧量甚为明显时，圆形顶形成的概率更高。

④圆形顶中发生假突破情形时，指数往往很快又回到原来的轨道。

圆形顶的特征，如图 2-30 所示。

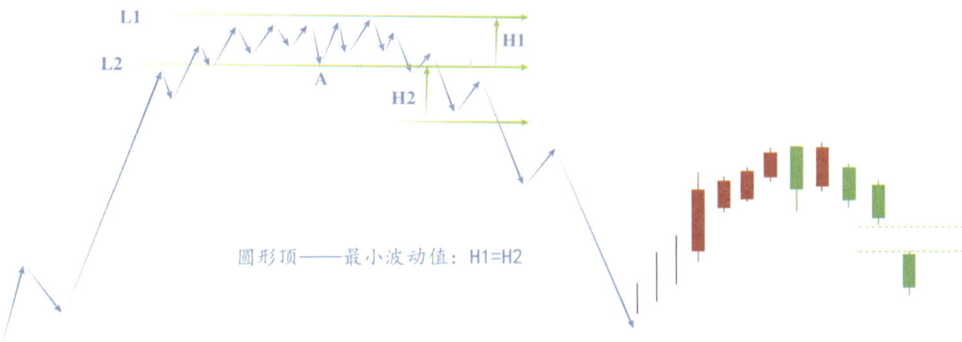

图 2-30　圆形顶的特征示意图（左）与加强图（右）

圆形顶 K 线形态，如图 2-31 所示。

图 2-31　圆形顶 K 线形态

2.2.5　V 形反转

V 形形态的特征如下：

①V 形代表剧烈的市场反转。

②在一段急剧的趋势中。

③一路很少调整或者微调，通常反转前发生过价格跳空。

④转折伴随重大的交易量，回撤一般在 1/3、50%、100%（外汇市场）。

V 形形态的特征，如图 2-32 所示。

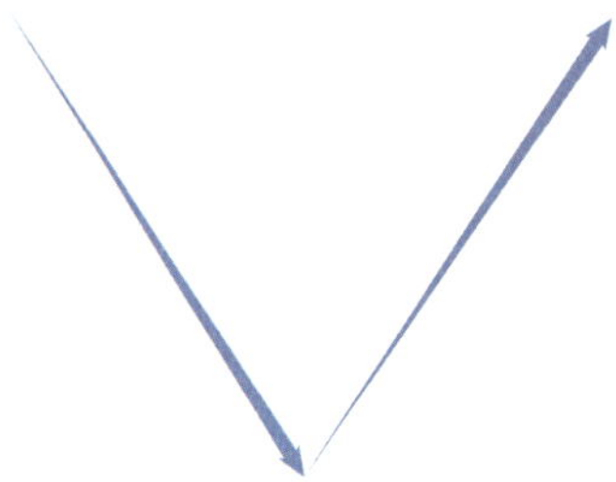

图 2-32　V 形形态的特征

V 形 K 线形态，如图 2-33 所示。

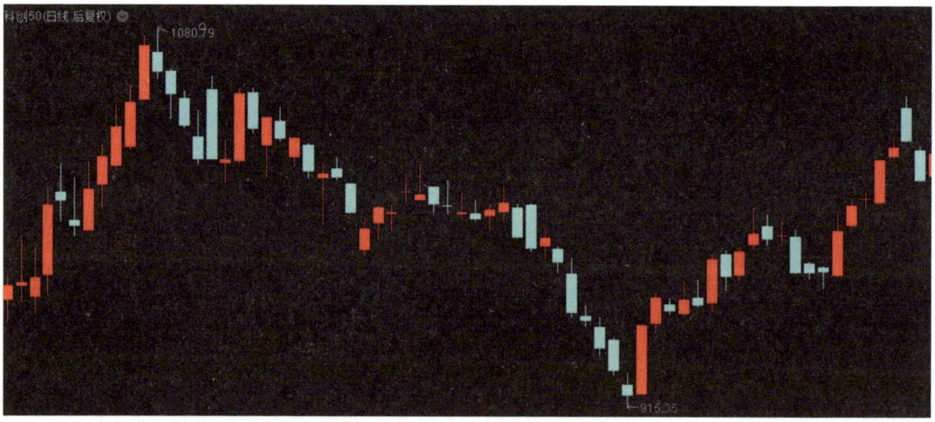

图 2-33　V 形 K 线形态

2.2.6　喇叭扩散形态

喇叭扩散形态的特征如下：

①通常发生在市场的顶部——看跌。

②A、C、E 依次抬高，B、D 依次降低。

③三峰两谷，价格跌破两条发散的趋势线的下边线以后。交易量日渐增加。

④最小波动值：H1=H2。

喇叭扩散形态，如图 2-34 所示。

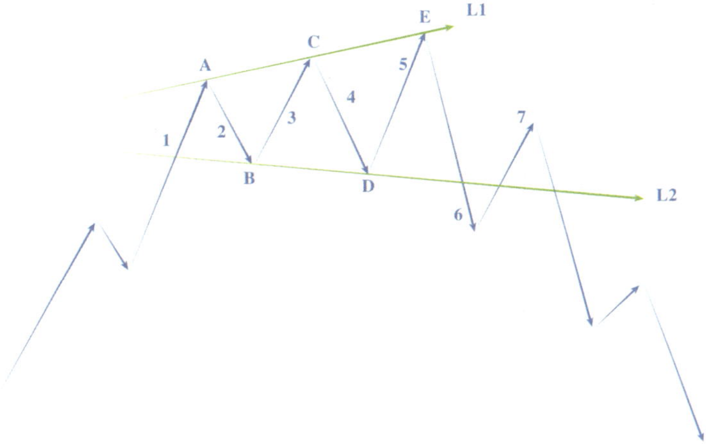

图 2-34　喇叭扩散经典形态

需要注意的两点：

①7 通常回撤 6 的 50%。

②当上冲失败不能触碰 L1 时，预示下跌。

喇叭扩散形态的特征，如图 2-35 所示。

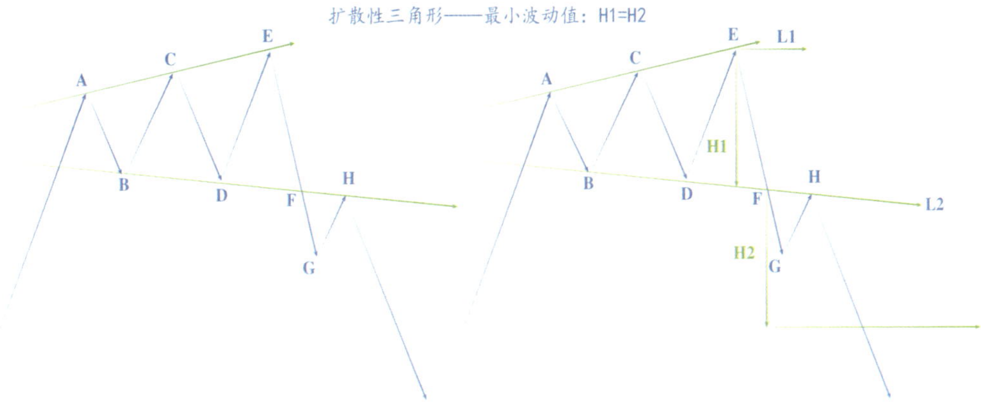

图 2-35　喇叭扩散形态的特征（左）喇叭扩散形态测距（右）

喇叭扩散 K 线形态，如图 2-36 所示。

图 2-36　顶部喇叭扩散 K 线形态（上）与底部喇叭扩散 K 线形态（下）

2.2.7　钻石形态

钻石形态的特征如下：

①通常出现在市场的顶部——看跌。

②交易量：前半部分上涨，后半部分缩量。

③最小波动值：形态内部最宽的部分，H1=H2。

钻石形态的特征，如图 2-37 所示。

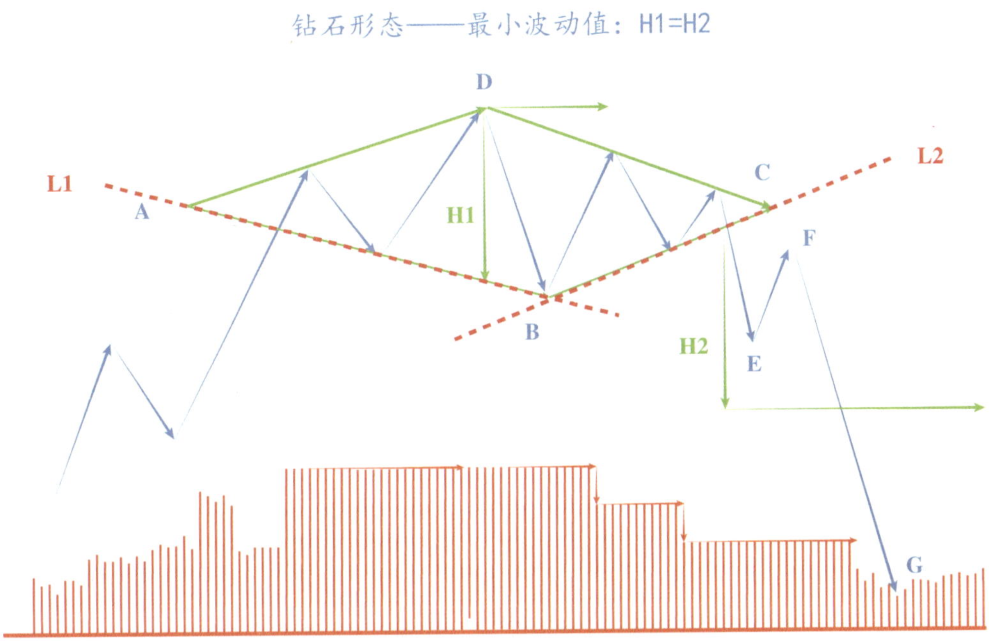

图 2-37　钻石形态的特征

钻石 K 线形态，如图 2-38 所示。

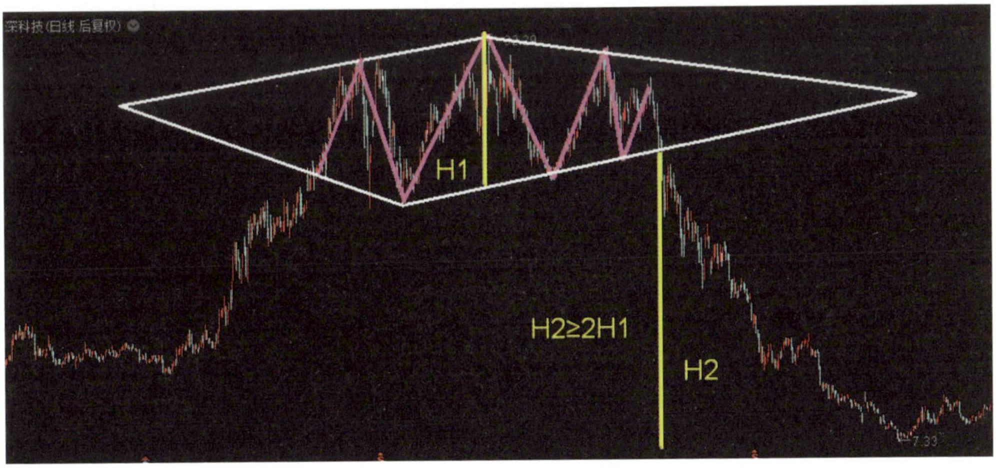

图 2-38　钻石 K 线形态

2.2.8 对等运动

对等运动的特征如下：

①通常出现于市场运动的中途。

②前后两次推动倾斜度几乎相等，并且前后两次推动相互平衡，节奏分明。

③调整浪的回撤在 1/3—1/2，有时候达到 2/3。

④第二次向上运动的距离要≥第一次向上运动的距离（H2≥H1）。

对等运动的特征，如图 2-39 所示。

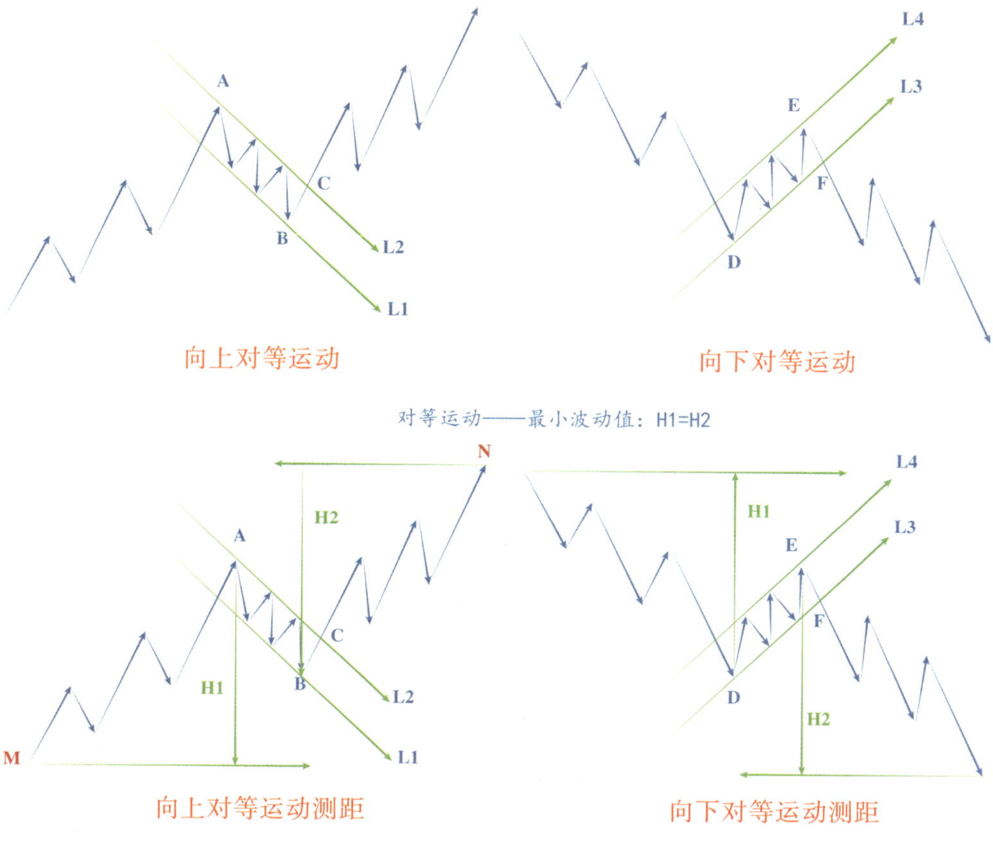

图 2-39　对等运动的特征

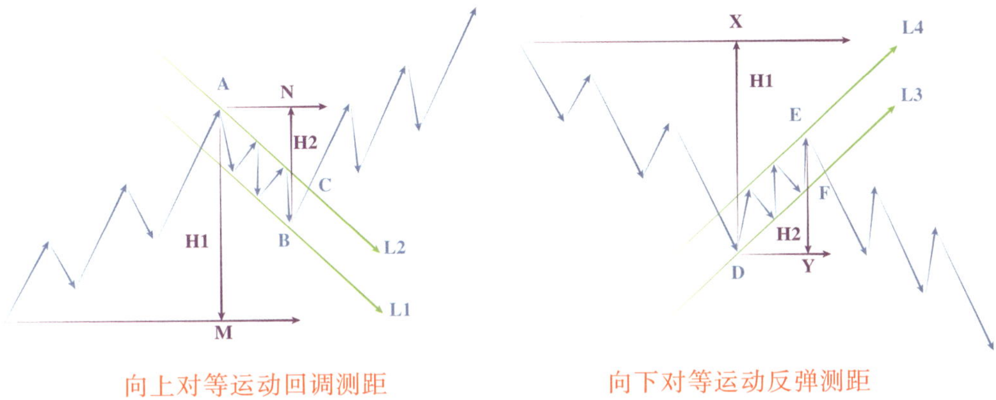

图 2-39　对等运动的特征（续）

对等运动 K 线形态，如图 2-40 所示。

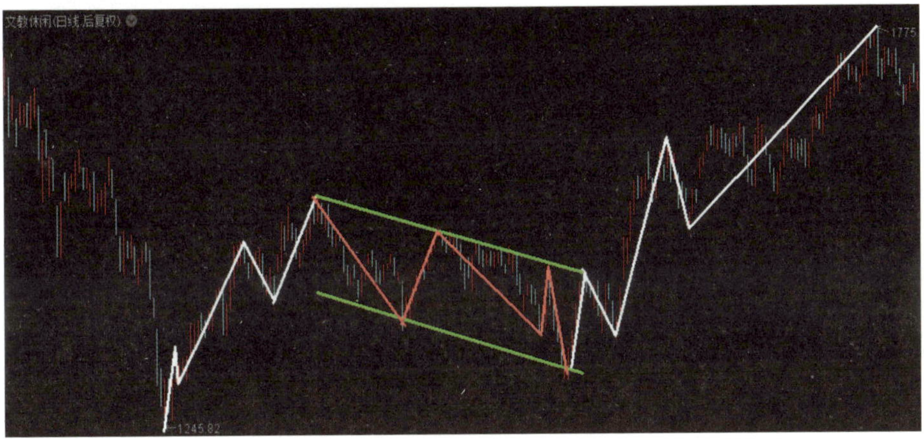

图 2-40　对等运动 K 线形态

第二部分　指标篇

Part 2　Index

技术指标有上千种，我们曾经对常用的股票软件上的不少于 300 种指标进行过系统量化研究。最终发现常用的、好用的技术指标为数不多。以下四种是我们常用的技术指标，包括均线系统、MACD、RSI、KD 一一分享给大家。

技术指标一般作为辅助工具用，比如说结合 K 线形态、成交量组合使用。技术指标尽量不要用于交易决策，把技术指标作为交易决策用，失败的概率比较大，并且很难盈利。技术指标的参数可以根据我们交易的周期长短改动。

第 3 章

均线系统

反映价格运行趋势的重要指标

移动平均线（简称 MA）是用统计分析的方法，将一定时期内的证券价格（指数）加以平均，并把不同时间的平均值连接起来，形成一根 MA，用以观察证券价格变动趋势的一种技术指标，它帮助交易者确认现有趋势、判断将出现的趋势、发现过度延伸即将反转的趋势。

3.1 移动平均线的原理——投资者平均成本

（1）投资公众的平均成本

投资公众的平均成本就是在某一段时间内，投资者持筹股价的平均值。

例如，5 天以来的投资公众的持筹成本就是把第 1 天到第 5 天的股价加起来除以 5，以此作为 5 天的平均成本。

根据平均成本的原理，将股价变动的趋势数字化，由这些数字相应的坐标点连成曲线就是移动平均线。

（2）移动平均线也称均线系统或均线系统理论

不同周期的移动平均线，可为你表明短线、中线和长线的大盘趋势。常用 5 日、10 日、20 日、60 日、120 日和 240 日取样的价格来计算。5 日、10 日和 20 日的移动平均线看作短期移动平均线，称作月均线指标；20 日、30 日和 60 日是中期移动平均线，称作季均线指标；60 日、120 日和 240 日是长期移动平均线，称作年均线指标。

均线操盘线按照时间分类，如图 3-1 所示。

图 3-1　均线操盘线按照时间分类

60 日移动平均线反映主力的持股成本。移动平均线反映了持股成本，这是一个非常重要的技术指标，其重要性相当于成交量、股价和换手率等技术指标。必须每天使用这些指标来分析股票的走势。如主力在低位吸货 45 日，拉升 15 日，这 60 日的均线将反映主力的进货成本。主力在完成吸货后，要抛货赚钱，这时股价必定在 60 日均线以上抛货。

均线系统，如图 3-2 所示。

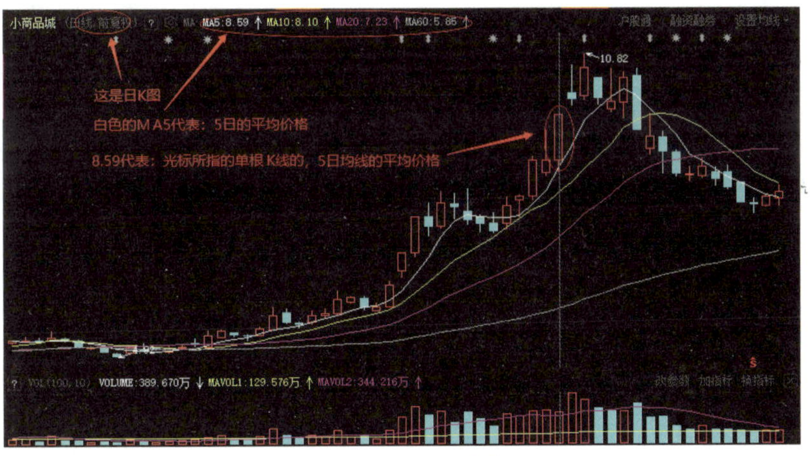

图 3-2　均线系统

老胡心经：

移动平均线对股价均有支撑和压力作用。股价跌破或冲破 5 日、10 日和 20 日均线都是极重要的心理关口。

记住：主力的平均持股成本一般用60日均线左右来表示。这是一条非常重要的均线。主力总是在60日均线以下建仓，在60日均线以上出货。

（3）买卖点确定

在移动平均线的应用上，是单纯以股价与移动平均线系统之间的关系作为研判依据，确定买入点和卖出点的。由于这一方法是以数日收盘价的平均值计算的，反应较为迟缓，但准确度很高，较适合于中长线投资者使用。

（4）移动平均线的综合实战经验

①在股票买卖交易时，运用移动平均线指标，可以界定风险程度，将亏损的可能性降低。

②在行情刚发生转变时，买入或卖出都可能获得丰厚的利润。利用移动平均线的组合，往往较容易看出行情的真正趋势。

③当行情处在盘整时，买卖信号频繁，容易使投资者操作失误或迷失方向。

④移动平均线的最佳日数和组合比较难以确认。在实战中要通过多次的试验，调整和检验方可确定。不同的走势和不同的时期有不同的确定和组合。

⑤单凭移动平均线的买卖信号，无法给投资者足够的信心。通常还需要其他技术指标参与共同印证。

⑥移动平均线趋于平缓时，是行情可能产生重大变化的时刻。必须用其他指标对行情进行仔细研究，以确定未来的走势。

⑦移动平均线的拐点是提示操作者买进或卖出的机会。短期移动平均线的拐点多，可行程度低。中长线移动平均线的拐点有较高的参考价值，可使操作者有效地掌握股票买卖的最佳时机。

⑧移动平均线是一种比较滞后的技术指标，因而对短期的振荡常有假突破的现象发生。因此，移动平均线只能指导中长线投资者。短线投资者要用其他方法和技术指标来指导自己的行动。

⑨为了避免突破的错误信号的误导，有些人设定了2%和3%的幅度限制。

3.2　移动平均线的计算方法

将某一时间段的收盘股价或收盘指数相加的总和，除以该时间段的天数，即得到这一时间段的平均数值。

例如，10 日移动平均数，就是将头 10 日的收盘价相加除以 10，得到的就是第一个 10 日移动平均数值；再将第一个 10 日平均数乘以 10 减去第一日的收盘价，加上第 11 日的收盘价的总和除以 10，得到的就是第二个 10 日移动平均数值……

依此类推，然后将计算的平均数画在坐标图上连成曲线，即得到 10 日移动平均线。

3.3　移动平均线的特点

移动平均线的特点如下：

①趋势跟随性：均线走向总是追踪着股价运行的趋势方向。

②时滞性：由于均线由股价移动平均而来，所以总是具有滞后性。

③助涨助跌的特性：均线对于股价的运行起到一定的支撑和压力作用。

3.4　单根均线的使用方法

（1）移动平均线的上升拐点

移动平均线运行一段时间后，将会出现波峰和波谷，也就是拐点。拐点预示着趋势的转变。当一种移动平均线向上运行，无法再创新高而形成波峰，这时股价无力再创新高，可能转变为下一步行走趋势的征兆，这个拐点通常是卖点，如图 3-3 所示。

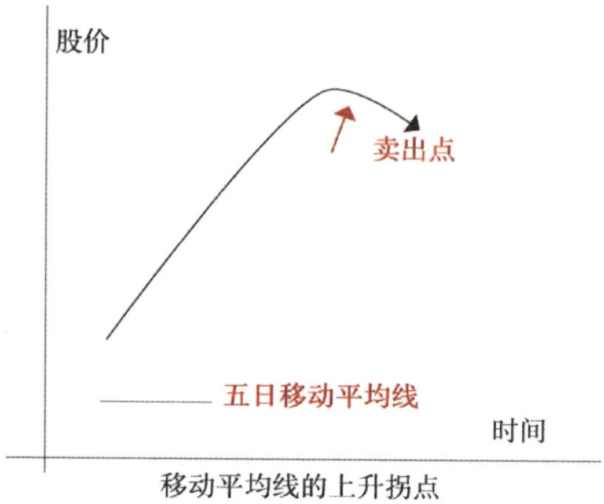

图 3-3 均线卖点

当移动平均线在顶部出现双顶形态或三重顶形态时，将是最佳的卖点，如图 3-4 所示。

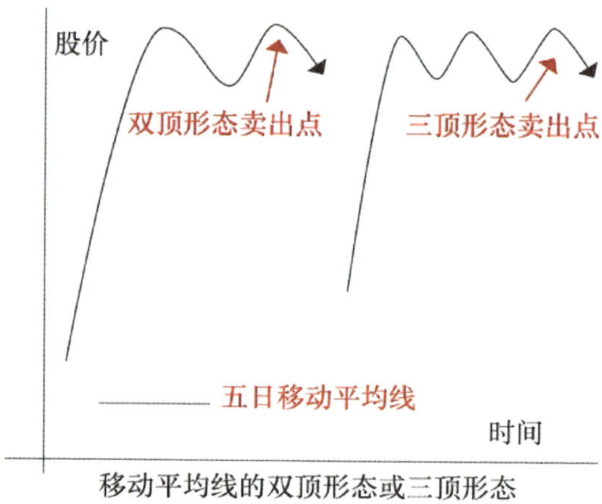

图 3-4 均线最佳卖点

移动平均线上升拐点实战案例，如图 3-5 所示。

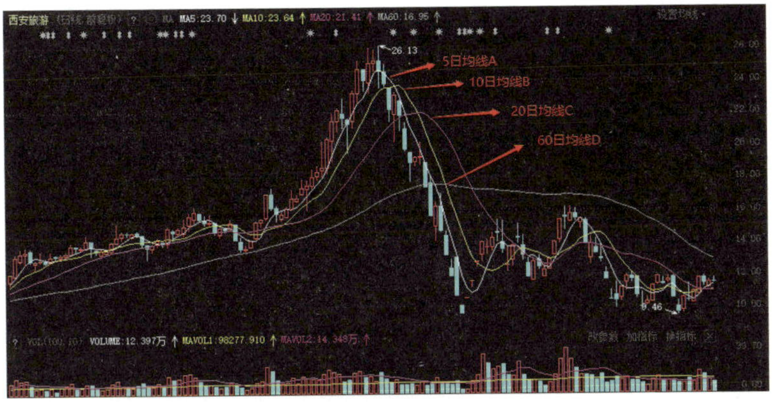

图 3-5　移动平均线上升拐点实战案例

分析：A 处是 5 日移动平均线，在股价头部第 1 个掉头向下，出现拐点和股票的卖点；B 处是 10 日移动平均线，在股价头部第 2 个掉头向下，出现拐点和股票的卖点；C 处是 20 日移动平均线，在股价头部第 3 个掉头向下，出现拐点和股票的卖点；D 处是 60 日移动平均线，在股价头部第 4 个掉头向下，出现拐点和股票的卖点。

发出卖出股票信号的先后顺序是：5 日、10 日、20 日和 60 日均线。

（2）移动平均线的下降拐点

在股价下跌过程中，移动平均线向下运行，当无法再下跌时形成波谷，这时股价不能再下跌，可能变成上升走势的征兆，如图 3-6 所示。

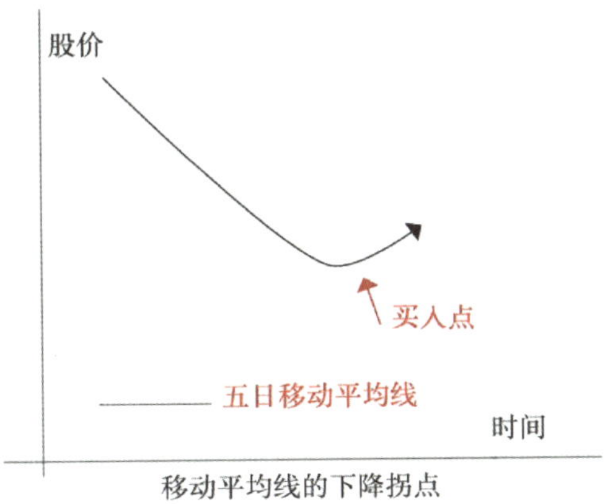

图 3-6　均线下降拐点

这个拐点通常是买点，公众应跟踪移动平均线，及时发现拐点（波峰和波谷）来寻找买卖点。

当移动平均线在底部出现双底形态或三重底形态，将是最佳买入时机，如图 3-7 所示。

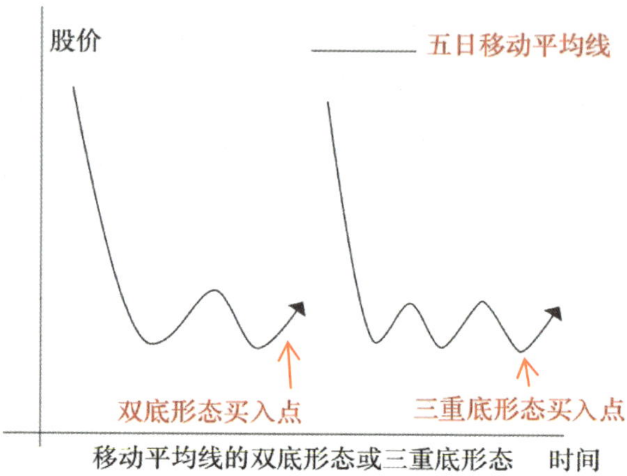

图 3-7　均线最佳买点

移动平均线下降拐点实战案例，如图 3-8 所示（是 600835 从 1998 年 5 月到 9 月的日 K 线和成交量走势图）。

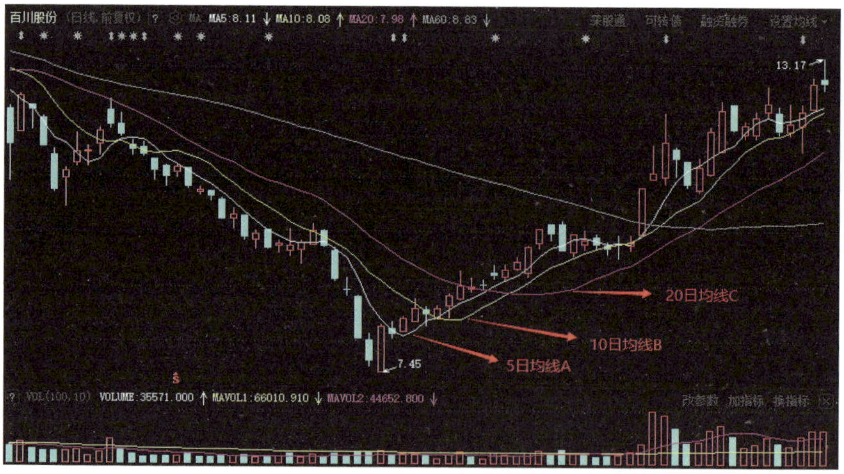

图 3-8　移动平均线下降拐点实战案例

分析：A 处是 5 日移动平均线，在股价底部第 1 个掉头向上，出现拐点和股票的买入点；B 处是 10 日移动平均线，在股价底部第 2 个掉头向上，出现拐点和股票的买入点；C 处是 20 日移动平均线，在股价底部第 3 个掉头向上，出现拐点和股票的买入点。

发出买入股票信号的先后顺序是：5 日、10 日、20 日均线。

3.5　多头排列与空头排列

（1）多头排列

多头排列是指当股指或股价上涨时，移动平均线托着 K 线上升，也就是 K 线在均线的左上方，而所有均线处在 K 线的右下方，按均线时间周期的长短，从小到大、从左到右自然排列，此现象叫作“多头排列”。

多头排列具有强烈的助涨作用，如图 3-9 所示。

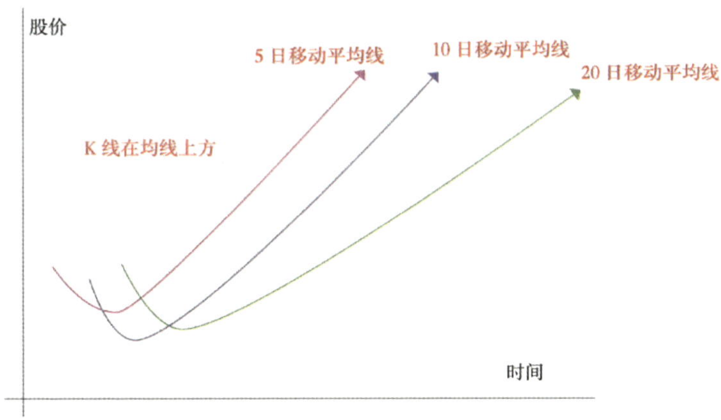

图 3-9　均线多头排列

多头排列是投资者的持股最佳时期，股价呈强劲上升势头。多头排列常出现在利好消息充斥、主力资金雄厚且控制了大部分流通筹码时。当多头排列出现，股价呈直线上升趋势。

多头排列 K 线形态，如图 3-10 所示。

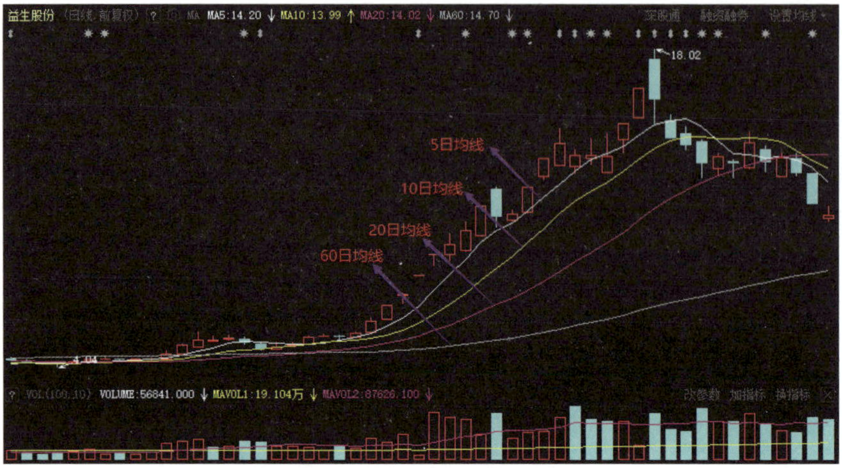

图 3-10　多头排列 K 线形态

（2）空头排列

当股指或股价下跌时，移动平均线由大到小自然排列在 K 线的右上方，压制 K 线向右下方行进，此现象叫作“空头排列”。

此现象是投资者的持币期，投资者应耐心持币观望，空头排列具有助跌的作用。空头排列时，持股越久，亏损越大，如图 3-11 所示。

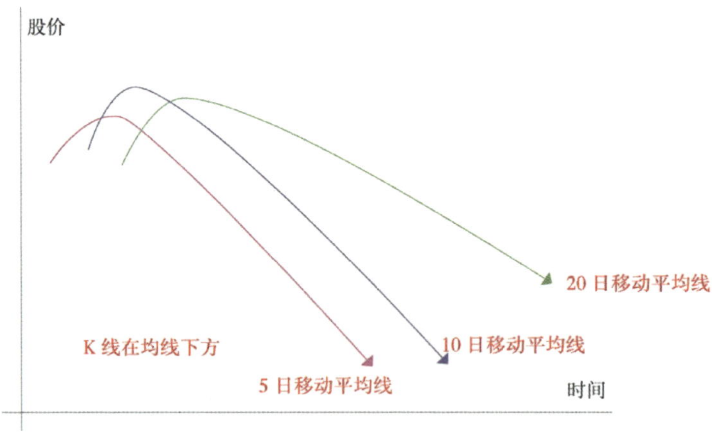

图 3-11　均线空头排列

空头排列 K 线形态，如图 3-12 所示。

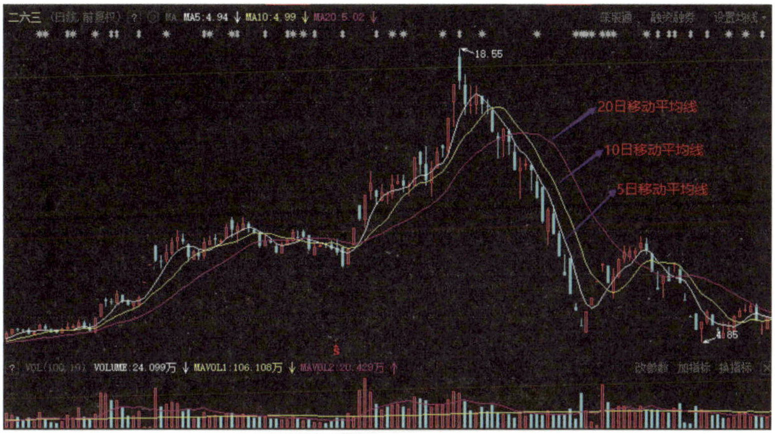

图 3-12　空头排列 K 线形态

3.6　黄金交叉与死亡交叉

（1）黄金交叉

当 5 日短期移动平均线在低位上穿 10 日长期移动平均线而产生的交叉点，并且出现多头排列，此现象叫作“黄金交叉”（通常是一个较好的买入点），如图 3-13 所示。

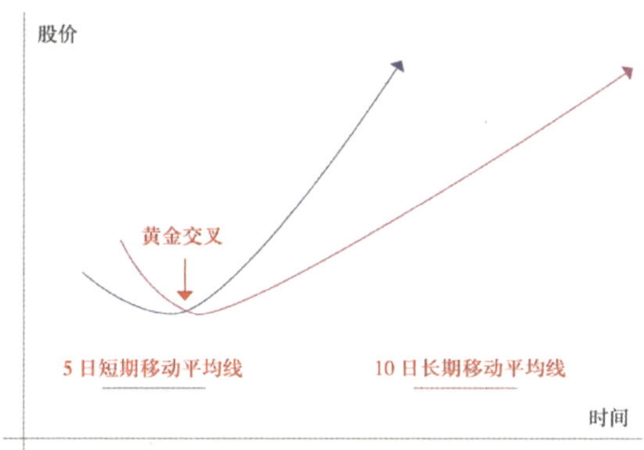

图 3-13　黄金交叉买入点

黄金交叉 K 线形态，如图 3-14 所示。

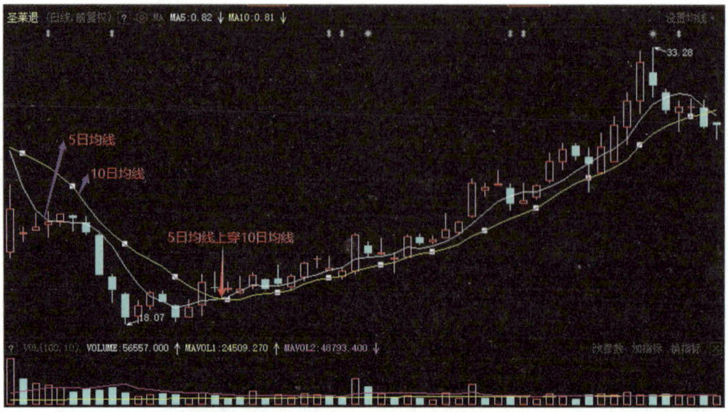

图 3-14　黄金交叉 K 线形态

（2）死亡交叉

当 5 日短期移动平均线在高位从上向下穿 10 日长期移动平均线时所得到的交叉点，并且出现空头排列，此现象叫作“死亡交叉”（通常是一个较好的卖出点），如图 3-15 所示。

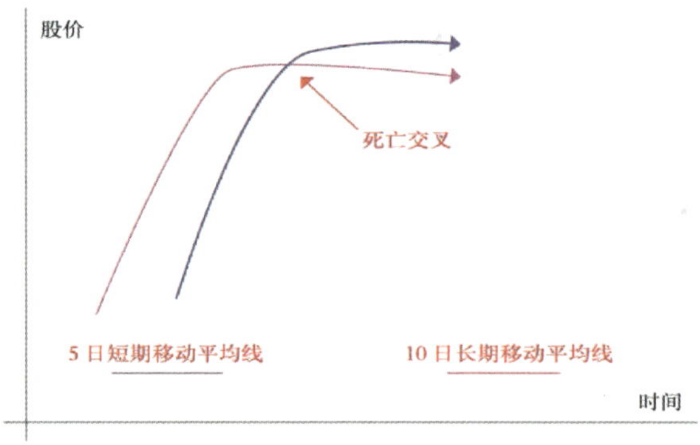

图 3-15　死亡交叉卖出点

老胡心经：

大多技术指标均使用短线快速指标从下向上穿长线慢速指标所发出的买入信号，大多技术指标均使用短线快速指标从上向下穿长线慢速指标所发出的卖出信号，不是所有的黄金交叉和死亡交叉都是买入点和卖出点。

当主力进行震荡吸筹和震荡出货时，黄金交叉和死亡交叉指示的买卖点是不可靠的，投资者应学会判明这种情况。

死亡交叉 K 线形态，如图 3-16 所示。

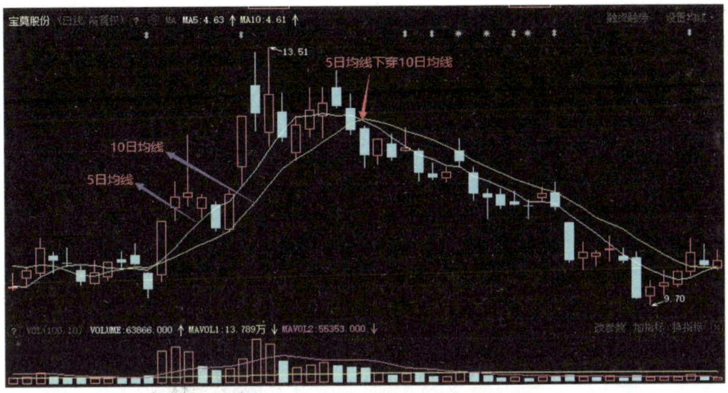

图 3-16　死亡交叉 K 线形态

3.7 金三角交叉与死亡三角交叉

（1）金三角交叉

金三角交叉是指 5 日均线上穿 10 日均线，再穿 20 日均线，10 日均线穿 20 日均线而产生的三角形，如图 3-17 所示。

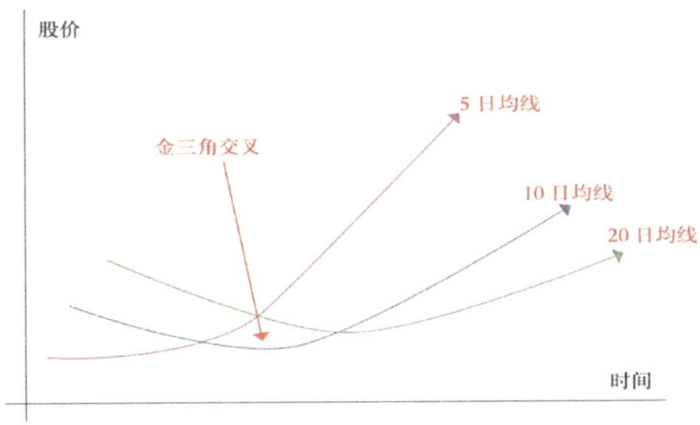

图 3-17　金三角交叉

金三角交叉的有效性和可靠性大于 5 日和 10 日的黄金交叉，因为它又加上一根 20 日均线（月均线），把短期的震荡除掉。只有经过一个长期的底部才能产生金三角交叉，三角形的高度越低，底部时间越长，可靠性越高。当金三角形变为点时，就成为三线金叉。发生金三角交叉和三线金叉是买进股票的好机会。

金三角交叉 K 线形态，如图 3-18 所示。

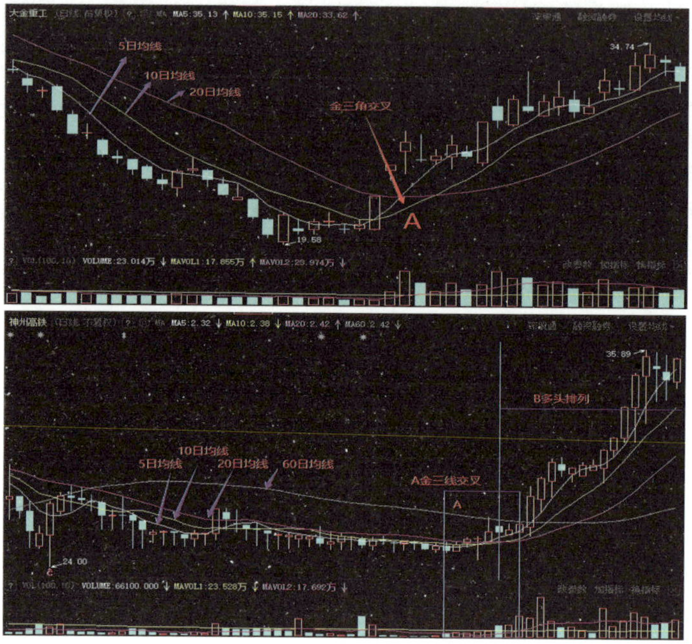

图 3-18　金三角交叉 K 线形态

A 处是金三线交叉（5 日均线、10 日均线、20 日均线三线交叉），成交量放大，行情启动，这是进场的好时机。

A 处行情启动之前，三条均线几乎是呈现平缓的直线，每日 K 线都带着长长的下影线，这是主力在低位吸货。

由图 3-18 可以得出，能够产生金三线交叉的条件：股价有一个长时间的横向整理，使得 5 日均线、10 日均线和 20 日均线呈现缓慢下降水平的走势，一旦有行情启动，便可产生金三线交叉，进入多头排列走势。

老胡心经：

金三线交叉在实际的股价走势中经常出现，一旦出现金三线交叉并伴随有成交量放大，投资者要立刻大胆进场。

（2）死亡三角交叉

死亡三角交叉是指 5 日均线在头部下穿 10 日均线，再穿 20 日均线，10 日均线下穿 20 日均线而产生的三角形，如图 3-19 所示。

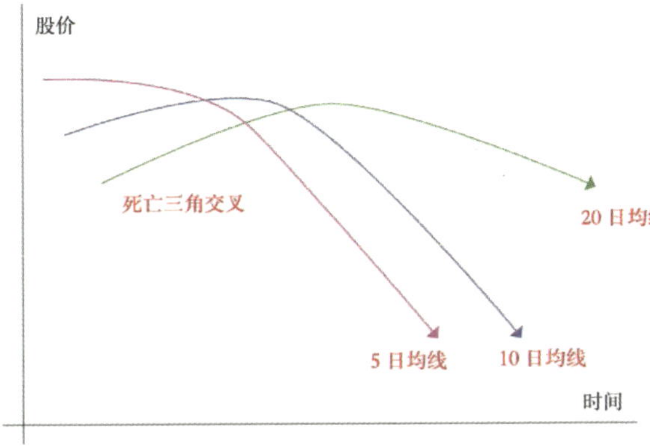

图 3-19　死亡三角交叉

死亡三角交叉的有效性和可靠性大于 5 日和 10 日的死亡交叉，因为它又加上一根 20 日均线（月均线），把短期的震荡除掉。只有经过一个真正的头部才能产生死亡三角交叉。

三角形的高度越低，头部时间越长，可靠性越高。当变为点时，死亡三角就成为死亡三线交叉。发生死亡三角交叉或死亡三线交叉时，是卖出股票的好时机。

死亡三角交叉 K 线形态，如图 3-20 所示。

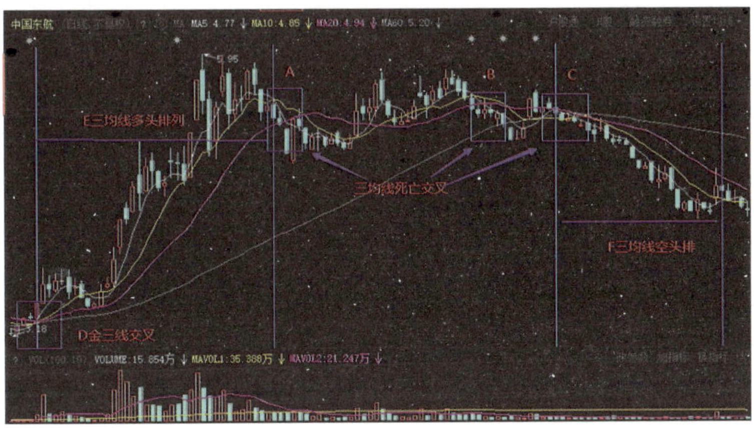

图 3-20　死亡三角交叉 K 线形态

第 4 章

MACD 指标

指数平滑异同移动平均线

MACD 称为异同移动平均线，是从双指数移动平均线发展而来的。该指标一般为中短线选股指标，比较符合以中短线为主的投资者，据此信号买入者均有获利机会，但对中线投资者来说，其参考意义似乎更大，主要是因为该指标稳定性大，波动性小。

4.1 MACD 指标

MACD 指标属于大势趋势类指标，由快线 DIF、慢线 DEA、红色能量柱（多头）、绿色能量柱（空头）、0 轴（多空分界线）五部分组成，利用快线 DIF 与慢线 DEA 交叉作为信号。MACD 的构成，如图 4-1 所示。

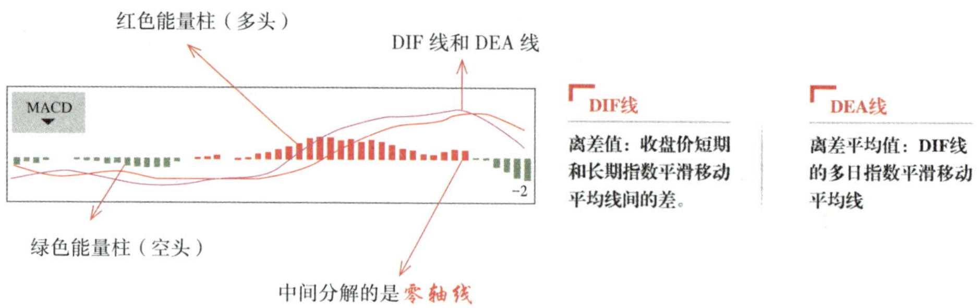

图 4-1　MACD 的构成

MACD 指标所产生的交叉信号较迟钝，而作为制定相应的交易策略使用，效果较好。

4.1.1　MACD 构造原理

MACD 构造原理如下：

DIF 线：正负差（Difference），快速平滑移动平均线与慢速平滑移动平均线的差；计算 12 日平均和 26 日平均的差（以收盘价计算）。

DEA 线：异同平均数（Difference Exponential Average）的 M 日指数平滑移动平均线；MACD9 日均值。

BAR 线：DIF 线与 DEA 线的差，即柱状线。参数：SHORT（短期）、LONG（长期）、M 天数，一般为 12、26、9。

MACD 构造原理，如图 4-2 所示。

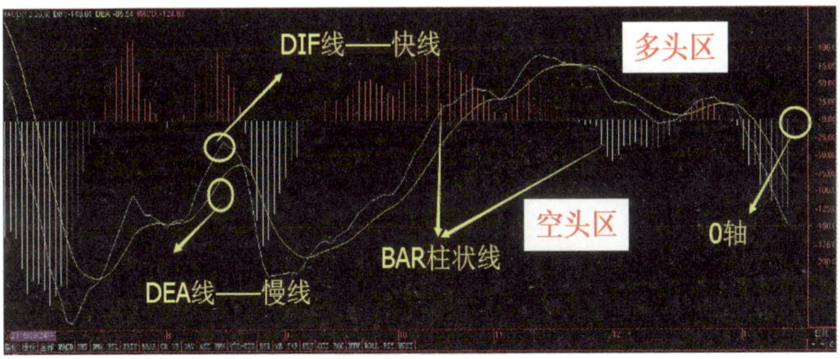

图 4-2　MACD 构造原理

4.1.2　MACD 的特点

MACD 指标具有以下特点：

①MACD 指标根据均线构造原理，对股票价格的收盘价进行平滑处理，求出算术平均值以后进行计算，是一种趋向类指标。

②MACD 指标运用快速（短期）和慢速（长期）移动平均线及其聚合与分离的征兆，加以双重平滑运算。而根据移动平均线原理发展出来的 MACD，一

则去除了移动平均线频繁发出假信号的缺陷，二则保留了移动平均线的效果。

③MACD 是比均线（MA）更加滞后的一种技术指标，具有均线趋势性、稳重性、安定性等特点，是用来研判买卖股票的时机，预测股票价格涨跌的技术分析指标。

4.1.3 MACD 的计算方法

MACD 计算方法如下：

①计算 12 日和 26 日移动平均线 EMA1 和 EMA2

EMA=今日的指数平均值 = 昨日收盘价 +（今日收盘价 – 昨日收盘价）× 平滑系数。

平滑系数 = 2 ÷（周期单位数 + 1）

当日 EMA(12)=昨日 EMA(12) × 11/13 + 当日收盘价 × 2/13

当日 EMA(26)=昨日 EMA(26) × 25/27 + 当日收盘价 × 2/27

②计算离差值（DIF）

DIF=当日 EMA(12) – 当日 EMA(26)

③计算 9 日离差平均值 DEA

DEA=前一日 DEA × 8/10 + 当日 DIFF × 2/10

④计算 MACD

BAR=2 × (DIF – DEA)

例如：20191218 日——昨日：

新股上市，DIF=0，DEA=0，MACD=0，收盘价 55.01

20191219 日——今日：

收盘价 53.7

EMA(12) = 55.01 + (53.7−55.01) × 2/13 = 54.8085

EMA(26) = 55.01 + (53.7−55.01) × 2/27 = 54.913

DIF =EMA(12) – EMA(26)=54.8085-54.913 = −0.1045

DEA =0 + (−0.1045) × 2/10 = −0.0209

BAR =2 × [(−0.1045) – (−0.0209)] = −0.1672

4.2　MACD 基本用法

MACD 的经典用法：第一，顺势操作——金叉/死叉战法，追涨杀跌，在多头市场时金叉买入，在空头市场时死叉卖出；第二，逆市操作——顶底背离战法，逃顶抄底，在顶背离时卖空，在底背离时买多。

4.2.1　顺势金叉

0 轴上方出现金叉，也称为顺势金叉，是强势买入信号，是一波相对长期的多头市场。

顺势金叉形态，如图 4-3 所示。

图 4-3　顺势金叉形态

4.2.2　顺势死叉

0 轴下方出现死叉，是顺势死叉，是强势的卖出信号，是一波相对长期的空头市场。

顺势死叉形态，如图 4-4 所示。

图 4-4　顺势死叉形态

4.2.3　逆势金叉

0 轴下方出现金叉，是逆势金叉，只能看作一次价格的反弹，不能确定趋势反转；短线空单出场信号，可尝试短线做多。

逆势金叉形态，如图 4-5 所示。

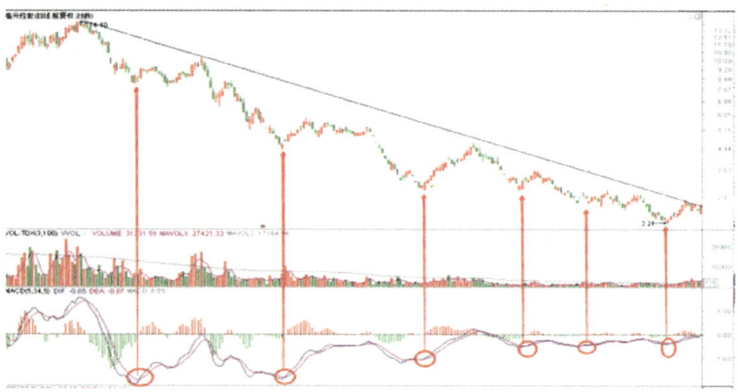

图 4-5　逆势金叉形态

4.2.4　逆势死叉

0 轴上方出现死叉，也称为逆势死叉，只能看作一次价格的回调，并不能确定趋势反转。短线多单出场信号，可尝试短线做空。

逆势死叉形态，如图 4-6 所示。

图 4-6　逆势死叉形态

4.2.5　MACD 背离的实际应用

MACD背离就是指MACD指标的图形走势正好和K线图的走势方向相反。MACD 指标的背离包括顶背离和底背离两种。

（1）顶背离

在股价 K 线图上，价格走势一峰比一峰高，股价上涨，而在 MACD 指标图形上，由红柱构成的图形走势一峰比一峰低，即当股价的高点比前一次的高点高，而 MACD 指标的高点比指标的前一次高点低，这叫顶背离现象。顶背离一般是股价在高位即将反转的信号，表明股价短期内即将下跌，是卖出信号。

顶背离形态，如图 4-7 所示。

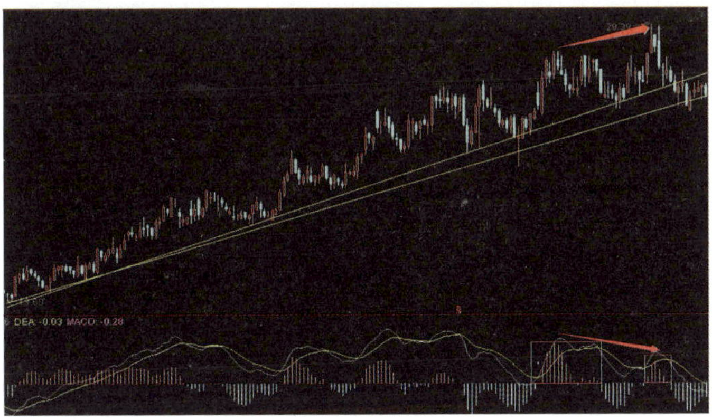

图 4-7　顶背离形态

（2）底背离

在股价 K 线图上，价格走势一峰比一峰低，股价下跌，而 MACD 指标图形上，由绿柱构成的图形的走势是一峰比一峰高，即当股价的低点比前一次低点低，而指标的低点却比前一次的低点高，这叫底背离现象。底背离现象一般是预示股价在低位可能反转向上的信号，表明股价短期内可能反弹向上，是短期买入股票的信号。

底背离形态，如图 4-8 所示。

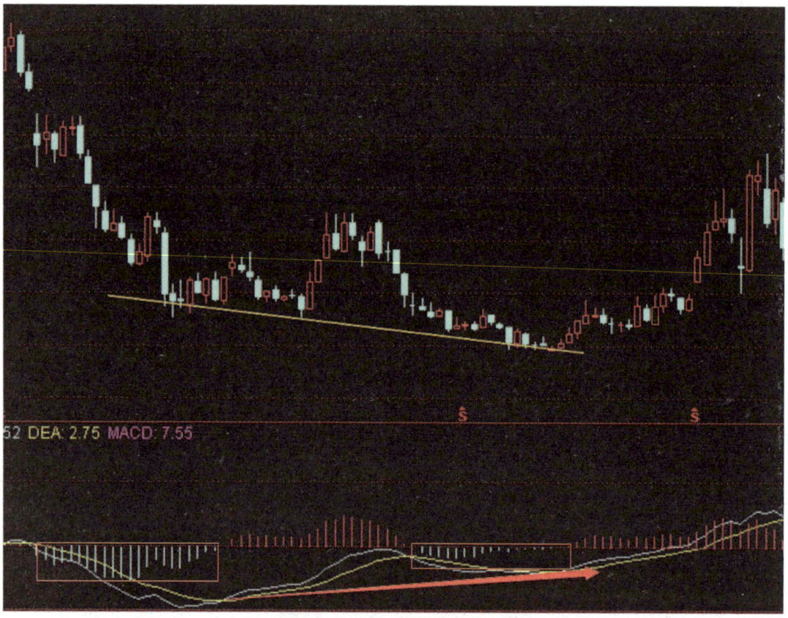

图 4-8 底背离形态

在实践中，MACD 指标的背离一般出现在强势行情中比较可靠，股价在高价位时，通常只要出现一次背离的形态即可确认股价即将反转，而股价在低位时，一般要反复出现几次背离后才能确认，背离次数越多，信号就越强烈。因此，MACD 指标的顶背离研判的准确性要高于底背离，这点投资者要加以留意。

第 5 章

RSI 指标

确认股价波动的相对高点与低点

投资一般原理认为，投资者的买卖行为是各种因素综合结果的反映，行情的变化最终取决于供求关系，而 RSI 指标正是根据供求平衡的原理，通过测量某一个期间内股价上涨总幅度占股价变化总幅度平均值的百分比来评估多空力量的强弱程度，进而提示具体的操作。RSI 的应用法则包括交叉、数值、形态和背离等多方面判断原则。

5.1 短线强弱走势判断

RSI 指标是根据一定时期内上涨和下跌幅度之和的比率制作出的一种技术曲线，能够反映出市场在一定时期内的景气程度。

5.2 RSI 指标的计算方法

相对强弱指标 RSI 是用以计测市场供需关系和买卖力道的方法及指标。

计算公式：

N 日 RSI=A/（A+B）×100

A=N 日内收盘涨幅之和

B=N 日内收盘跌幅之和（取正值）

由上面算式可知 RSI 指标的技术含义，即以向上的力量与向下的力量进行比较，若向上的力量较大，则计算出来的指标上升；若向下的力量较大，则指标下降，由此测算出市场走势的强弱。

5.3 买卖点判断

短期 RSI 是指参数相对较小的 RSI，长期 RSI 是指参数相对较长的 RSI。比如，6 日 RSI 和 12 日 RSI 中，6 日 RSI 即为短期 RSI，12 日 RSI 即为长期 RSI。长短期 RSI 线的交叉情况可以作为我们研判行情的方法。

①当短期 RSI>长期 RSI 时，市场则属于多头市场。

②当短期 RSI<长期 RSI 时，市场则属于空头市场。

③当短期 RSI 线在低位向上突破长期 RSI 线时，则是市场的买入信号。

④当短期 RSI 线在高位向下突破长期 RSI 线时，则是市场的卖出信号。

RSI 线买卖点判断，如图 5-1 所示。

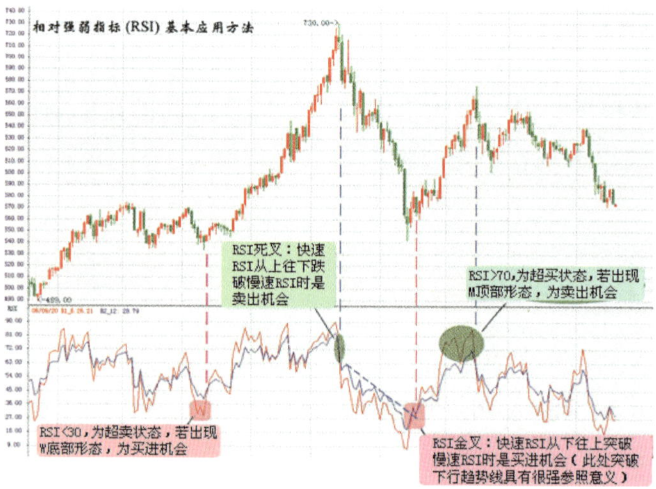

图 5-1　RSI 线买卖点判断

5.4　RSI 指标运行区域划分及交易含义

RSI 值在 0 ~ 100 分成极弱、弱、强、极强四个区域。强、弱以 50 作为分界线，但极弱、弱之间以及强、极强之间的界线则要随着 RSI 参数的变化而变化。不同的参数，其区域的划分不同。一般而言，参数越大，分界线离中心线 50 就越近，离 100 和 0 就越远。不过，一般都应落在 15、30 到 70、85 的区间内。

如果 RSI 值超过 50，就表明进入强市，可以考虑买入；如果继续进入极强区，就要考虑物极必反，准备卖出了。同理，RSI 值在 50 以下也是如此，如果进入了极弱区，则表示超卖，应该伺机买入。

RSI 值运行区域，如图 5-2 所示。

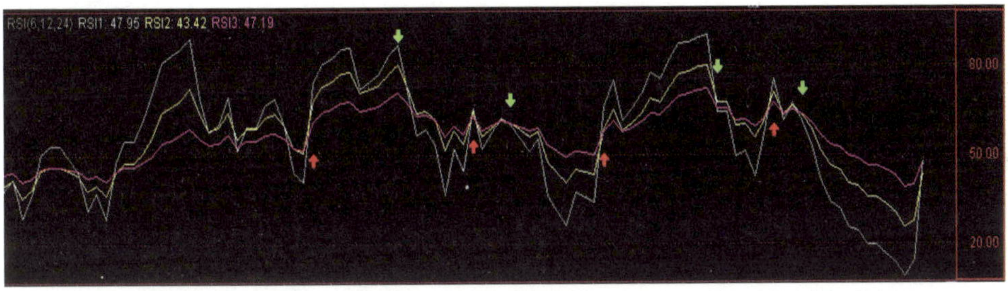

图 5-2　RSI 值运行区域

5.5　RSI 指标金叉与死叉

RSI 金叉主要是 6 日线和 12 日线从下向上突破形成的交叉。在股市中金叉一旦出现，投资者就要做好买入的准备。如果金叉数值小于 20，买入的暗示就非常强烈。

RSI 死叉和金叉是相反的，它形成的交叉主要是 6 日线和 12 日线从上向下进行跌破。一旦股市中出现，即为卖出信号。如果死叉的数值在高位，就是很强烈的卖出信号。

RSI 死叉和金叉，如图 5-3 所示。

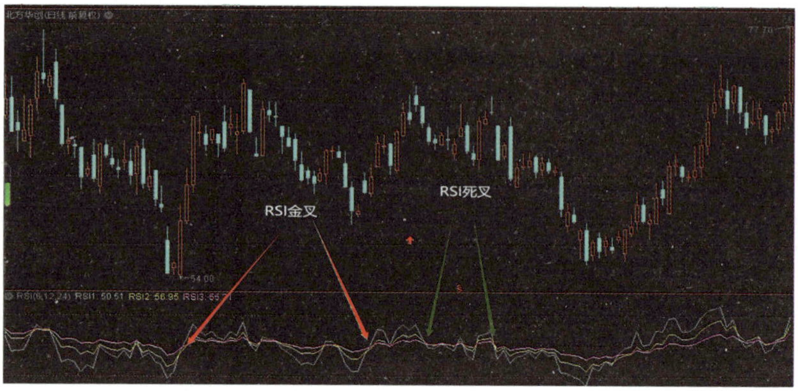

图 5-3　RSI 死叉和金叉

5.6　RSI 指标顶背离与底背离

RSI 指标背离是指 RSI 指标的走势正好和股价的走势相反，它分为顶背离和底背离。其中顶背离是指股价不断创新高，而 RSI 指标不再创新高，比前一个低。当个股走势图中出现 RSI 顶背离时，说明股价大概率见顶，是一种卖出信号，如图 5-4 所示。

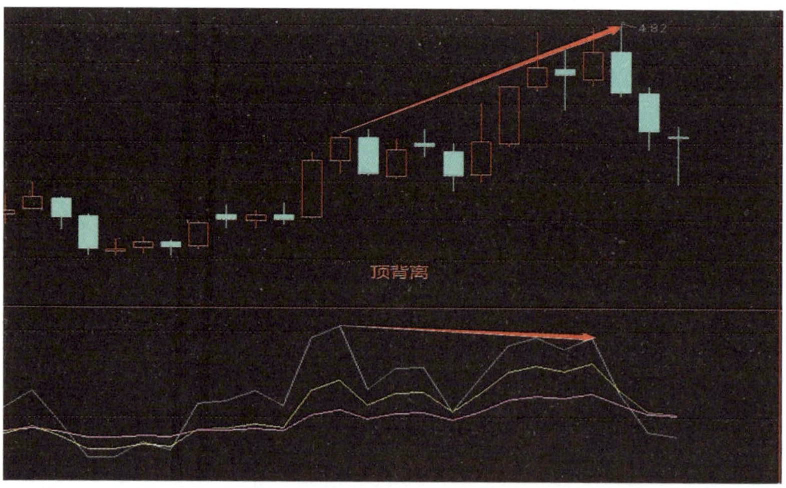

图 5-4　RSI 指标顶背离

RSI 底背离是指股价的不断创新低，而 RSI 指标不断创新低。当个股走势图中出现 RSI 底背离时，说明股价大概率见底，是一种买入信号，这时投资者可以逢低买入，等待股价反弹，如图 5-5 所示。

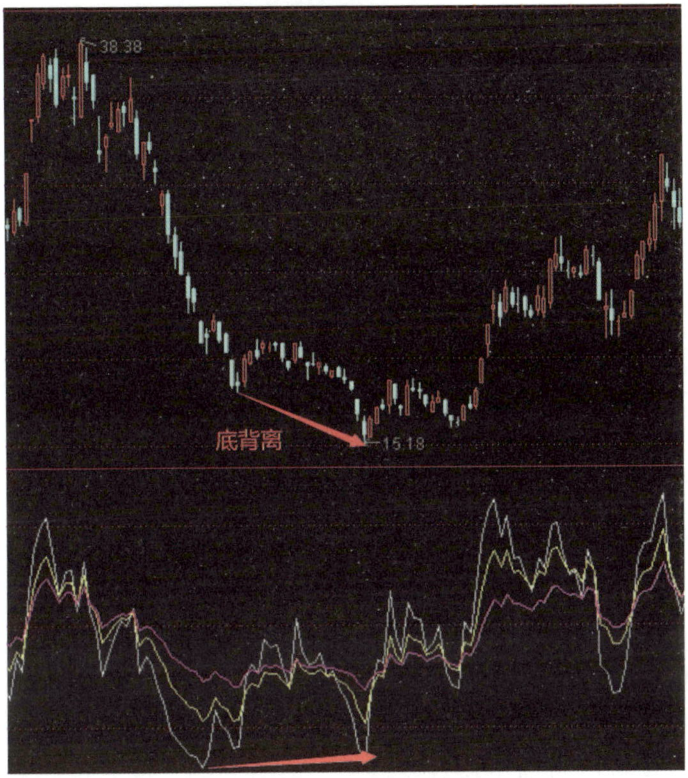

图 5-5　RSI 指标底背离

第 6 章

KD 指标

随机震荡指标

KD 线和 KDJ 线都是一些简单的技术指标，没有太大区别。分析 KDJ 指标主要也是看 KD 线，但是 KDJ 指标发出买卖信号过于频繁，一般的震荡行情不使用。随机指标（KD）适用于中短期股票的技术分析，“随机”指的是价格（股价、汇价等）在一段时间内，高低区间的波动范围。

6.1 KD 线的随机观念

KD 指标由 K 和 D 两个值组成，这两条线会在 0 ~ 100 数值之间移动，通常用这两个值来判断目前价格相对过去一段时间的高低变化。KD 指标主要用于呈现过去一段时间价格强弱的趋势，以此作为寻找价格转折点的交易信号依据。

KD 指标的主要假设：价格在上涨趋势时，当日收盘价会接近近期一段时间内最高价；价格在下跌趋势时，当日收盘价会接近近期一段时间内最低价。

6.2 KD 指标的计算方式

KD 指标的计算方式是使用 RSV（Raw Stochastic Value：未成熟随机值）来计算，RSV 是计算最近 9 日内，今天的股价表现是强还是弱。

RSV=（今日收盘价–最近 9 日的最低价）÷（最近 9 日的最高价–最近 9 日的最低价）×100

K 值=2/3×昨日 K 值+1/3×今日 RSV

D 值=2/3×昨日 D 值+1/3×今日 K 值

RSV 计算结果在 0～100。RSV 结果越大，表示今日收盘价越接近过去 9 日内股价的高点；反之，代表今日收盘价越接近过去 9 日内股价的低点。

K 值是以今日 RSV 与昨日 K 值的加权平均，由于 K 值反应较为灵敏，因此又称为快线。

D 值则是再一次把加权平均过的 K 值与昨日 D 值再一次平滑，因此 D 值反应较不灵敏，称为慢线。

交易者并不需要深入了解关于 KD 指标的计算方式，因为看盘软件几乎都提供 KD 指标计算过后的走势图，因此直接观察走势图即可。

6.3 KD 指标买卖点判断

KD 指标以 50%作为分界点，50 以上可视为多方力度较强，而 50 以下则为空方力度较强。

KD 值大于 80，表示个股股价进入“超买区”，股价表现强势，可能会继续上涨维持原来的强势状态，也有人会认为 KD 指标在超买区，表示市场已经过热，可能随时会出现回撤下跌。

KD 值小于 20，表示个股股价进入“超卖区”，股价表现弱势，可能会继续下跌维持原来的弱势状态，也有人会认为 KD 指标在超卖区，表示市场已经来到，随时可能会出现反弹上涨的位置。

在实操中，当股价持续上涨时，KD 指标容易维持在高位区（80 以上），或股价持续下跌时，KD 指标容易维持在低位区（20 以下）。因此，当股价持续上涨或下跌，KD 指标连续 3 天以上维持在高位区或低位区时，指标就容易出现钝化的情形。这时候 KD 指标就会失灵，想利用指标判断股价转折就显得更为困难。因此，KD 指标可单独作为股价转折的依据。

6.4 黄金交叉与死亡交叉

当 K 值“由下往上穿过”D 值，视为黄金交叉，表示未来一段时间股价上涨的概率较高，建议买进。

黄金交叉，如图 6-1 所示。

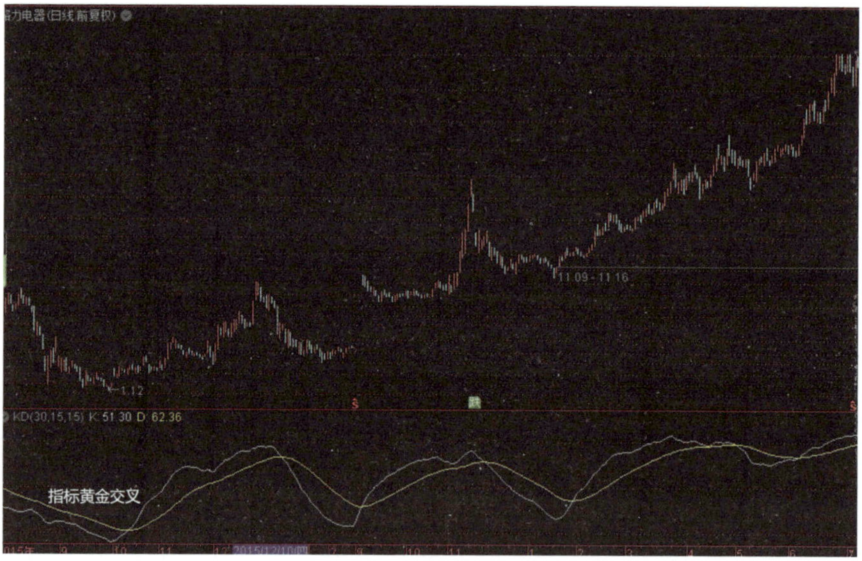

图 6-1　黄金交叉

当 K 值“由上往下跌破”D 值，视为死亡交叉，表示未来一段时间股价下跌的概率较高，建议卖出。

死亡交叉，如图 6-2 所示。

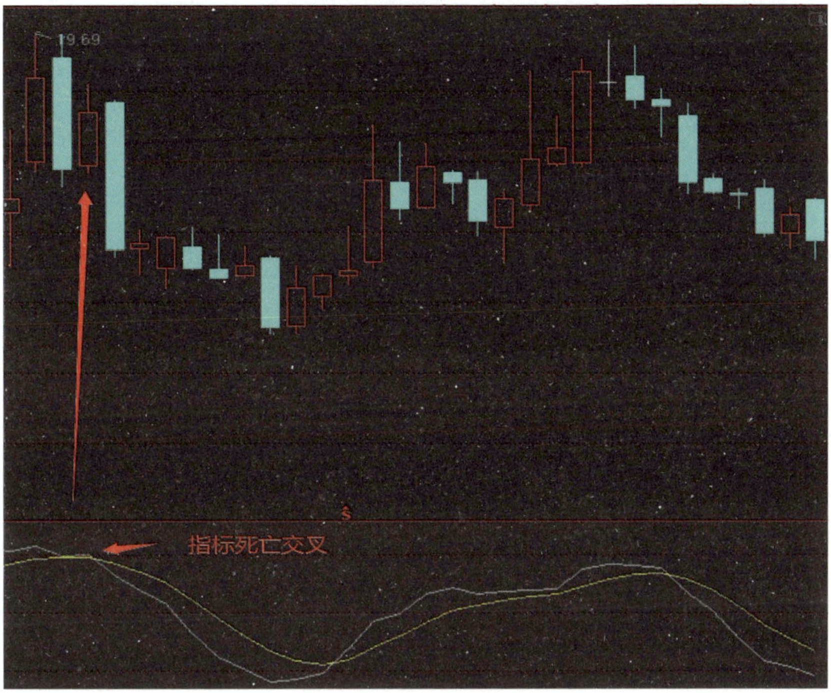

图 6-2　死亡交叉

6.5　KD 指标背离

在一般情况下，股价上涨持续创新高，KD 指标会跟着创新高；当股价持续创新低，KD 指标也会跟着创新低，形成同步的情况。但是，如果股价与 KD 指标的走势不同，股价创新高，指标却没再创新高，或股价创新低，指标却没再创新低，就是指标背离。

当股价上涨时，高点不断创新高，但 KD 指标却没有再创新高反而低于前一波指标高点，这就是顶部背离，股价后势出现反转下跌的概率较高，如图 6-3 所示。

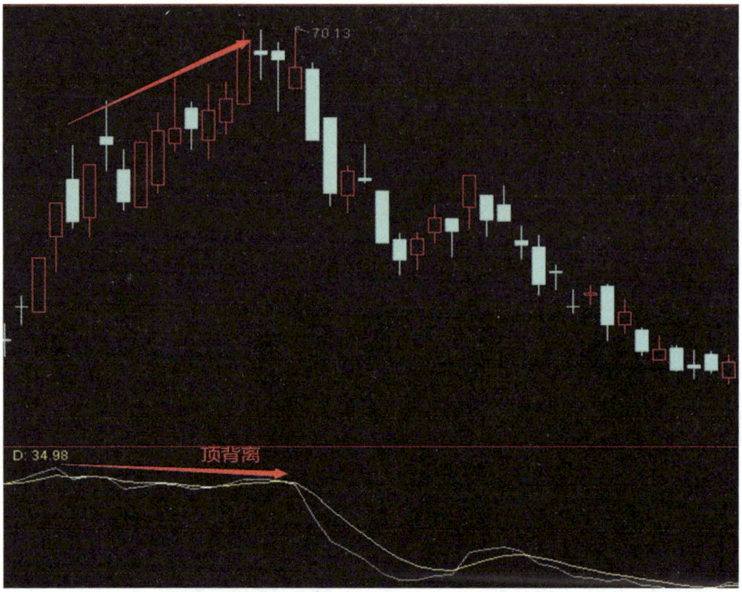

图 6-3　KD 指标顶部背离

反之，当股价下跌时，低点不断创新低，但 KD 指标却没有再创新低反而高于前一波指标低点，这就是底部背离，股价后势出现反转向上的概率较高，如图 6-4 所示。

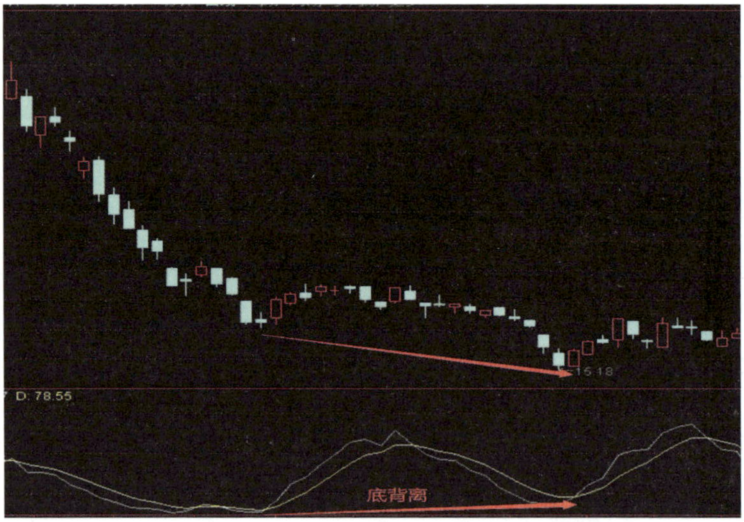

图 6-4　KD 指标底部背离

第三部分　理论篇

Part 3　The Theory

知行合一，优秀的决策需要理论高度作为基础。道氏理论、波浪理论是股票操作的两大基础理论体系。如果投资者对道氏理论、波浪理论非常熟悉，并将其结合起来运用，相信其股票投资之路会顺畅很多。

第 7 章

波浪理论

有时能非常精确地预测价位

波浪理论是由美国人R.E.艾略特发明的一种价格趋势分析工具，完全依靠观察得来的规律，可用于分析股市指数、价格的走势。波浪理论只是技术工具，由于它有时能非常精确地预测价位，所以风靡全球投资界。如能把握住股市的波浪起伏，就能够顺应股市潮流。

7.1 价格波动的基本结构

国内浪型周期一般为一年内，因为竞争激烈导致的。国外浪型周期一般为 3～5 年，因为基钦周期的缘故。数浪的起点，上一浪的结束，就是下一浪的开始。

价格波动按性质可分为两类，分别为推动浪和调整浪。推动浪呈五浪结构状态，调整浪呈三浪结构状态。

上升态势浪一般由 5 个浪型组成。第 1 浪为启动浪，第 2 浪为初次调整浪，第 3 浪为发展浪，第 4 浪为再次调整浪，第 5 浪为冲高浪。

下跌态势浪一般由 3 浪组成。A 浪为下跌出货浪，B 浪为反弹出货浪，C 浪为出货探底浪。

浪型构图，如图 7-1 所示。

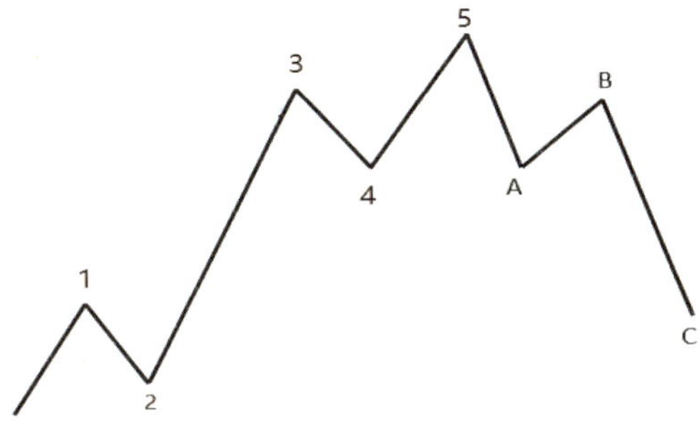

图 7-1　浪型构图

7.2　波浪理论的数浪规则

股市的波浪运动有周期性，一个完整的有升有降的波浪周期由 8 个小浪组成，即上升 5 小浪和下降 3 小浪，如图 7-2 所示。

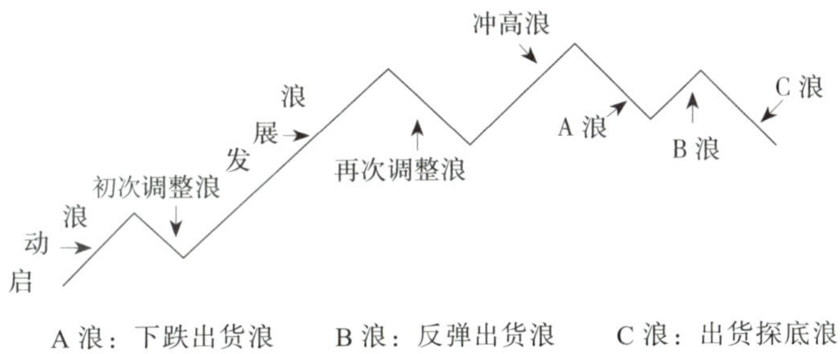

图 7-2　波浪运动的周期性

从 1 小浪至 5 小浪，波浪处在上升中，直到冲至最高峰，然后经 A、B、C（即 6 至 8）小浪下降，波浪退潮。

代表波浪总趋势的浪称为推动浪，与之方向相反的则是调整浪。

在 5 个上升浪中，1、3、5 三个小浪是推动浪，2、4 两个小浪是调整浪。在 3 个下降浪中，A 浪和 C 浪是推动浪，而 B 浪是调整浪。

波浪有升降，循环往复。波浪可以合并为高一级的浪，也可以细分为低一级的小浪。股市的形态总体不会改变，时间长短也不影响浪态，但浪长、浪高可以变化。波浪理论的数浪规则如下：

（1）3 浪不能最短，通常反而是最长的浪，具有较强的推动性。

（2）1、4 浪不能重合。

（3）2 浪回调不能低于 1 浪起点。

7.3 波浪理论的等级划分

任何一个推动浪都可以划分为低一级别的 5 个子浪，任何一个完整的 5 浪结构都必然构成高一级别的一个推动浪。经典调整浪一般划分为低一级别的 3 个子浪，一个完整的 3 浪结构一般构成高一级别的一个调整浪。

下述方法使波浪更加序列化：

特大超级循环级：[I]、[II]、[III]、[IV]、[V]、[A]、[B]、[C]。

超级循环级：(I)、(II)、(III)、(IV)、(V)、(A)、(B)、(C)。

循环级：I、II、III、IV、V、A、B、C。

基本级：I、II、III、IV、V、A、B、C。

中型级：[1]、[2]、[3]、[4]、[5]、[a]、[b]、[c]。

小型级：(1)、(2)、(3)、(4)、(5)、(a)、(b)、(c)。

细级：1、2、3、4、5、a、b、c。

微级：1、2、3、4、5、a、b、c。

波是分等级的，但是波的等级是相对的概念。波的等级，如图 7-3 所示。

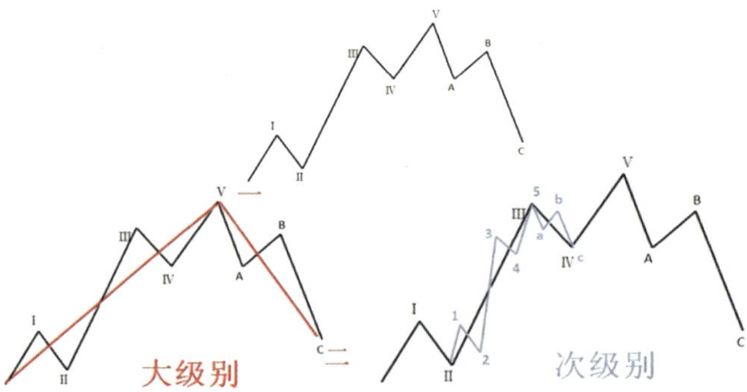

图 7-3　波的等级

一升一降为一个完整的波浪周期，上升阶段可以细分为 5 个小浪，而且这 5 个小浪可以再细分为 21 个小浪，甚至 89 个小浪。下降阶段同样可以分为 3 个、13 个或 55 个小浪。所以，完整的波浪周期可分为 2 个、8 个、34 个或 144 个浪。

波浪理论的九级波，如图 7-4 所示。

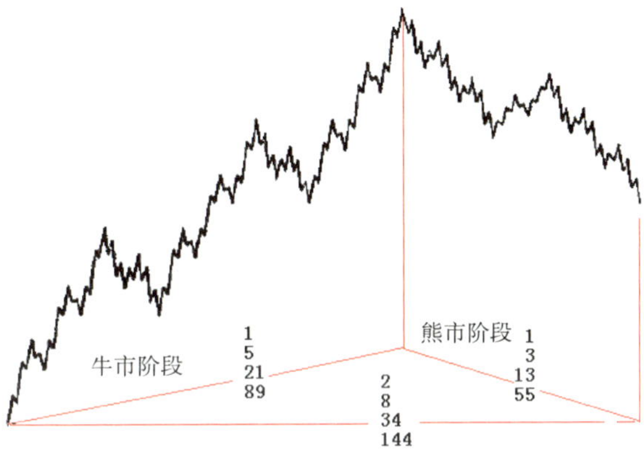

图 7-4　波浪理论的九级波

7.4　波浪理论的数学基础

斐波那契数列的构成：0、1、1、2、3、5、8、13、21、34、55、89、144……

生成原理是两个数相加生成下一个数。设 A、B、C、D 为数列中任意连续的四个数，则：

A+B=C，B+C=D

A/B=B/C=C/D=0.618（数字越大越接近）

B/A=C/B=D/C=1.618（数字越大越靠近）

A/C=B/D=0.382

C/A=D/B=2.618

斐波那契数列及由此生成的黄金分割率，是波浪理论的数学基础。

7.5 波浪理论大级别浪对应的市场环境解释

波浪理论大级别浪对应的市场环境解释，如图 7-5 所示。

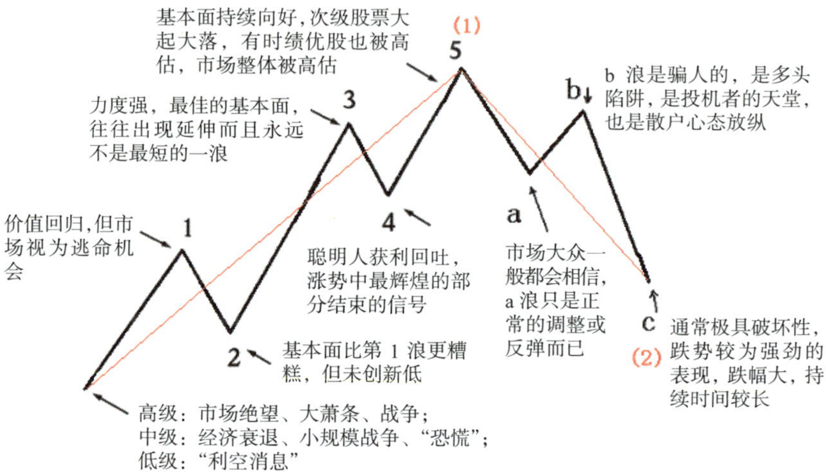

图 7-5 波浪理论大级别浪对应的市场环境解释

7.6 波浪理论的核心

波浪理论的核心，即量价时空核心原理，如图 7-6 所示。

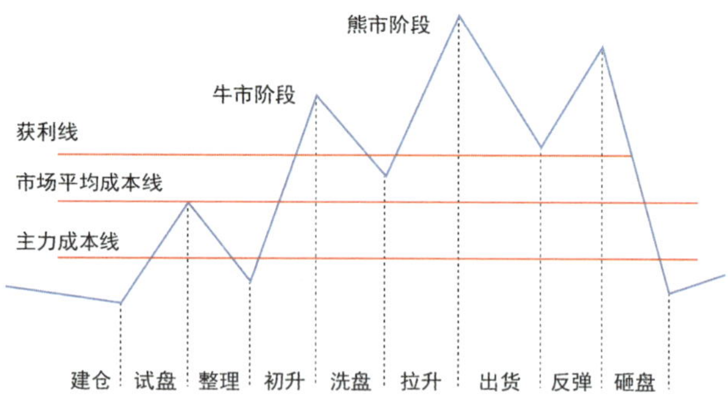

图 7-6 量价时空核心原理

7.7　波浪理论详解之推动浪

推动浪有三种变形：延伸浪、衰竭浪、斜线三角形。

（1）延伸浪

在 1、3、5 三个推动浪中，有时会出现其中一个推动浪规模超大，其子浪规模接近其余两个高级别推动浪，如图 7-7 所示。

图 7-7　延伸浪形态

双延伸浪是指在延伸浪的内部子结构里再出现延伸浪，出现概率极低，如图 7-8 所示。

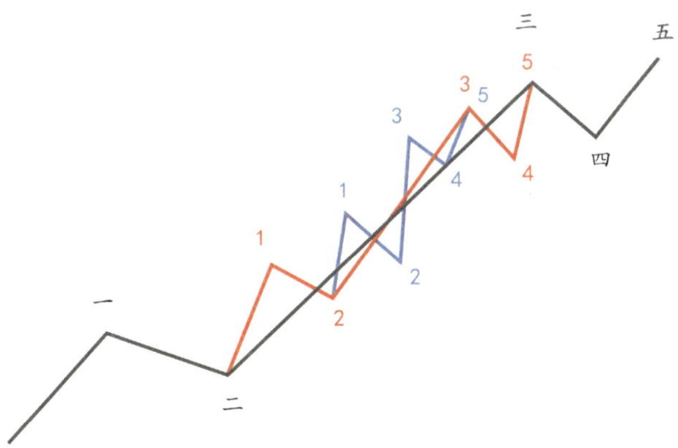

图 7-8　双延伸浪形态

（2）衰竭浪

衰竭浪就是第 5 浪没有超越第 3 浪的范围，如图 7-9 所示。

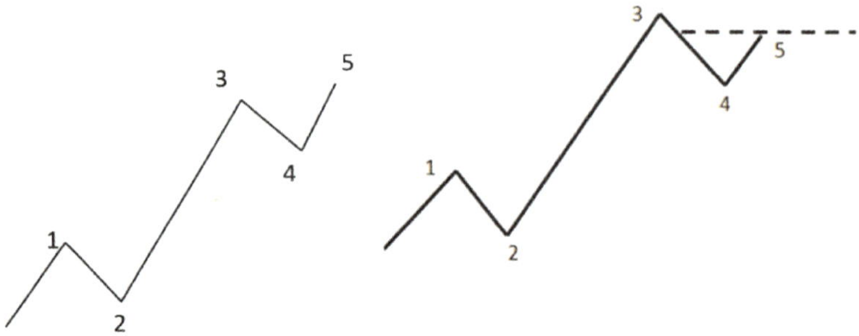

图 7-9　衰竭浪形态

上面左图五浪过了三浪顶，属于正常推动。右图则是五浪没有过三浪顶。

（3）斜线三角形

斜线三角形又叫引导楔形，是横向推动浪，如图 7-10 所示。

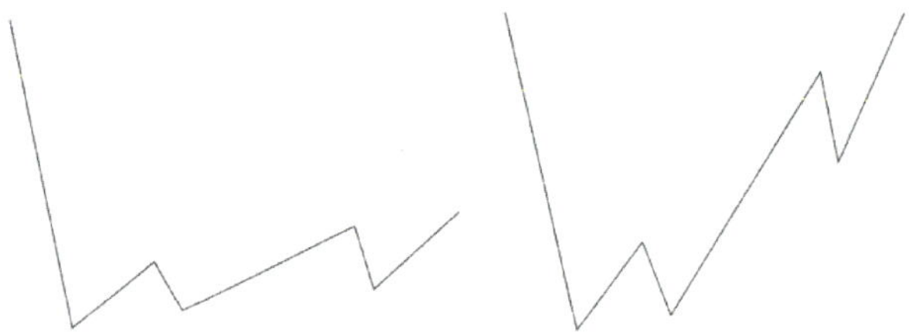

引导楔形（斜线三角形）　　　　正常推动

图 7-10　斜线三角形形态

此时，4 浪价格会进入 1 浪的价格领域。一般出现在 1 浪和 A 浪，或 5 浪和 C 浪，出现在 5 浪和 C 浪相对较多，但概率都不高。

斜线三角形图形示意，如图 7-11 所示。

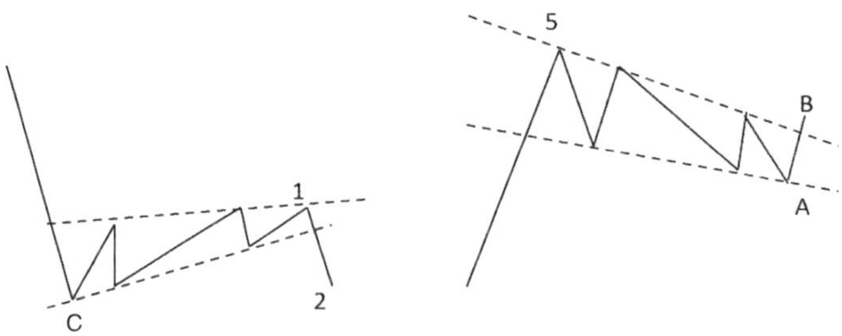

图 7-11　斜线三角形图形示意

7.8 波浪理论详解之调整浪

调整浪分为锯齿形、平台形、三角形和联合形。

（1）锯齿形

锯齿形为 5-3-5 结构，如图 7-12 所示。

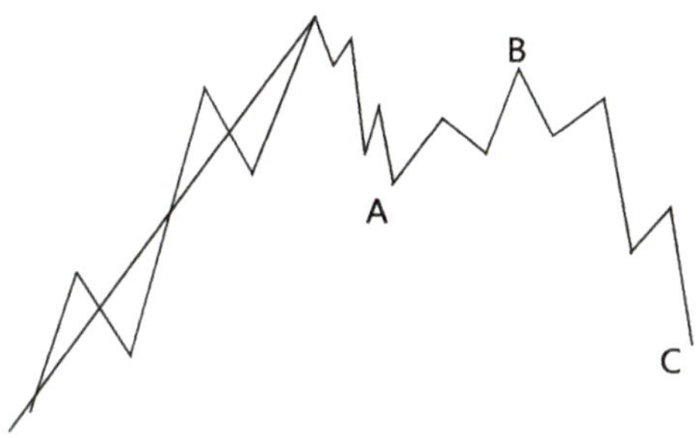

图 7-12 锯齿形形态

B 浪的顶点应明显比 A 浪的起点低，B 浪通常回到 A 浪的 0.618 附近；C 浪可以是正常浪、衰竭浪，也可以是延长浪、斜线三角形。

（2）平台形

平台形为 3-3-5 结构，如图 7-13 所示。

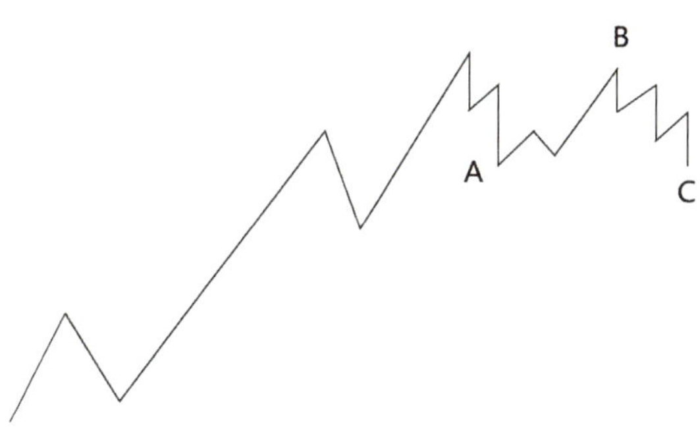

图 7-13 平台形形态

A 浪以 3 浪形式下跌，B 浪以 3 浪形式回到起点 A（回撤 80.9%以上）附近，C 浪以 5 浪形式下跌（平台形的 B 浪一定回到 A 点附近或是高于 A 的起点）。

平台形的四种形式如下：

①普通平台调整。

②不规则调整 A（扩散平台形），如图 7-14 所示。

图 7-14　扩散平台形形态

A 浪以 3 浪形式下跌，B 浪以 3 浪形式超越 A 的起点，C 浪以 5 浪形式跌破 B 的起点。

③不规则调整 B（C 浪失败形态），如图 7-15 所示。

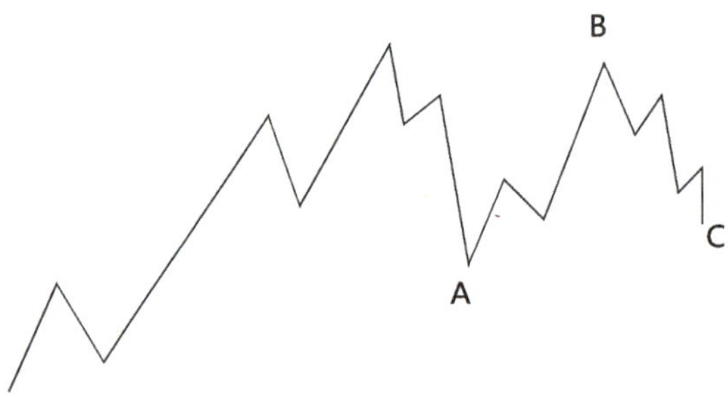

图 7-15　C 浪失败形态

A 浪以 3 浪形式下跌，B 浪以 3 浪形式回到 A 浪起点附近不超越，C 浪以 5 浪形式下跌但没有跌破 B 的低点，属于 C 浪失败形态。

④顺势调整形态，如图 7-16 所示。

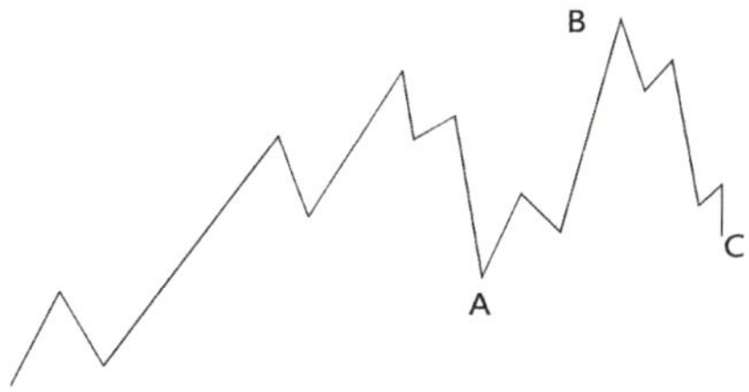

图 7-16　顺势调整形态

A 浪以 3 浪形式下跌，B 浪以 3 浪形式超越 A 的起点，C 浪以 5 浪形式下跌但不跌破 B 浪的起点。顺势平台形调整往往只出现在强劲而快速的市场中。

锯齿形与平台形的主要区别：

①子浪结构

②C 浪起点与 A 浪起点的关系

如图 7-17 所示。

图 7-17　锯齿形与平台形的区别图示

（3）三角形

三角形为 3-3-3-3-3 结构，属横形性质的调整浪，一般出现在 4 浪、B 浪、X 浪（X 浪是连接浪）。

三角形形态，如图 7-18 所示。

1. 普通三角形：上线下斜，下线上斜

2. 上升三角形：下线上斜，上线平齐

图 7-18　三角形形态

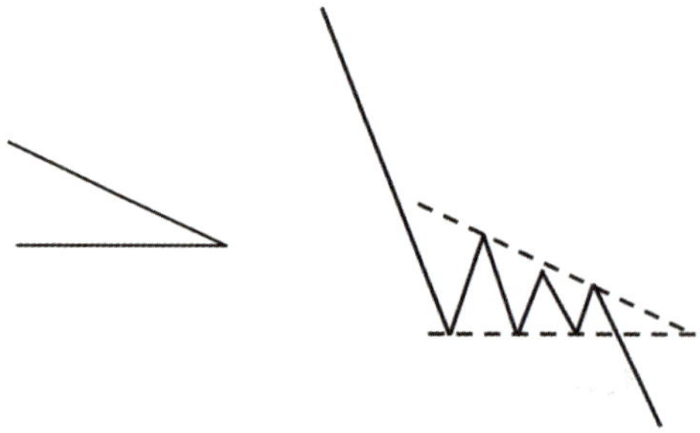

3. 下降三角形：上线下斜，下线平齐

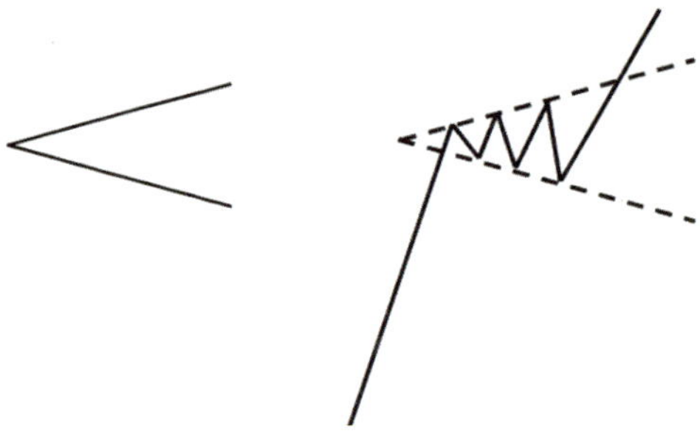

4. 喇叭三角形：上线上斜，下线下斜

图 7-18　三角形形态（续）

（4）联合形

联合形调整浪形态，如图 7-19 所示。

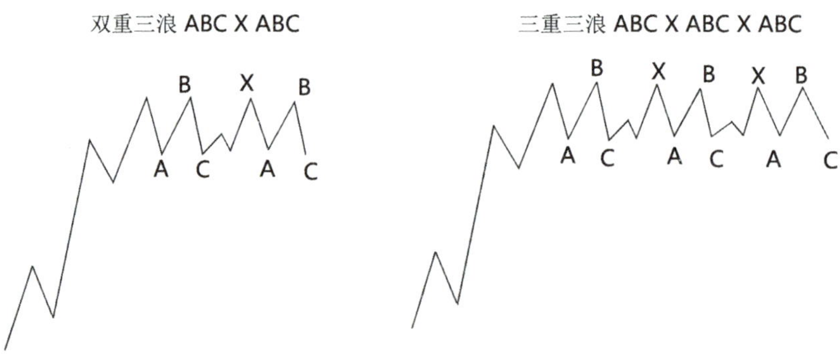

图 7-19　联合形调整浪形态

三重三浪是非常强势的调整浪，出现之后一般有大行情发生。

7.9　各波浪主要特性及操作技巧

各波浪的主要特性及操作技巧如下。

（1）一浪

出现在反弹或反转的初期；一定是 5 波结构的推动浪，一定不是 3 波结构（斜线三角形除外）；可以是斜线三角形；不是获利浪，不建议投资者入场；股市成交量进入低迷，一浪即将来临。

一浪-1：出现引导楔形最多的地方；

一浪-2：锯齿形居多（5-3-5），通常是深幅调整；

一浪-3：突然放量；

一浪-4：一浪-4 不与一浪-1 重叠，但斜线三角形除外；

一浪-5：出场位置，若出现引导楔形也不做空，等待二浪下来买三浪。

如何确认是一浪？判断在一浪出现之前的结构是否完整，但仅仅是一种可能性。

（2）二浪

易出现锯齿形调整；进场浪，二浪-C 最低点入场；注意判断是不是前一波推动的调整；回撤至少 20%。

规律：默认二浪的回调位是一浪的 61.8%位置。T 浪 1< T 浪 2< 3T 浪 1 有效；1.5T 浪 1 < T 浪 2 < 2T 浪 1 最好（T 是时间）。

交替原则：复杂简单的交替；结构上交替。

（3）三浪

集体进场浪；通常比一浪和五浪长；三浪必须长于二浪的运行总量。

运行总量图：是 A 起点到 C 的终点连线为运行总量，如图 7-20 所示。

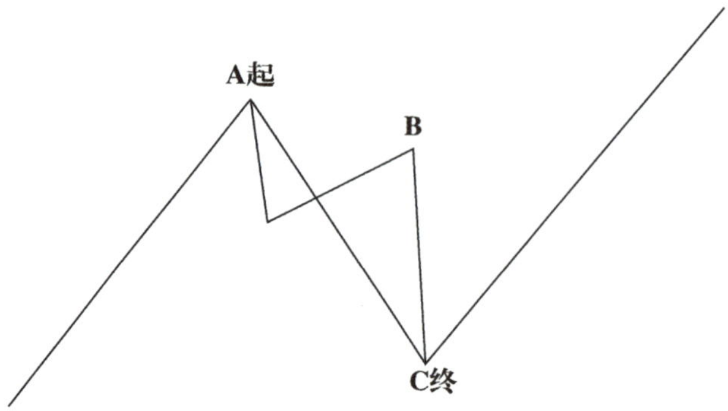

图 7-20　三浪运行特性

一浪、三浪一般不会同时有失败的小结构 5 浪。

P1.5 浪 1< P 浪 3<P3.5 浪 1 最有效（P 是价格）；T 浪 1< T 浪 3<4T 浪 1 一般情况。

三浪内部结构细分：

三浪-1：推动浪必须是 5 波结构；

三浪-2：挂单交易，通常回撤 61.8%位置，止损在底部若有点大，可以止损在回撤 70%位置；

三浪-3：最具爆发力浪，主盈利浪，三浪-5 也是发飙浪；

三浪-4：三浪-1 与三浪-4 不能重叠，通常距离较远，易出现平台形调整和横形性质的调整，如三角形、双重三浪、三重三浪，4 浪对 3 浪倾向于小幅度调整，一般小于 50%；

三浪-5：出场位，如果三浪-3 无延长，三浪-5 易出现延长。

（4）四浪

易出现平台形，也有可能是锯齿形或三角形，四浪通常的调整幅度偏弱。四浪一般回调三浪 38.2%位置然后是 50%位置，很少到 61.8%。若出现三角形的调整，出现的四浪通常很急很快，但不一定幅度很大。

三角形的入场方式是突破边线跟进，三角形顶点止损，三角形最宽的幅度为盈利退场幅度。即 A 点入场，B 点止损，CD 的幅度为止盈点，如图 7-21 所示。

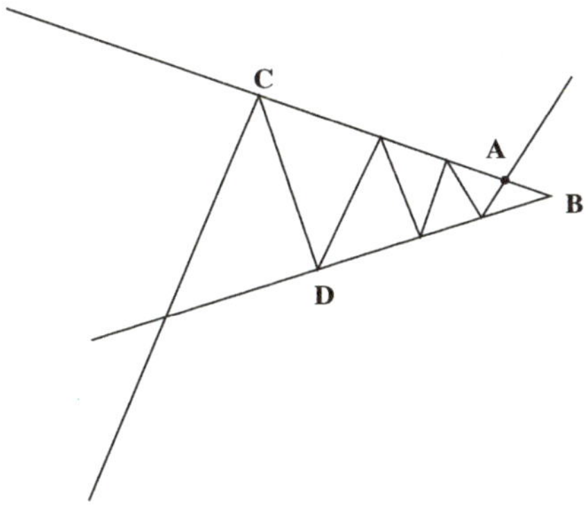

图 7-21　三角形的入场方式

四浪如果规模大（一般规模大会相对复杂），可以判断五浪行情不小；如果规模小，可以判断五浪行情不大。

四浪中 C 对 A 的 MACD 背离可以做多。

（5）五浪

五浪也是获利浪，五浪-3 应该全部出场；也可以是斜线三角形。

五浪-5 出现失败形态发生率在 3 个推动浪中是最高的；五浪的延长浪会非常猛。

五浪延长后的市场行为：如果上升行情的第五浪是延长浪，那么继而发生的调整浪将是陡直的（市场应力大）会有快速的回撤，会在延长浪的浪 2 的最低点找到支撑，如图 7-22 所示。

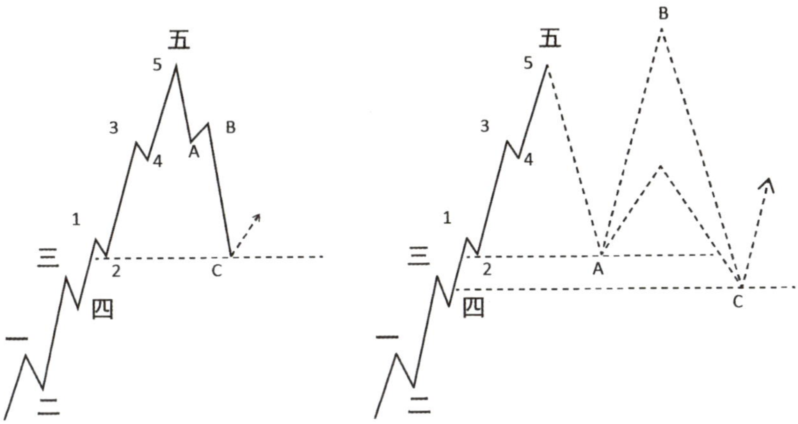

图 7-22　五浪延长后的市场行为

（6）A 浪、B 浪、C 浪

A 浪以 3 波或 5 波形式展开。若 A 以 3 波形式展开，则其高一级浪为平台形调整为多（三角形、双重三浪、三重三浪都有可能，但概率小）；若 A 以 5 浪形式展开，则其高一级浪以锯齿形调整。

A 浪也可能以斜线三角形展开，概率低，若 A 浪出现斜线三角形，后市可能出现一波杀跌的 C 浪，如图 7-23 所示。

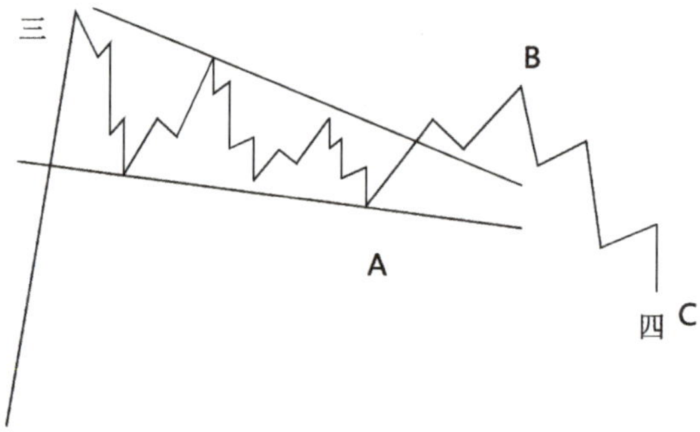

图 7-23　A 浪出现 5-3-5-3-5 斜线三角形

B 浪有可能是锯齿形调整，通常 B 浪回到 A 浪的 61.8%（极限回调到 0.809）；也有可能是平台形调整，通常会回到 A 浪的起点附近（基本回调到 0.809 之上）。

C 浪可以是延长浪、斜线三角形，也可以是失败三角形。C 浪是高一级别调整中的推动浪，所以推动浪的所有变形（斜线三角形、延长浪、失败的 5 浪）在 C 浪中都适用。C 浪-1、C 浪-2 之后是可以博 C 浪-3，利润空间不错。

7.10　波浪理论应用之比例关系

二对一：0.5/0.618。

C 对 A：Pc=Pa 或 Pc=1.618Pa；如果 C 浪延伸 PC=2.618 PA 甚至更大，如图 7-24 所示。

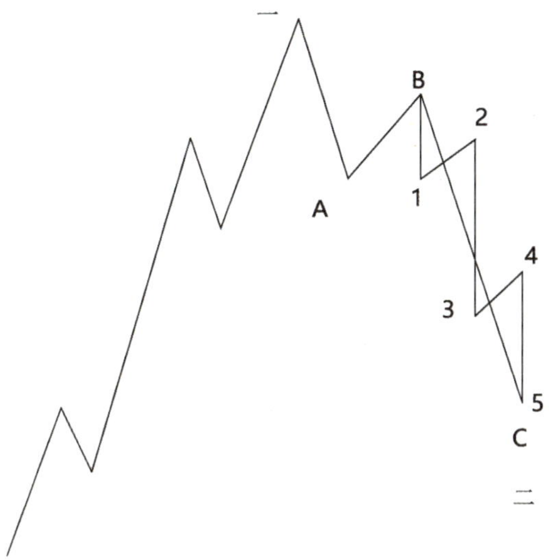

图 7-24　波浪理论比例关系

M5=M1 或者 M5=0.618M（1-3）（总长度 1 的起点到 3 的终点）。

M 浪 3= 1.618M 浪 1。

如果浪 3 有延长浪幅度可能是 M 浪 1 的 2.618，甚至更大，浪 4 调整规模小，说明 5 浪行情不大；如果 3 浪没有延长浪，4 浪调整规模大，说明 5 浪行情不小。

幅度比例：一浪的幅度判断与之前的 C 浪无关。

7.11　波浪理论核心与数浪技巧

波浪理论的核心，包括以下的内容。

（1）三个数浪规则

三浪不能最短，一、四浪不能重合，二浪回调不能低于一浪起点。

（2）四个原则

①交替原则：二、四浪通常以不同形态出现。二浪复杂，四浪简单；二浪简单，四浪复杂。

②二浪一般不能以三角形形态出现。

③四浪经常回调至低一级 4 小浪范围内，也就是三浪-4。

④符合推动浪条件的形态，不能数成调整浪。

波浪理论的核心，如图 7-25 所示。

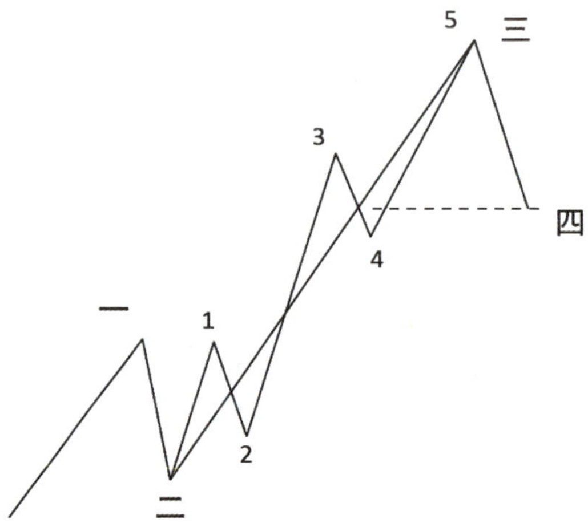

图 7-25　波浪理论的核心

（3）两个补充

①波浪知识结构按重要性分成三个部分：结构、浪与浪的比例关系、时间（缺陷）。

②浪的幅度可以拉长，也可以缩短，但其基本结构永远不变，推动浪是 5 浪结构，调整浪是 3 浪结构。

（4）波浪理论数浪技巧

①在高一级波浪定性的指导下，数低一级的波浪结构。

②用低一级波浪的结构，验证高一级波浪定性的正确性。

③波浪理论是艺术，不是科学，不强调唯一性。数浪方案自然、和谐极为重要。

7.12　波浪理论应用

任何一幅图形，都可能有几种不同的数浪方案同时成立。依据自然流畅和相关辅助工具（动力系统及循环周期理论等）定出首选数浪方案，然后依据首选数浪方案制定交易规则。同时依据次选数浪方案，制定备份的交易方案。如果在某种情况下，波浪结构不清晰，可以将该品种暂时搁置，过一段时间其波浪结构自然就会清晰。

波浪理论的主要交易机会：三浪-3、五浪-3、C 浪-3。

应用要领如下：多级波浪结构预测指向同一价位，不同数浪方案指示同一方向。只操作清楚的波浪状态，如经典的 5 浪结构+3 浪结构（二浪底买进）、捕捉三浪中的 3 小浪等等。不清楚的结构不进行操作，观望等待，等浪型结构清楚了再操作。

第 8 章

道氏理论

“上涨趋势”中制订并执行多头交易计划

道氏理论是查尔斯·亨利·道对人类金融市场的巨大贡献。它是重要的顺势战法工具。顺势战法就是在“上涨趋势”中，制订并执行多头交易计划。道氏理论不仅包括道氏理论的技术方法体系的框架，还包括道氏理论的哲学思想。因为道氏理论哲学思想，赋予其技术体系以生命活力。

8.1 道氏理论的哲学思想体系

道氏理论是所有市场技术研究的鼻祖。从本质上说，道氏理论不仅是关于股票投资的哲学思想，还是一种技术方法体系。理论比技术更重要，因为投资者要有所作为，建立正确的投资理念是基础。

其哲学思想体系由十一项定理构成。

道氏定理一：“非人为操纵性定理”

在主级正向波（3 个月～数年）水平上，金融市场不可能被人为操纵；在次级逆向波（3 周～3 个月）水平上，金融市场有可能受到人为操纵行为的局部影响；在日间杂波（3 周以内）水平上，金融市场有可能受到人为操纵行为的较大影响。

这是极为重要的投资定理。对投资人而言，它也是最重要的定理之一。它能判定投资市场是否被人为操纵，它还是区别不同类别投资人的分界点。

“非人为操纵性定理”的两项引论。

引论 1：市场价格波动的结构成分分解应以“市场不可人为操纵”作为重要尺度之一。对市场价格波动的结构成分正确分离，进而针对不同结构成分采取不同操作策略，这是任何成功投资方法中的关键性步骤。查尔斯·亨利·道在 100 年前就提出了这一问题，而且明确有效地对价格波动的结构分析提出了测量尺度，这一成就意义非凡。

引论 2：投资交易策略的设计基础应以“市场不可人为操纵”作为重要尺度之一。当投资人设计投资交易策略时，应当以“市场不可人为操纵”作为最低测量标准。

道氏定理二：“市场效率定理”

市场价格已经包含了一切相关的市场信息。

道氏定理二说明了技术分析三大前提之一——“市场价格包容一切”。

道氏定理三：“理论自身缺陷性定理”

道氏理论决不是百战百胜的金融市场制胜系统。道氏理论只是投资决策的辅助性手段，不是什么制胜的法宝。它是不完美的，它是有缺陷的。

“理论自身缺陷性定理”的两项引论。

引论 1：世界上没有十全十美的投资方法。追求十全十美，是许多投资家所共同面对的心理误区。

引论 2：投资人必须明确所用投资方法的内在缺陷。投资人必须明白，在投资过程中，投资人不但可能犯第一类错误，即对正确的假设做出否定的判断，而且可能犯第二类错误，即对错误的假设做出肯定的判断。并且也有可能两种错误同时存在。

道氏定理四：“价格波动分级定理”

价格波动可以分解为三个级别的运动：主级正向波、次级逆向波、日间杂波。

主级正向波标示市场价格运动的基本方向，也可称为“牛市”或“熊市”。其时间长度可能少于一年，也可能长达数年之久。正确的主级正向波的运动方向是决定成功投资的最重要因素。迄今没有任何一种方法能准确预测主级正向波的时间长度及价格幅度。即主级正向波，是至关重要的价格波动，也就是通常所说的牛市或熊市，其长度有时可达数年之久。

次级逆向波指牛市中的重大回调及熊市中的重大反弹。次级逆向波的时间不短于三周，并且通常可回调主级正向波距离的1/3～2/3。次级逆向波极其具有欺骗性，常使人误认为主级正向波已经开始转换。次级逆向波的这种欺骗性根源于最后一个次级逆向波实际上将成为下一个主级正向波中的第一波。次级逆向波，是最具欺骗性的价格波动，其时间长度不少于三周。

日间杂波是最无意义的价格波动，其波动时间一般少于三周。每日的价格波动肯定会对投资人产生误导作用。因此，除“线状窄幅”调整时期，日间杂波没有任何投资参考价值。记录日间股价波动的目的在于最终寻找有预测价值的可识别形态。

日间杂波定理，如图8-1所示。

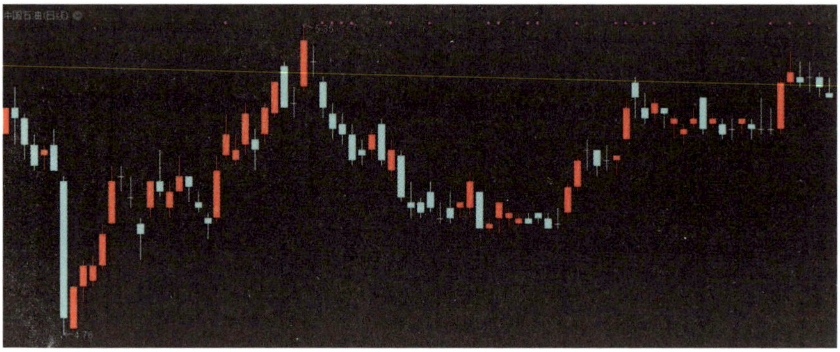

图8-1　道氏理论：日间杂波定理

投资人最主要的两大心理弱点是“贪”和“怕”。从心理学的功效上说，次级逆向波主要起到诱发投资人“怕”的心理弱点的功能，而日间杂波主要起到诱发投资人“贪”的心理弱点的功能。

正确、准确地区别主级正向波、次级逆向波及日间杂波对投资成功与否具有至关重要的意义。

“价格波动分级定理”的三项引论。

引论1：对主级正向波、次级逆向波及日间杂波的区别，无论使用何种技术方法，都不能达到百分之百的准确和正确。

引论2：对主级正向波、次级逆向波及日间杂波的区别方式不是唯一的。

道氏所提出的波段区分方式，并不是唯一的方式。

引论 3：主级正向波、次级逆向波及日间杂波之间可能存在依次循环转化的关系。比如，在长期上涨趋势中，出现了一个短期下跌的价格波动，这段下跌在当时只是日间杂波级别的波动，但是它完全可能演化成一个次级逆向波级别的波动，甚至可能进一步演化成反向主级正向波的第一波，这其实就是交易技法层面小级别转大级别的理论基础。上述循环转化关系的界定不是随意的，并且具有终止点。

道氏定理五：“熊市与牛市定理”

熊市是指价格长期下行运动，其间伴有重大的价格反弹。

熊市由三个主要阶段构成，第一个阶段：失望；第二个阶段：悲观；第三个阶段：绝望。

牛市是指价格长期上行运动，其间伴有次级逆向波。牛市的平均长度长于两年。

牛市也是由三个主要阶段构成的，第一个阶段：怀疑阶段；第二个阶段：乐观阶段；第三个阶段：狂热阶段。

值得指出的是，查尔斯·亨利·道提出的是与一般投资大众完全不同的思维方式。在一般投资大众看来，每日的价格波动是其关注的焦点，不仅如此，期刊、报纸、电视、广播、热线、网络等媒体上的股评，其注意力也集中于每日的价格波动。

几乎所有的大投资家，都非常注意避免“日间杂波”对自己产生的干扰。由于证券期货投资成功的概率直接取决于投资人抵抗“日间杂波”的影响，因此，投资人不但必须明确抵抗“日间杂波”干扰的重要性，而且必须寻找到切合自身情况的能有效抵抗“日间杂波”干扰的有效措施。

道氏定理六：“相互验证定理”

道·琼斯铁路指数（上证综指）与道·琼斯工业指数（深证成指）的运动必须同时考虑。在两指数运动不能相互验证之前，无法获得可靠推论。单独观察某一指数的运动，而不用另一指数加以验证，极其容易产生误导。

很多分析家都忽略了道氏定理六所包含的深刻内涵。道氏定理六的真正含义，并不在于简单地观察两组数据之间的相互关系，而是在于道氏提出了一个深刻的理论问题，即一个真正健康有发展潜力的股市，必须是相对中大盘股和相对中小盘股都表现出不断向好的态势。其中任何一个部分出现不向好的态势，都预示股票市场将出现严重的问题。

如何正确理解、应用“相互验证定理”？目前，中国证券市场的结构是：在地理上体现为上海、深圳、北京三个交易所，在行业上体现为众多的行业指数。我认为，一个真正健康的牛市，应该体现为全方位的健康，大家可以自己去体会一下这个内涵。

道氏定理七：“趋势判定定理”

当一日以上的价格运动造成方向净改变的幅度大于指数价格本身的 3%时，则称为“上升浪”或“下降浪”。当后续上升浪突破前一高点，且后续下降浪终止于前一低点之上时，则表示价格处于上升趋势中。反之，为下降趋势（在此没有高点与低点的规模限定，给具体应用带来了困难）。

“趋势判定定理”的两项引论。

引论 1：两要素化原则：道氏在“趋势判定定理”中，把趋势分解为两个基本要素，即上升浪与下降浪。通过对两要素的相互转化关系进行比较，达到对趋势本质的理解。例如，用趋势线定义趋势的方法。从表面上看，无论是高点或低点定义趋势，似乎趋势线定义法与道氏“趋势判定定理”是相同的。实质上，由于趋势线定义法只考虑了一个要素，而非两个要素，因此与道氏定义方法有本质上的区别。

引论 2：相互验证原则：道氏始终坚持相互验证原则。相互验证原则是指相互之间具有内在制约的事物之间的关系变化相互验证。例如，相邻的上升浪与下降浪之间的相对强弱关系，可以相互验证。很多投资者没有正确地理解相互验证原则，因此错误地使用验证原则，这是很常见的现象。

综上所述，道氏“趋势判定定理”中体现的“客观化原则”“两要素化原则”及“相互验证原则”是投资家研究开发具有适合个人特点的趋势定义方法（或者其他投资分析方法）时具有重要意义的指导原则。

道氏定理八：“线状窄幅调整定理”

线性窄幅调整是指在 2～3 周内振幅不大于 5%的范围内发生的价格波动现象。线状窄幅调整既可以表示“吸货过程”，也可以预示价格会进一步上升。

反之，若价格突破线状调整区下界则表示“出货过程”，并预示价格会进一步下跌。

值得注意的一点是，道氏在“线状窄幅调整定理”中，十分强调保持中立立场，即坚持窄幅调整本身不具有任何市场方向预示信息。以上著述对期货市场同样适用。线状窄幅调整定理，如图 8-2 所示。

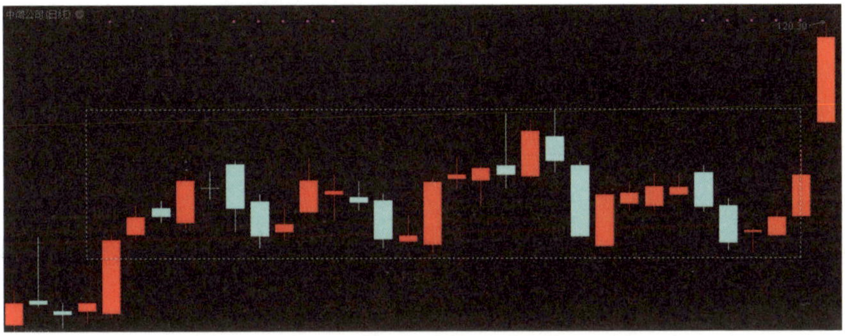

图 8-2　道氏理论：线状窄幅调整定理

道氏定理九：“成交量与价格运动关系定理”

当上升浪时成交萎缩而下降浪时成交活跃，则说明市场处于超买状态。反之，当下降浪时成交萎缩而上升浪时成交活跃，则说明市场处于超卖状态。牛市开始阶段成交一般相对清淡，而牛市结束阶段一般成交高度活跃。研究成交量与价格运动间的关系变化，有时能对市场内在的健康状况，提供非常有价值的信息。

道氏定理并非真理性产物，具体应用上还是以数据库显示的状态为准。在对成交数据进行信息处理时，必须注意以下两个原则。

第一，成交量信息的重要性永远低于价格信息。对成交量信息而言，无论研究者使用什么样的研究方法，它都属于次生信息，因此不具有第一重要性。

第二，要避免成交量信息分析中的精细化倾向。

道氏定理十：“图形分析定理”

“双顶”与“双底”形态在预测价格走势方面基本无参考价值。该图形错误率高于正确率。一般概念下的“双顶”与“双底”可能不具有交易上的参考价值，但特殊概念下的“双顶”与“双底”可能具有交易上的参考价值。具体情况以数据库为准。

道氏定理十一："个股定理"

所有大型上市公司的股票，如果它是活跃的并被投资人广泛持有的股票，则一般与股价指数同升同落。但是上述个股的波动与股价指数的波动虽然同步，但引发波动的原因却各不相同。没有被主力机构控盘的大型股票，其走势基本与大盘同步。

8.2 道氏理论的技术方法体系

道氏理论的技术方法体系，重点研究经典的价格形态发生之后，价格运行的倾向性。

（1）技术分析的三大公理性前提假设

公理是不用证明的，只能凭着人类智能进行本能性的理解。

①市场行为包容消化一切。金融市场会以价格变动的形式，迅速消化一切影响市场的信息。换句话说，我们所获得的绝大多数信息，都已经被市场消化过了，而我们还以此为基础去制定交易策略，大家想想是不是很荒诞。

②价格以趋势方式演变。打开价格图表，我们就会看到，价格以推动、调整交替出现的方式，构成一轮一轮的趋势。也就是说，价格以趋势方式演变。金融市场自始至今，一直如此。

③历史会重演。也就是说，金融市场价格波动的历史会重演。

（2）关于趋势线

趋势线是常用的行为规则设定依据。

①趋势线的定义。上升趋势线是沿着相继升高的回调低点连接而成的一条直线，又叫支撑线，位于相应的价格图表的下侧。下降趋势线是沿着相继降低的上冲高点连接而成的线，又叫压力线，位于价格上侧，如图 8-3 所示。

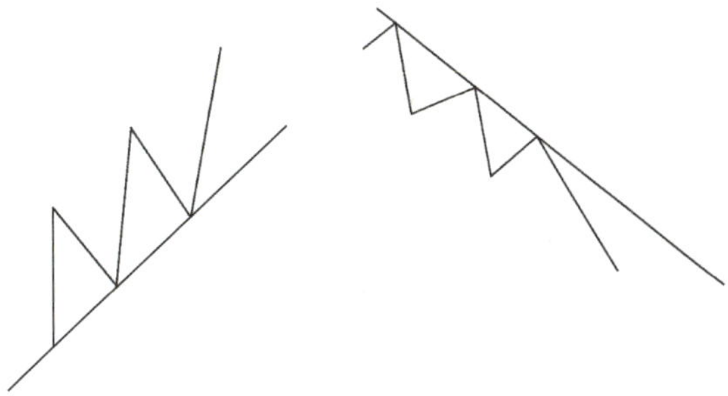

图 8-3 上升趋势线与下降趋势线

②什么才是重要的趋势线？趋势线未被触及的时间越长，所经过试探的次数越多，则越重要。

③什么才是有效的趋势线突破？收盘价原则；百分比过滤器：3%原则；时间过滤器：三天原则。

④趋势线的有效期。设趋势线第一形成点和最后形成点之间的时间差为 X，以趋势线最后形成点往后计时，在小于 X 的时间内有效，且以 0.5X ~ 0.75X 为突破效果最强的时段，如图 8-4 所示。

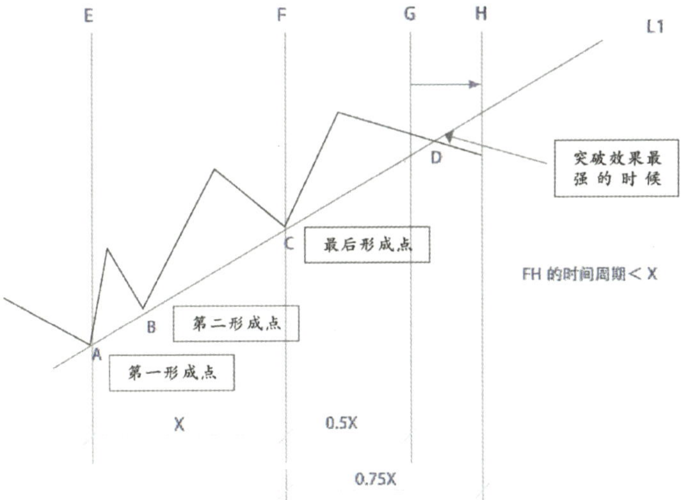

图 8-4 趋势线的有效期

重要的趋势线突破跟进，是很有效的交易策略。关键在于所选择的趋势线的重要性，如图 8-5 所示。

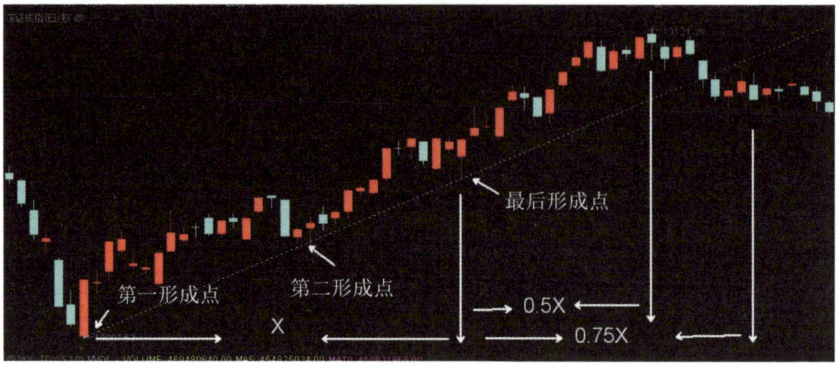

图 8-5　重要趋势线突破

（3）推动形态与调整形态

推动形态是指价格单方向、连续、快速运行所呈现的图表形态，调整形态是指价格以某种特征、慢速、往复运行所呈现的图表形态。

推动形态与调整形态交替出现，构成一轮一轮的趋势，这即是价格波动的一般规律。从实际交易的角度来说，总是在调整形态结束，新一轮推动形态展开的初期，顺势交易最为有利。

（4）持续形态与反转形态

持续形态发生在趋势的中间部位，趋势方向不改变；反转形态发生在趋势的头部或尾部，趋势方向改变。

常见持续形态包括三角形、旗形、楔形、矩形、持续型头肩形等；常见反转形态包括头肩形、双顶和双底、三重顶和三重底、圆底与圆顶、V 形反转等。

第四部分　实战篇

Part 4　Practical combat

股票实战需要正确的方法，股市成功者必须拥有三大要素，包括有效的股票选择程序、严格的风险控制方案、铁定的实战操作纪律。每个超级交易者都有自己擅长的地方，而且从来不贸然到别的领域去。

第 9 章

量价关系与买卖点选择

行为金融与量化策略相结合精准盈利

成交量是投资者最为关心的指数之一，因为它能真实反映市场交易情况。投资者通过分析量价关系，捕捉到更多重要的信息。特别是当成交量出现异常时，股价的波动也会受到影响，甚至会改变当前运行的方向。如果这些信号能够把握好，就可以在操作中成功抄底和逃顶。

9.1 成交量的定性与含义

价量研究理论是研究各种价格形态与交易量之间的相对关系，这就是成交量的定性。成交量属于次生信息，价格信息是第一重要的。

成交量红绿柱的含义如下（成交量的颜色取决于买卖双方的力度）：

价涨——红柱。

价跌——绿柱。

虚框——软件根据量比预计本交易日还会发生的交易量，如图 9-1 所示。

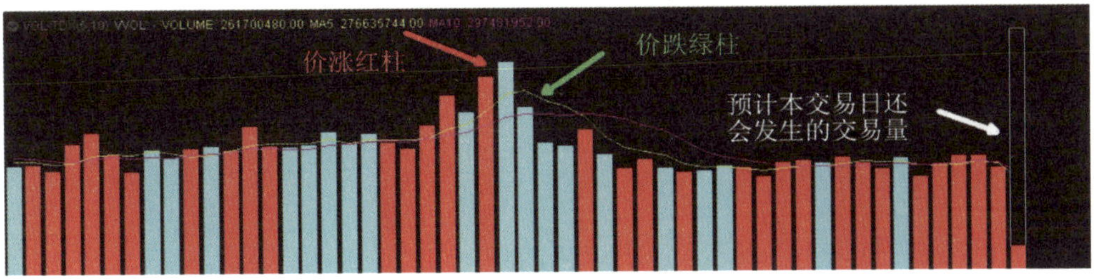

图 9-1　成交量红绿柱

成交量的功能体系：使股价涨跌——是股价上升的原动力，决定股价上涨下跌的速度。

9.2　价量本质属性

价量本质属性，如图 9-2 所示。

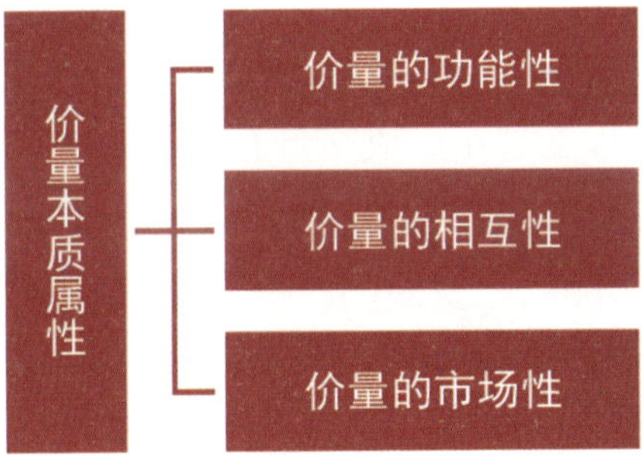

图 9-2　价量本质属性

（1）价量的功能性

通过成交量与成交价的相互关系的变化进行相关性分析研究，从而揭示市场行为的内在本质，从而预测市场的未来趋势。

（2）价量的相互性

价量的相互性主要表现在因果性和对应性两个方面。

价量因果性是指成交量决定成交价，价量的运动形成了市场趋势运动的因果循环。一般而言，成交量和成交价在同一趋势方向成正比关系，价量同步是趋势运动的内在本质之一。而在破坏价量关系因果性的同时，也为技术分析提供了一个研究的视角。

价量对应性是指成交价对应着成交量的变化。有什么样的成交价就有什么样的成交量。成交价与成交量的对应性，与成交量对成交价的决定性都具有同步与背离两种状态，都是技术分析关注的研究视角。

必须指出，价量的因果性与对应性具有相同的表现形式，但存在着本质性的区别，这主要是指量对价是因果关系，价对量是非因果关系，仅为对应关系。

（3）价量的市场性

价量的市场性表现在价量关系上，充分反映了多空双方对市场的认可程度和交易心理状态。一般而言，交易双方对股价趋势的认同程度通过其反向交易来确认。

交易双方反向认可程度越大，成交量越大，成交呈现增量状态，意味着多空分歧力度增大，趋势波动增大，趋势行情延续的可能性增大，这就叫实在分歧。

交易双方反向认可程度越小，成交量越小，成交呈现减量状态，意味着多空分歧力度减小，趋势波动减小，多空能量也趋于平衡，市场转势随时可能发生卖在一致，如表 9-1 所示。

表 9-1　价量的市场性

放　量	定　义	判　断
横向放量	目前成交量与相邻历史成交量相比的增大过程和状态	均量线：短期>长期实时盘中量比>1
纵向放量	该股换手率的增大状态	换手率
单日放量	当天成交量放量的状态	横向&纵向
区域放量	成交密集区的放量状态	区间时段放量状态与历史成交量状态相比

9.3　成交量的同步与背离关系

（1）价量同步

价量同步成交量的增减与股价成正比关系。

按趋势方向：上涨同步，价涨量增；下跌同步，价跌量减。如图 9-3 所示。

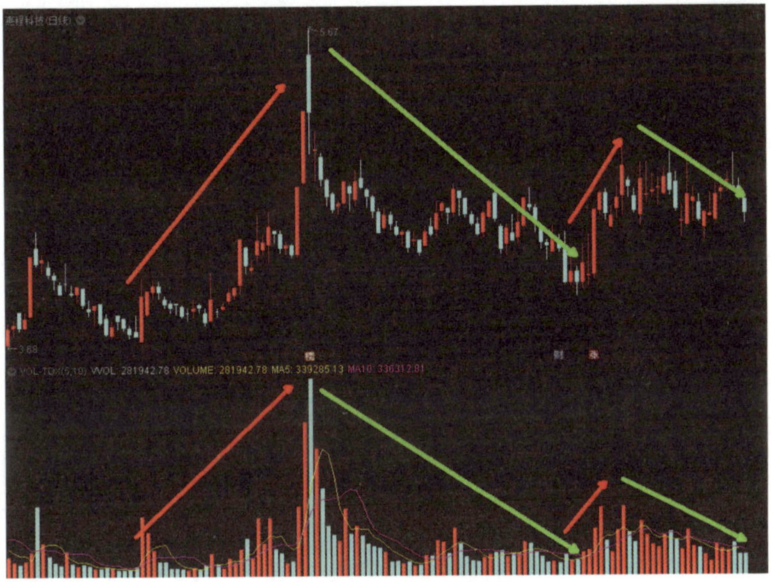

图 9-3　价量同步

（2）价量背离

成交量增减与股价涨跌成反比或不相匹配。

按趋势方向：上涨背离，下跌背离。

按价量关系：正背离，价涨量缩；负背离，价跌量增。如图 9-4 所示。

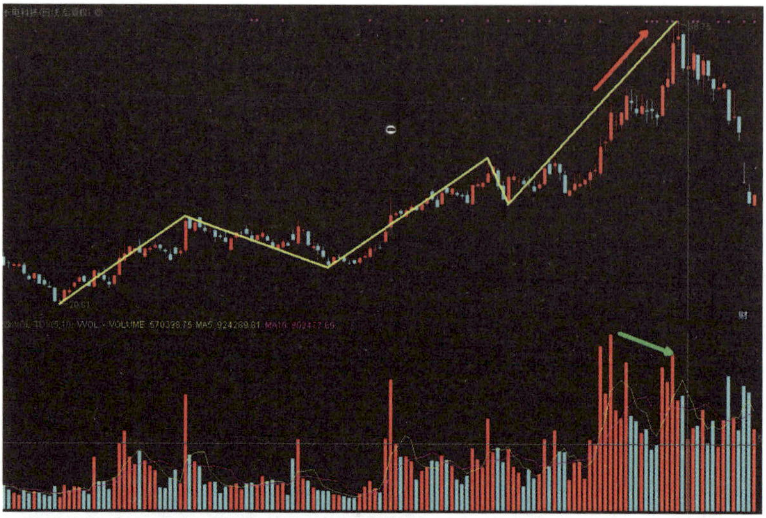

正背离

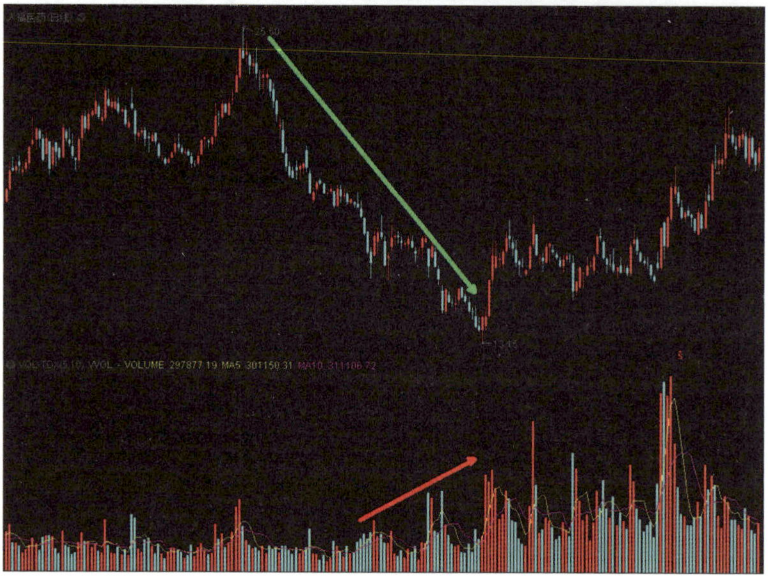

负背离

图 9-4　价量背离

9.4 价量关系的应用

价量关系的应用一：

①价量关系的健康形态——推动放量，调整缩量。

②下跌可以阴跌无量。

③上涨一定要伴随着放量。

④阳地量可以作为技术参照：当价格跌幅超过一定百分比（如 70%），且经过充分调整过后（有一个筑底形态），比如当某一天，放量超过了 10 日均量线的 50%，而价格却涨了一倍之上，就可以构成买入条件。

⑤当价格以很小的成交量上涨，那么说明卖压低，流通盘小，当下投机价值大。

价量关系的应用二：

①当上升浪时成交萎缩而下降浪时成交活跃，则说明市场处于超买状态。

②当下降浪时成交萎缩而上升浪时成交活跃，则说明市场处于超卖状态。

③牛市开始阶段成交一般相对清淡，而牛市结束阶段一般成交高度活跃。

④研究成交量与价格运动间的关系变化，有时能对市场内在的健康状况，提供非常有价值的信息。

价量关系的应用三：

①当投资者对股票后市走势看法不一致时，成交量就会大幅增加，对后市看跌的投资者会卖出自己手中持有的股票，对后市看好的投资者则会买进股票。买方与卖方彼此都觉得有利可图，成交量自然就大。在高位，主力机构通常是空方，散户通常是多方；在低位，主力机构通常是多方，散户通常是空方。

②股价在一路上涨过程中，开始时价量相互配合，后来当股价突破前一高峰的顶价后继续上升时，成交量不如前一高峰时的成交量，量价开始发生背离，股价有可能反转回落。

③当股价上涨而成交量也随着上涨时，股价将继续上涨，当股价下跌而成交量也相应减少时，股价将继续下跌。

④当股价跌破移动平均线或趋势线时，出现大成交量，则显示股价即将反转。

⑤在股市上升的行情中，开始时，股价的变动与成交量的变动同步，缓慢上升，到后来成交量急速扩大，而后股价在高档整理，无力再突破，这是涨势即将结束的信号。

⑥在股市下跌的行情中，股价从低位开始反弹，又跌回低位时，若此时的成交量少于前一次低档时的成交量，表明股价已跌入谷底，即将开始回升。投资者可考虑买进。

⑦经过一段长时期的下跌行情后，股价出现了跌不下去而盘整的现象，此时，如果成交量在不断增加，表明底部承接买盘踊跃，买气积极，是股市上涨的前兆。

9.5 做股票的准则

做股票的三大准则如下：

①看图说话——钱说话。

②低位利空勇敢杀入，高位利多果断退出。

③好股票定理——超跌的新宠（低价优质、有量能）。

9.6 涨停一式

涨停一式（启动点的捕捉技法）捕捉涨停板技巧：

①底部长期放量，最近 10 周内，周 K 量大于百周均量线 8 周以上。

②突破重要压力线：水平压力线和向下趋势线（图 9-5 和图 9-6）。

③突破伴随着成交量的放大。

图 9-5　突破向下压力线

图 9-6　突破水平压力线

第 10 章

趋势和趋势线技术分析

顺着趋势做交易，不要逆势而为

趋势线是趋势分析的重要方法。投资者使用趋势线，可以简单清晰地把握股票价格的走势，从而做到因势利导、顺势而为（即顺着趋势做交易，不要逆势而为）。只有顺从股价沿最小阻力运行的趋势方向展开操作，才能与股价波动趋势“天人合一”。

10.1 趋势的含义

趋势的概念是技术分析的核心内容，是市场何去何从的方向。在通常情况下，市场不会朝某一个方向直来直去，而是表现为震荡前行，就像一系列前赴后继的波浪，具有明显的峰和谷。趋势就是这些波峰和波谷依次上升或下降的方向。

10.2 趋势的分类

趋势按照结构分为以下三类：

①上升趋势：为一系列依次上升的峰和谷，低点不断抬升，高点不断创新高。

②下降趋势：为一系列依次下降的峰和谷，高点不断下降，低点不断创新低。

③横向趋势：价格在区间内震荡右行，不一定是平行区间（扩散三角形和收缩三角形）。

三种类型的趋势线，如图 10-1 所示。

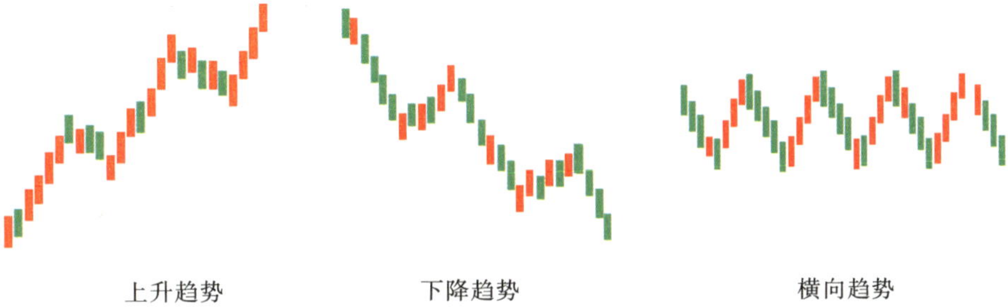

图 10-1　三种类型的趋势线

如何才能真正地做到追随趋势呢？首先，能够正确区分趋势与盘整。其次，正确使用趋势线。再次，坚决执行自己的交易计划。最后，要了解造成交易失败的重要因素——了解人性的弱点。

10.3　趋势线的画法与修正

趋势线的画法就是将波动运行价格的低点和低点连接，或者高点和高点连接的直线。上升趋势线就是连接逐浪上升的两个或多个依次上移的有效低点所画的直线，下降趋势线就是连接逐浪下降的两个或多个依次下移的有效高点所画的直线。

（1）趋势的有效性

根据道氏理论，第三个点确认趋势的有效性，如图 10-2 所示。

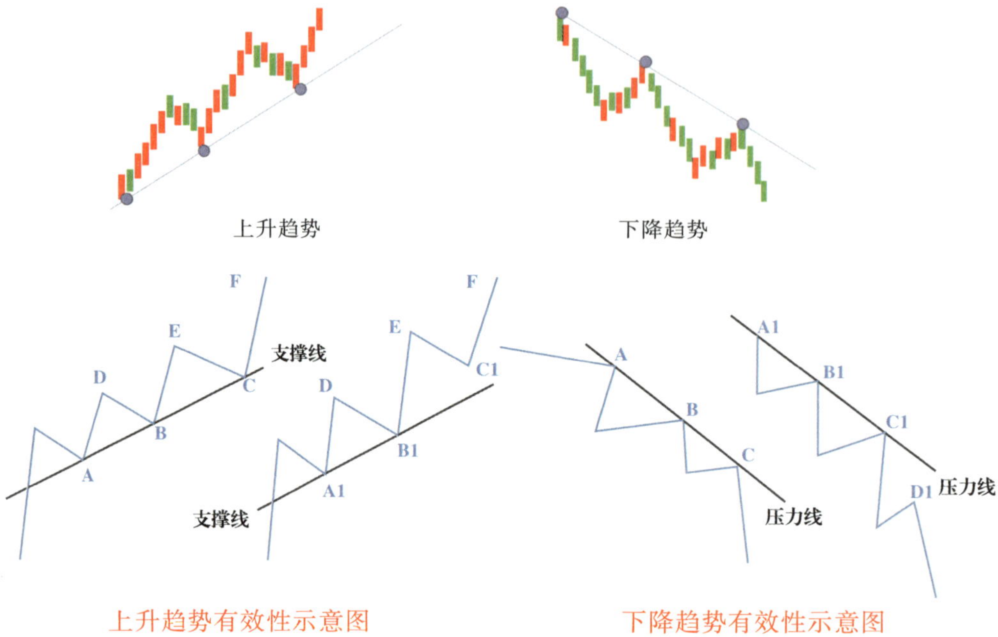

图 10-2　趋势的有效性

（2）趋势线的修正

在上升趋势中，原上升趋势线下破后，不是反转向下，而是继续上升且创出新高，如图 10-3 所示。

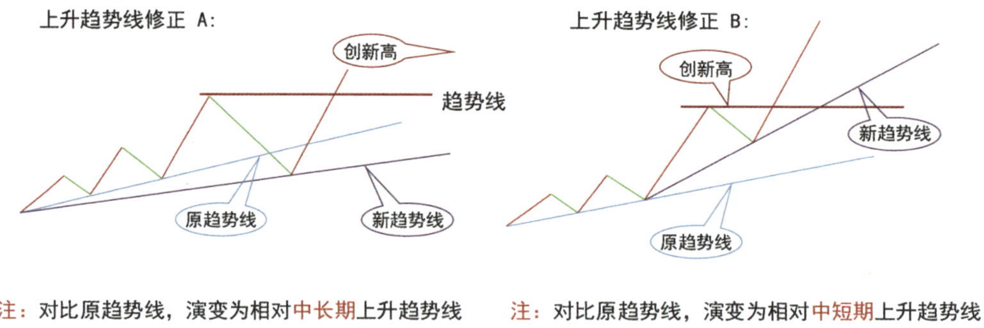

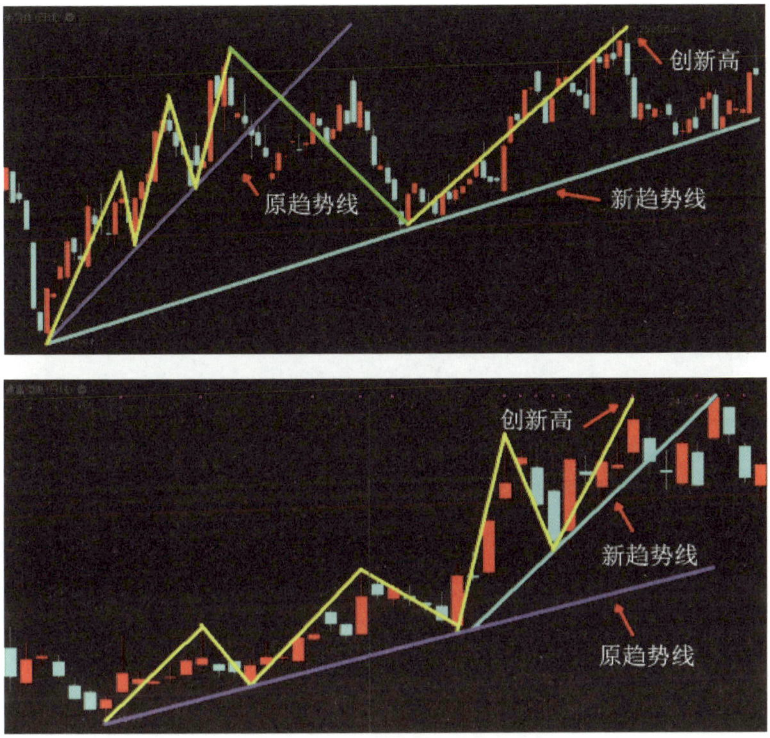

图 10-3　上升趋势线修正

在下降趋势中，原下降趋势线上破后，不是反转向上，而是继续下跌且创出新低，如图 10-4 所示。

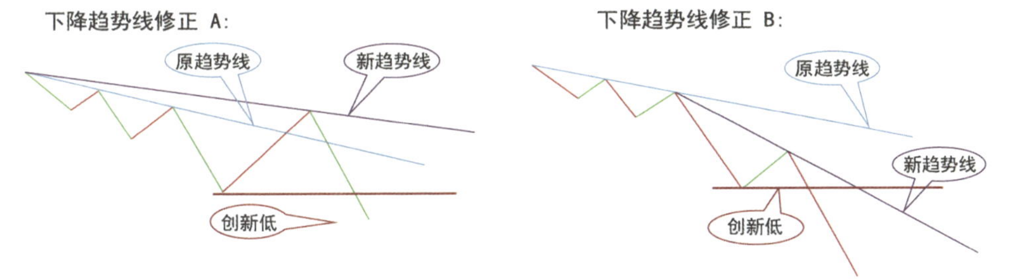

注：对比原趋势线，演变为相对中长期下降趋势线　　注：对比原趋势线，演变为相对中短期下降趋势线

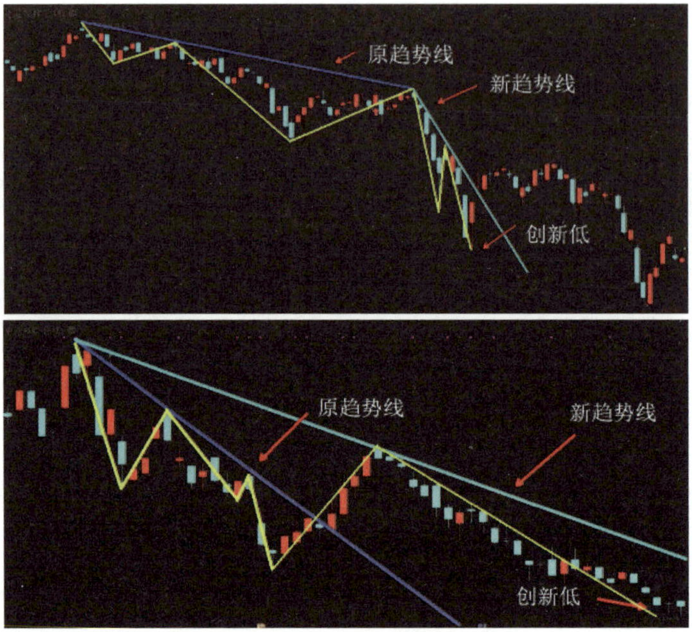

图 10-4　下降趋势线修正

趋势线的修正，加速时基准点右移，减速时基准点左移。

老胡心经：

在上涨趋势中，如果价格穿越了趋势线，但是收盘价最后回归到原趋势线以上，则穿越的部分可以忽略；在下跌趋势中，如果价格穿越了趋势线，但是收盘价最后回归到原趋势线以下，则穿越的部分可以忽略。

前提：突破的动作规模小，周期短。上涨趋势与下跌趋势，如图 10-5 所示。

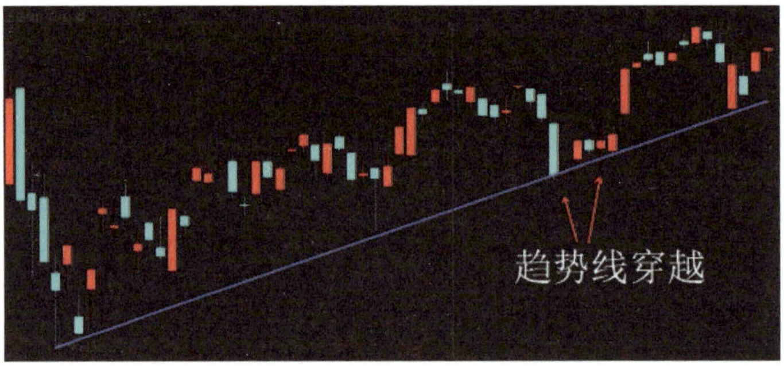

图 10-5　上涨趋势与下跌趋势

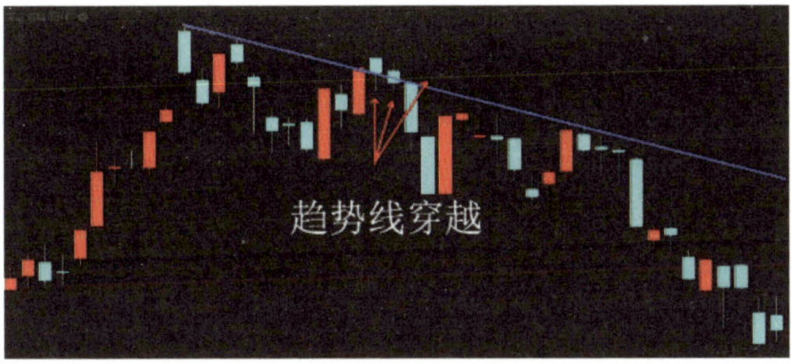

图 10-5　上涨趋势与下跌趋势（续）

10.4　趋势线的角度关系

趋势线的穿越使用方法，以趋势线的效能判定为原则。投资者需要谨记，趋势的正确判断是投资成功的关键，顺着趋势做投资，不要逆势而为——顺势者昌，逆势者亡。

趋势线的效能判断如下：触及点越多越有效，包含的时间越长越有效，如图 10-6 所示。

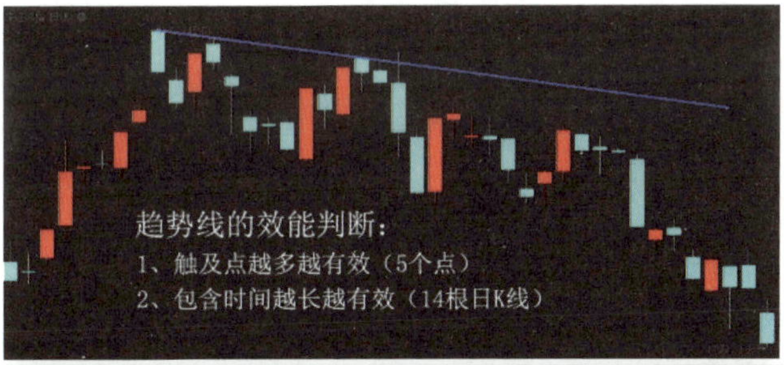

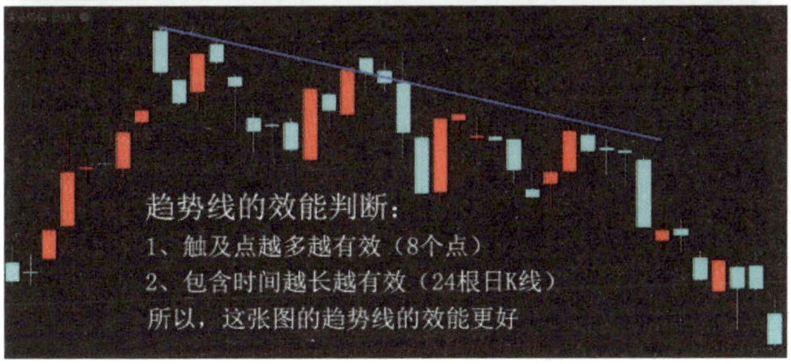

图 10-6　趋势线的效能判断

趋势线的角度关系如下：

①趋势初期：20°～40°。

②趋势中期：40°～60°。

③趋势末期：60°～80°。

趋势的角度在45°的时候意义最大，趋势最稳定；趋势过于平缓，趋势衰弱不太可靠；趋势过于陡峭，速度过快，难以持久。如图10-7所示。

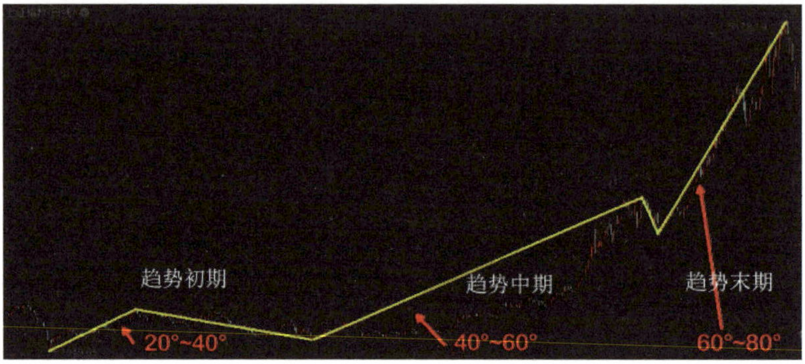

图10-7　趋势线的角度

10.5　趋势线通道的画法

上升通道线的画法如下：

①画一条有效的上升趋势线——L1。

②将趋势线L1水平移动到B点，形成趋势线L2，L1平行于L2（B点为趋势线起始点左边的第一个波峰），如图10-8所示。

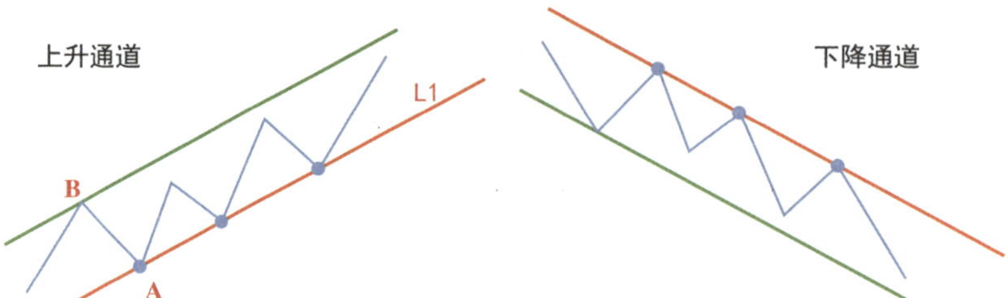

图10-8　上升通道线的画法

通道线具有支撑或阻力的作用，是买卖交易的参考依据。

通道线与趋势线的区别如下：趋势线说明趋势的方向，通道线说明价格区域的目标；趋势线起决定作用，通道线的平行线起辅助作用，如图 10-9 所示。

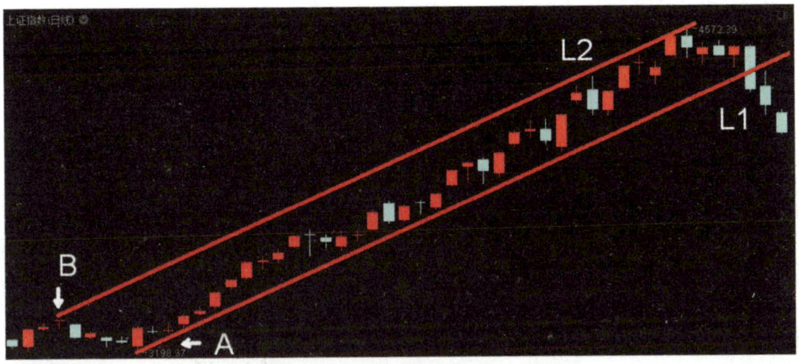

图 10-9　通道线的平行线

10.6　趋势线的反转 123 法则

趋势线的反转 123 法则如下：价格向下跌破重要趋势线，后市延续行情未创新高，价格向下跌破前低。

上升趋势反转 123 法则，如图 10-10 所示。

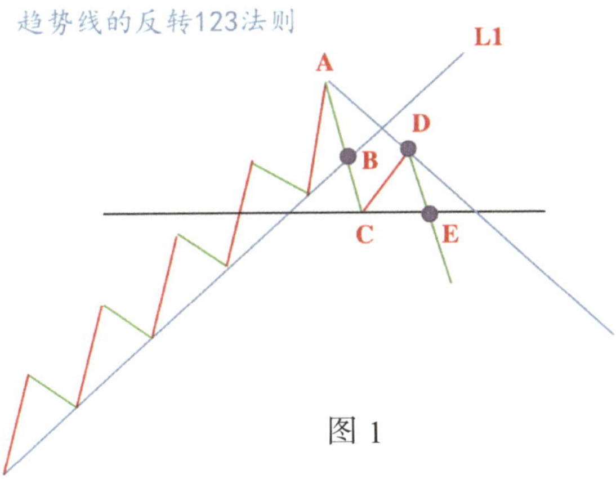

图 10-10　上升趋势反转 123 法则

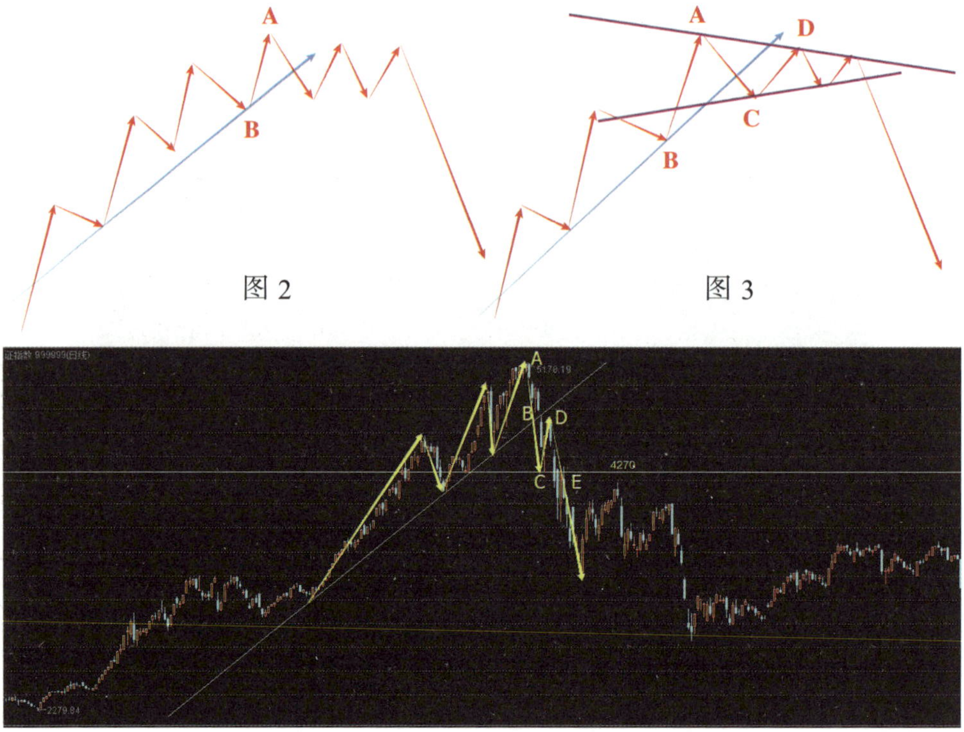

图 10-10　上升趋势反转 123 法则（续）

下降趋势 123 法则，如图 10-11 所示。

价格向上突破重要趋势线，后市延续行情未创新低，价格向上突破前高。

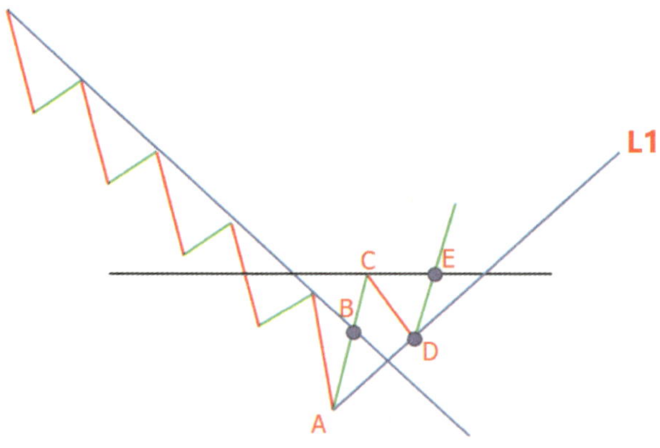

图 10-11　下降趋势线反转 123 法则示意图

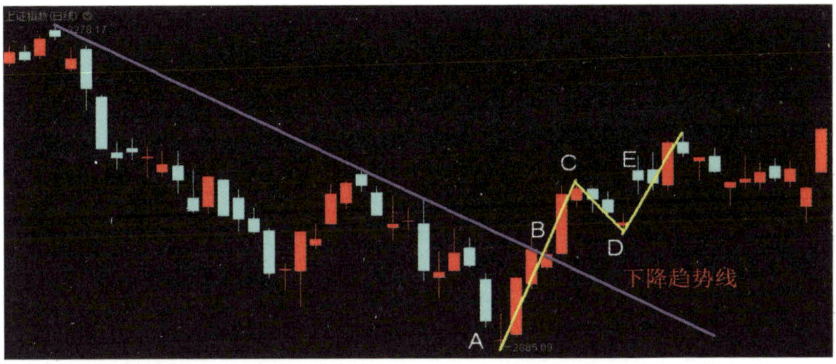

图 10-11　下降趋势反转 123 法则大盘示意图（续）

10.7　趋势线有效性突破原则

趋势线的效能判断：触及点越多，越有效；包含的时间越长越有效。

突破趋势线有效性判断——突破原则：①趋势线有效突破之收盘价突破原则，②跌破趋势线 3%，③三日原则。

以上①②满足，或者①③满足时，确认行情反转；①②③同时满足时，加强行情反转。

趋势线的有效期定义：设趋势线第一形成点和最后形成点之间的时间差为 X，以趋势线最后形成点往后计时，在小于 X 的时间内有效，且以 0.5X ~ 0.75X 为突破效果最强的时段。

重要的趋势线突破跟进，是很有效的交易策略。关键在于所选择的趋势线的重要性，如图 10-12 所示。

X=AC=EF

A 点：推动的起始点。

C 点：价格向下跌破趋势线 L1 之后的前一个波谷的底。

EG：假设 Tac=20 天，当价格还没有跌破趋势线 L1 的时候，我们可以预测未来，价格在什么时间段会向下跌破上升趋势线 L1。

未来预期的时间设定为 Y，Y=第 30 ~ 35 天。如果价格没有跌破，说明价格沿原趋势线继续运行。

有效期：FH＜AC。

趋势线突破的最强时段：GH。

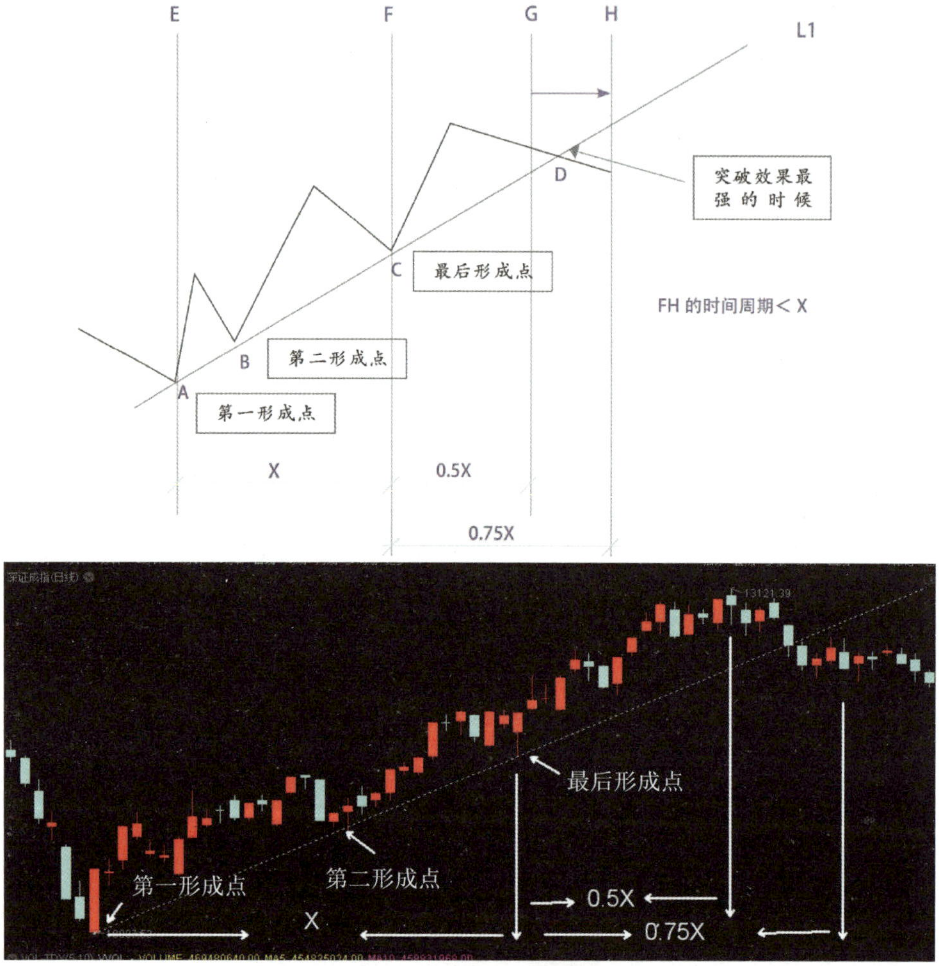

图 10-12　趋势线的有效期

10.8　扇形原理

扇形线的用法如下：

①由同一原点，画出三条趋势线。

②这三条线要包含所有的价格走势。

③上破或下破第三条趋势线确认行情反转。

扇形原理是依据三次突破趋势将反转的原则来判断股价变动趋势的理论。底部的扇形原理。

市场突破第三条趋势线发出了趋势向上反转的信号。先前被突破的趋势线（线 1 和线 2）常常会变成支撑位。如图 10-13 所示。

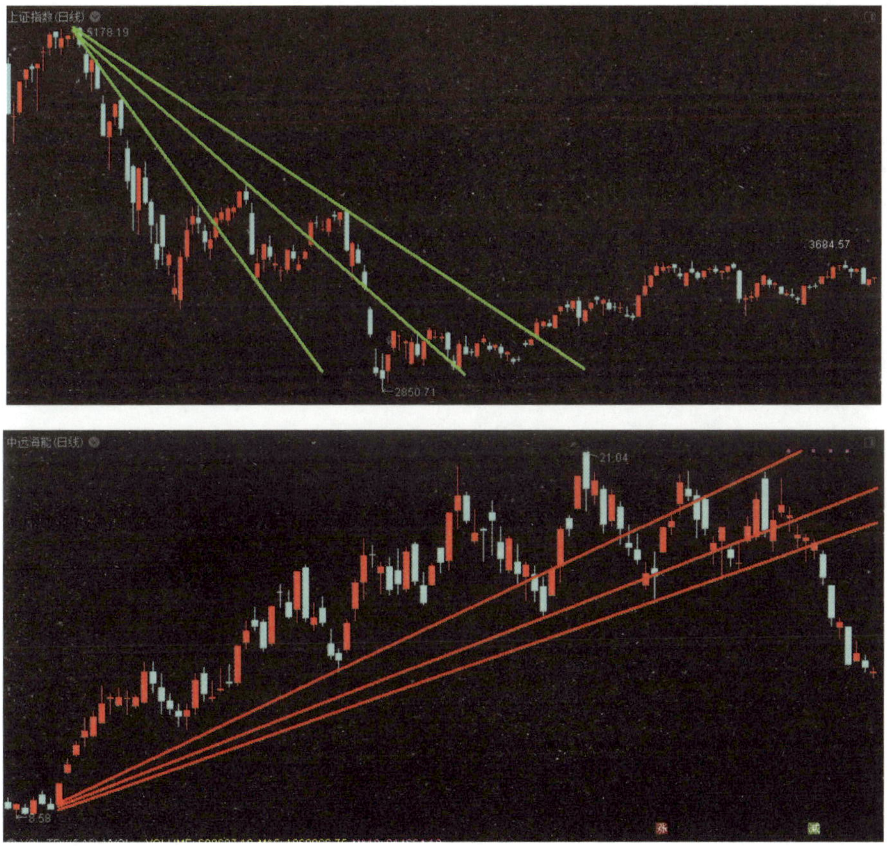

图 10-13　扇形线的用法

第 11 章

黄金分割线的使用方法

用已经发生的浪形高度为基准黄金分割区

一条线段的某一部分与另一部分之比，等于另一部分同整个线段的比即0.618，这样的黄金比例会给人一种美感。

在股市中，黄金分割线将一波趋势分割成 5 个部分：23.6%、38.2%、50%、61.8%、80.9%，在一波已经走完的趋势中，我们顺势在顶和底之间划出黄金分割线，可得到不同比例的回撤位置划线。用已经发生的浪形高度为基准黄金分割区，预测后势转势或延续原趋势的目标位。

点位：0%>23.6%>38.2%>50%>61.8%>80.9%>100%>138.2%……

各点位的作用及名称：

①23.6%：弱反弹线；

②38.2%：下回头线；

③50%：二分之一线；

④61.8%：上回头线；

⑤80.9%：强势回头线。

11.1　黄金分割线的实战技法

黄金分割线的实战技法如下。

（1）黄金分割线是工具

黄金分割线是工具，是众多技术工具中的一种；技术工具仅仅是工具。

（2）斐波那契数列

斐波那契数列：0、1、1、2、3、5、8、13、21、34、55、89、144、233、377……

abcd 为数列中任意连续的四个数字，则：

①a/b=b/c=c/d=0.618；

②a/c=b/d=0.382；

③d/c=c/b=b/a=1.382；

④d/b=c/a=1.618。

（3）黄金分割线——波浪理论的辅助工具

①M2/M1—0.618；

②M3/M1—1.618；

③M4/M3—0.382；

④M5/M1=1，M5/M（1-3）=0.618。

黄金分割比：0.618（61.8%）。

（4）最基本的三种黄金分割线使用方法

最基本的三种黄金分割线使用方法：总高测量法、调整区间测量法、同向测量法。

11.2　总高测量法

总高测量法，以前轮推动的最高点和低点为测量标准，如图 11-1 所示。

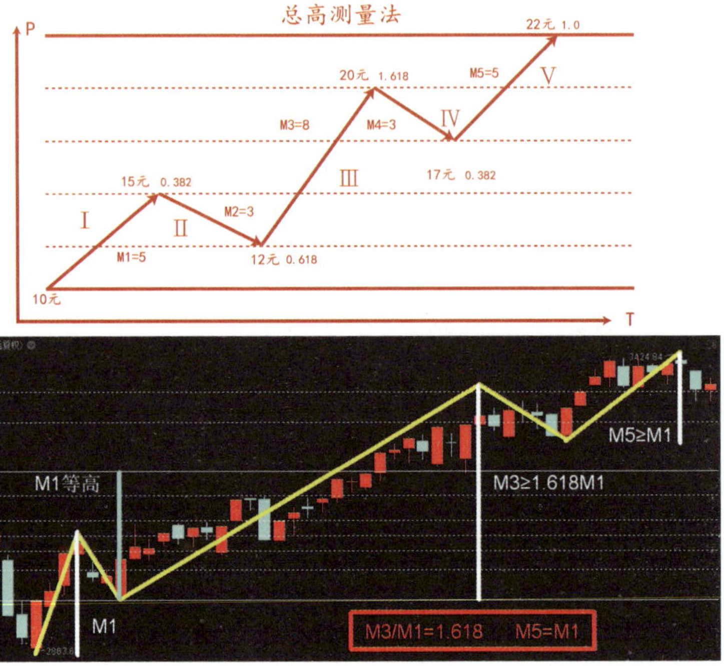

图 11-1 总高测量法

11.3 调整区间测量法

调整区间测量法，以调区间的最高点和最低点为测量标准，从最高点下拉到最低点，如图 11-2 所示。

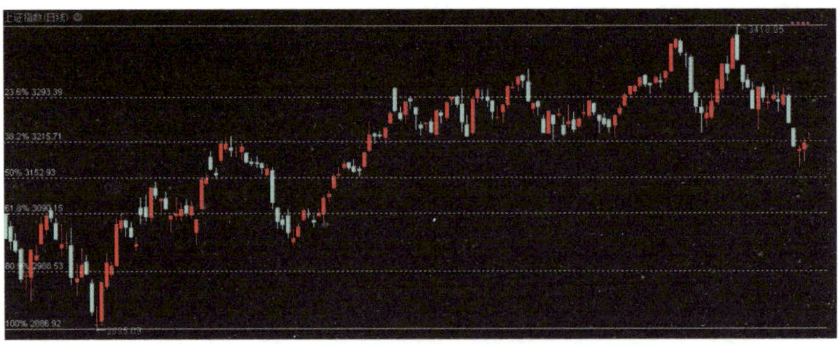

图 11-2 调整区间测量法

11.4　同向测量法

同向测量法，以前一轮同向的推动浪的最高点和最低点为测量标准，如图 11-3 所示。

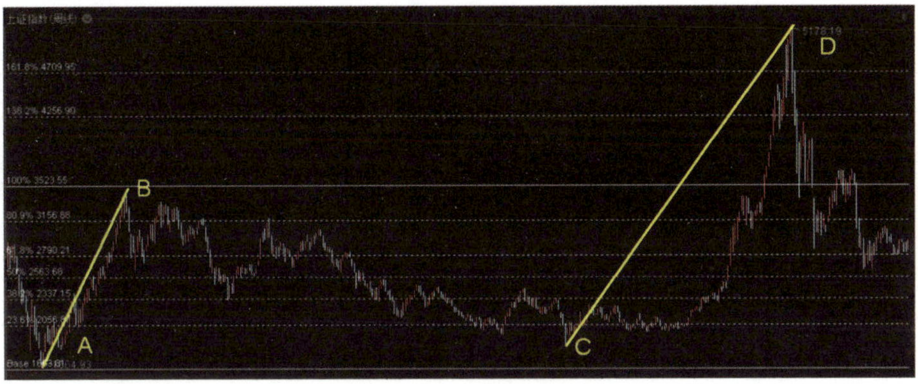

图 11-3　同向测量法

因为大部分看盘软件的黄金分割线的最大值为 261.8%（斐波拉契回调线例外），所以当价格涨过或者跌破 261.8 的时候，我们有三种方式进行测量。

第一种方法：以测量的标准高度为基准，向上叠加百分比线。

第二种方法：以同向法进行测量。

第三种方法：以大一级别的运动为标准高度进行测量。

黄金分割线的使用方法，如图 11-4 所示。

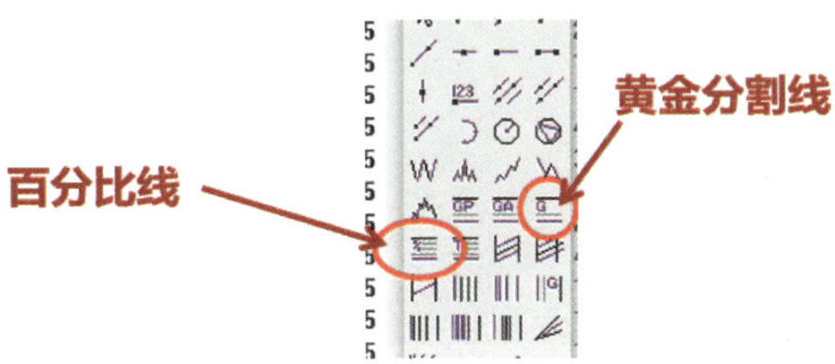

图 11-4　黄金分割线的使用方法

第 12 章

跳空

价格跳空

跳空是指受强烈利多、利空消息刺激，股价开始大幅度跳动。跳空通常在股价大变动的开始或结束前出现，向上跳空表明涨势强劲，向下跳空表明跌势惊人。跳空是明确趋势开始的重要标志，跳空缺口越大，表明趋势越明朗。

12.1 跳空的四种类型

跳空就是股价在 K 线上的一种表现，由于出现了较大波动，产生中断的形状，跳空高开和跳空低开在 K 线上的表现，如图 12-1 所示。

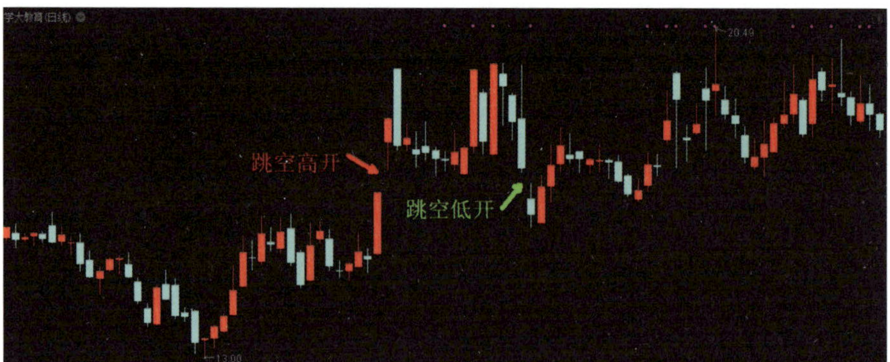

图 12-1　跳空高开和跳空低开在 K 线上的表现

跳空高开是指开盘价格>前一天最高价格，因为价格变动较大，在 K 线上形成了不连续的缺口；跳空低开是指开盘价格<前一天最低价格。

跳空有以下四种类型，如图 12-2 所示。

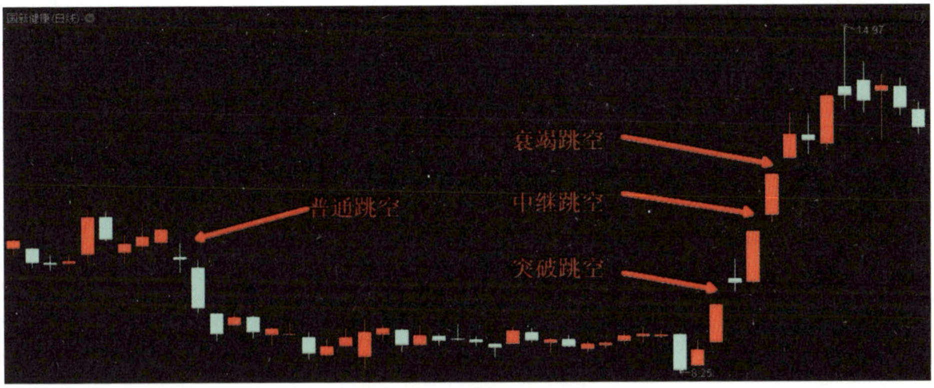

图 12-2　跳空形态图

12.2　普通跳空——盘整期

普通跳空在四种类型中预测性价值最低，通常发生在交易量极小或者横盘的市场情况下，或者是发生在横向延伸的价格区间内。

因为盘整代表大家都持一个观望的态度，此时市场比较冷清，所以操纵者只要以较小的资金便能刺激市场形成缺口，而且缺口被回补的速度也是极快的。

12.3　突破跳空——初期

突破跳空通常发生在重要的价格运动位置上，即重要的支撑阻力位、形态的颈线位等。它通常在高额交易量中形成。也就是说，价格跳跃突破了重要的支撑阻力位以后，量能会放大量。缺口通常不回补，而且交易量越大被回补的可能性越小；如果缺口被回补，说明原先的突破不成立，缺口在反弹中形成阻挡区。

12.4 中继跳空——中期

中继跳空通常发生在整个运动的中间阶段，伴随中等交易量（在上升趋势中，说明市场趋势稳定）。缺口通常不回补，此缺口在上涨趋势中起到强支撑作用，趋势回到此缺口以下则不利。

12.5 衰竭跳空——末期

衰竭跳空是“强弩之末”，通常发生在市场的尾部，在上涨趋势中，价格上跳后缺口快速被关闭。量能通常都是缩量出场，缺口被关闭以后衰竭缺口就形成了。

第 13 章

涨股专家

好股票原理 100 分

做股票是有“套路”的，针对不同“长相”的股票就用不同的套路。在复杂多变的股票市场中，有经验的投资者，看到这种形态就跑，看到那种形态就赶紧入。以股票形态作为买卖点的依据，虽然不是 100% 准确，但是一个大概率的事情，而我们在股市中炒的就是一个概率。那好股票的形态，有哪些特点呢？

13.1 量能充沛：60 分

市场情绪较前期明显回升，连续多日成交创新高。充沛的量能足够支撑市场在当前位置反复震荡，如图 13-1 所示。

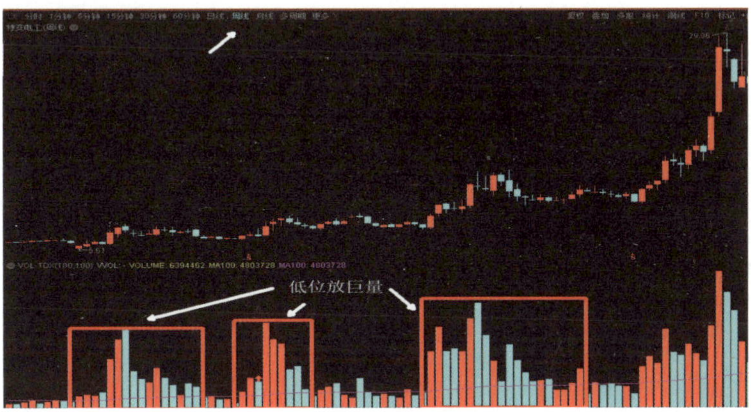

图 13-1 量能充沛

量能充沛是好股票最重要的考量因素，占 60 分。

13.2 结构简单、紧凑：30 分

股票结构是指在上一轮行情结束后，个股经过大幅下跌后的价格高低状况、板块轮动状况、筹码分布状况等多类别、多层次市场架构。

虽然每只股票都有根本结构，但并非都能展示出来，只有动力强的个股才能充分展示出它的根本结构。因此，市场的主流股往往是根本结构展示的最完美的个股。所以，往往结构简单的个股，显示为好股票。

另外，结构越紧凑越好。最好的结构是：①同期指数有中期调整（从阶段最高点开始回调，到回调的最低点，最大调整幅度≤30%，否则就不是高度完整的中期调整了）；②个股是横盘不跌（周 K 线窄幅整理的时间越长越理想，中长线操作一定要看月 K 线和周 K 线）；③此时的 RPS 必然会得到提升。结构越紧凑越好，指数大跌，个股不跌，如果是基本面有支撑的个股就很值得关注了，一旦启动，及时上车。

结构简单、紧凑在好股票原理中占 30 分。

形态紧凑有一个要点：指数阶段新低，个股必须不能跟随新低，如图 13-2 所示。

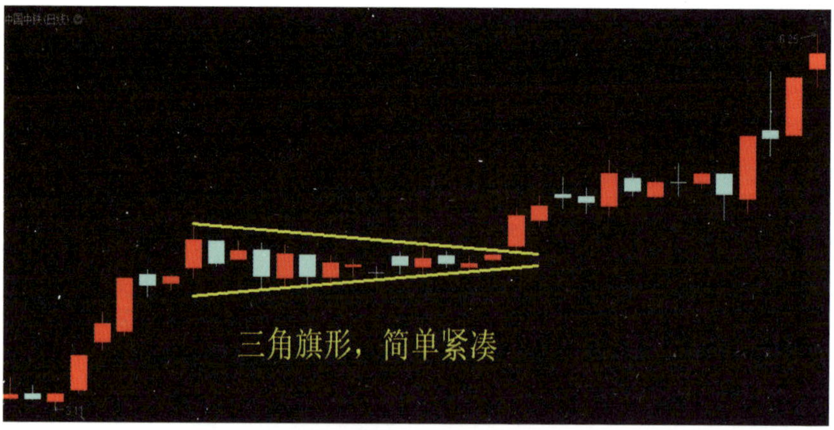

图 13-2 结构简单、紧凑

13.3 基本面好：10 分

股票的基本面，包括股票所处的行业背景发展、股票所处国家的宏观经济和上市公司的基本情况，这在好股票原理中占 10 分。

第14章

主力操盘手

稳定收益比暴利更重要

作为主力操盘手，对项目的策划和大方向的把握至关重要。每一个项目策划成立前后，要不断反复推敲与论证，包括风险预测及应对措施等、项目可行性研究报告的论证、资金来源、合理科学安排资金等。

而机构主力操盘手需要进一步对大势和政策面进行详尽研究、细致策划，确立整体构思框架。在具体的项目运作过程中，根据人气状况、局部环境状态灵活运作，起到锦上添花、妙笔点睛的独特作用。

14.1 职业操盘手

职业操盘手就是为别人资产操作的人。职业操盘手主要为大户（投资机构）服务，根据市场人气状况来选择对应手段。比如在股价高涨时，充分调动投资人的贪婪心理，打开他们的想象空间；在股价低落时，充分利用投资人的恐惧心理，让他们感觉到股价还有充分的下跌空间，迫使他们交出廉价的筹码。

14.1.1 项目的调研

（1）上市公司调研

选定项目之后，需要对该上市公司进行详细的调研。

①调研公司所处行业、主导产品、在行业中的地位，市场份额及分布区域，主营业务范围和经营状况，兼营业务和经营状态。

②调研公司主导产品的上下游产品的市场状态及容量，公司主导产品的前景及未来市场的容量与市场缺口，包括潜在的竞争对手。

③调研公司主导产品在同行业内档次的定位，科技含量、技术水平、科研开发能力，市场营销体系的开发、建设及布局，客户应用群体的稳定性。

以上三条，可以为公司持续稳定的发展和在激烈的市场竞争中提供坚强有力的保障。

④调研募集资金的投向、分配及应用。

⑤调研公司的财务管理水平、成本控制能力。

⑥调研公司高管和企业员工整体素质和水平。

⑦调研企业亏损的直接原因、负债和历史包袱、相关重组的难度。

（2）二级市场调研

对股价的历史走势进行调研。观察其历史走势中的高点和低点，以及股价目前运行在历史走势中所处的区域，选择处于历史底部的区域个股。进一步研究个股走势中上下档套牢筹码的分布位置，从而对应这些筹码分布的区域做出相应的运作策划——震荡、横盘、打压等。

14.1.2 各种试盘方法的优点和缺点

作为主力，在准备大幅拉抬股价之前，应了解和掌握多空力量的悬殊及市场对该股股价的认同程度和其他投资者的持筹意愿。主力操盘手选择在合适的时机，用小部分资金拉抬和打压股价，以探明市场对该股的反应和其他投资者对该股的持筹意愿。根据市场和其他投资者不同的表现，再采取相对应的策略，进一步运作股价，这个过程叫作“试盘”。

当然，并不是每只股票都要试盘。如果主力掌握流通盘绝大多数筹码，市场上只存在一定意义上的流通筹码的话，则试盘就失去了意义。

试盘一般采取以下几种形式：

（1）稚莺初啼

主力经过长期历史低位横盘吸筹后，筹码达到资金预先部署的部分时，开始试盘，用小部分资金向上买进股价。

由于股价长期处于历史低位，对散户投资者形成思维定式。股价稍一上涨，浮码立即涌动。由于主力还没有培养出跟风盘，所以在日 K 线上便落下长长的上影线。这也暴露出主力试盘的痕迹，随后股价稍作整理，清洗浮筹后，一波行情就会呼之欲出。

该方法预示拉升之前，上档仍然存在一定的浮动筹码。作为主力，应该在随后的日子里彻底清洗这些浮动筹码，以免在日后的拉升过程中成为绊脚石，增加运作成本。

（2）金针探底

稚莺初啼是向上拉升，而金针探底恰恰相反，是利用手中的筹码向下打压股价，测试下档的承接力和原投资者持有筹码的稳定性。

由于稚莺初啼试盘很容易引起投资者的注意和跟风，日后拉升时容易造成低位跟风盘过多，获利客竞相出逃的局面，造成主力拉升被动。而金针探底则回避了上述风险，采取向下打压的措施，反而在上升之前捡拾到一批恐慌性廉价筹码。这样既测试了筹码的稳定性，又轻松捡到了好处。

（3）双针探底

在间隔一段时间内出现两次金针探底，并且量能都有效放出，双针探底的位置能够保持平行，更能证明原投资者持有筹码的稳定性和下档的踊跃的承接力。双针探底比起金针探底的优势在于，给人感觉更牢固、稳健和踏实。

（4）多针探底

主力吸足筹码后，在股价低位测试筹码的稳定性和下档的承接力而采取多次控盘打压，在阶段时间内的日 K 线上形成了 N 次金针探底的形态。此方法比起双针探底感觉更稳固可靠。

（5）探底阳线

稚莺初啼容易吸引短线跟风盘，造成短线获利客众，制约主力拉升，造成主力运作成本提高。而金针探底和双针探底，又极易遭遇其他机构和猎庄者突然袭击，造成打压过程中主力筹码流失，因此探底阳线应运而生。

探底阳线既回避了稚莺初啼和金针探底及双针探底的短处，又吸收了它们的优点，可谓扬长而避短；既顺手牵羊捡拾恐慌性廉价筹码，又不至于流失筹码和吸引跟风盘，还能顺利测试到筹码的稳定性和承接力，可谓一石三鸟。

（6）二阳开泰

二阳开泰和双针探底有异曲同工之妙，在相对低位出现两次或多次历史低位平行阳线。

（7）高开阴线

有些散户抱着亏本不卖的理念，采取金针、双针、多针探底或低开阳线反而对之无效，所以迫使主力必须往上做。而稚莺初啼反而会增加其观望的态度，所以只好采取高开阴线的方法进行试盘，以测试这种处于犹豫和彷徨边缘的散户之态度。这包含着换手洗盘的味道。

（8）实力主力最后一蹦

该方法和低开阳线的区别在于时间和空间上。从时间跨度上来说，最后一蹦的方法要比低开阳线的时间跨度长得多，也可能是几天甚至十几天；从空间上来说，也要大于低开阳线，可能是百分之十几，甚至有的达到 30%。

这种试盘方法资金实力较小和无魄力者禁用，否则会弄巧成拙。它在大黑马股中被普遍使用，并且很能迷惑局外人。但凡经历过这种试盘方法测试过关的投资者，绝大多数成为主力的铁杆追随者。此方法是技术派人士的天敌。因为绝大多数技术人士往往会在最后一蹦中抱着宁舍三池不愿亡国的态度止损出局。

总之，作为机构主力操盘手，应辨别以上试盘方法的优缺点及内在机制，而不是表象。根据市场状况采取科学、合理、正确的试盘方法进行试盘，也可以采取不同试盘办法的组合，灵活掌握运用。根据测试的结果采取相应对策，清理绊脚石，为日后股价拉升做好准备。

14.2　机构选股

在股市中存在大大小小的主力，而股票价格的走势受到主力和大机构的影响。那么机构选股运作有哪些手法呢？

14.2.1 主力吸筹手法

主力吸筹手法主要有以下几种。

（1）上升通道吸筹法

黎明前黑暗或者大盘人气悲观的时候，采取多进少出的形式，吸纳廉价筹码。实质买单逢见大单全收，实质卖单压制股价，如图 14-1 所示。

图 14-1 上升通道吸筹法

（2）下降趋势吸筹法

大盘下跌或者人气低迷、悲观的日子开始建仓，小量买单，零敲碎打，尾盘打压，出二进三，周而复始。创造下跌通道，给上方套牢者或散户投资者施加更大的心理和想象压力，迫使他们交出筹码，如图 14-2 所示。

图 14-2 下降趋势吸筹法

（3）打压吸筹法

大盘及板块人气极度悲观或者个股有利空袭来的时候，在下档首先埋下大单，然后以小单卖出，向下诱导股价，股价带量下跌，迫使中小投资者纷纷卖出。这种吸筹法只适用于市场形象差和主力仓位较轻的股票，如图 14-3 所示。

图 14-3　打压吸筹法

（4）横盘吸筹法

该方法多用于绩优中大盘股，大盘上涨，上档阻力位处放大卖单，阻止股价的上涨，吓走多头。在股价下跌的时候，在下档分批埋上小买单，吸纳筹码；在跌到关键位置时，在支撑位上放上大买单，吓跑空头，如图 14-4 所示。

图 14-4　横盘吸筹法

（5）涨停板吸筹法

多重底结构内吸纳筹码，然后利用大势热点集中拉升，突破前期多次都没有冲过的高点，借助前期跟进散户多次在箱体顶部没卖而坐电梯后悔莫及的心理，日内多次打开涨停板，并且放出巨大的成交量，如图 14-5 所示。

图 14-5　涨停板吸筹法

（6）跌停板吸筹法

长期横盘后跌破平台，走出跳水行情；跳水一段时间后以跌停板开盘，使跳水行情进入白炽化状态；廉价筹码都被主力在绝对低位一网打尽；在强势市场里，选择有利空袭击的个股，破坏技术和走势形态，如图 14-6 所示。

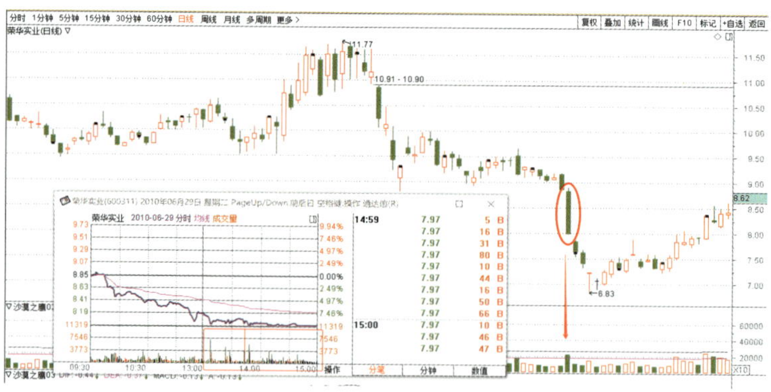

图 14-6　跌停板吸筹法

（7）拉高建仓吸筹法

股票的绝对价位不高，大盘处于牛市初期或中期，标的股票后势有重大利好或大题材做后盾，有大比例分配方案，有足够的资金控盘，具备长线运作思路。以上条件缺一不可。

选择时机，反复试盘后进行拉抬股价，促使股价脱离成本区域。试盘是技巧造势，降低成本，从而起到火借风威的良好效果，如图 14-7 所示。

图 14-7　拉高建仓吸筹法

14.2.2　主力出货手法

主力出货往往会出现以下前兆：

①该涨不涨：技术面、基本面都向好，但是价格不涨反而下跌。

②高位放量不涨：不管什么情况，高位放量不涨，基本确认主力准备出货。

③消息增多：电视、广播、报刊、自媒体、互联网，正面利好的消息越来越多。股票的上涨都是悄无声息的，但是股价在高位主力想找人接盘，就要编故事，比如重大资产重组、优良的分配方案、业绩大幅增加，或者向高新科技转型等，各种利好开始闪亮登场。

交易中如果有以上这些征兆，一旦出现了股价跌破关键价位的时候，不管成交量是不是放大，都应该考虑出货，因为出货早期是不需要成交量的。

主力出货阶段如下：

（1）高位出货阶段

高价位区域是主力最理想的派发区，主力将股价炒高后，极力营造乐观气氛，激发市场人气，趁着散户买盘的积极涌入，大手笔卖出将股价打低。然后，主力停止卖出，反手做多，创造强势反弹，设计美丽的技术陷阱，使市场仍维持十分乐观的状态，诱导买盘介入，主力从而可以在更高的价位进行派发。这时成交量大增，将大部分筹码在这一区域集中进行套现，交投十分活跃，形成密集成交区，并创下近期甚至是历史天量，如图 14-8 所示。

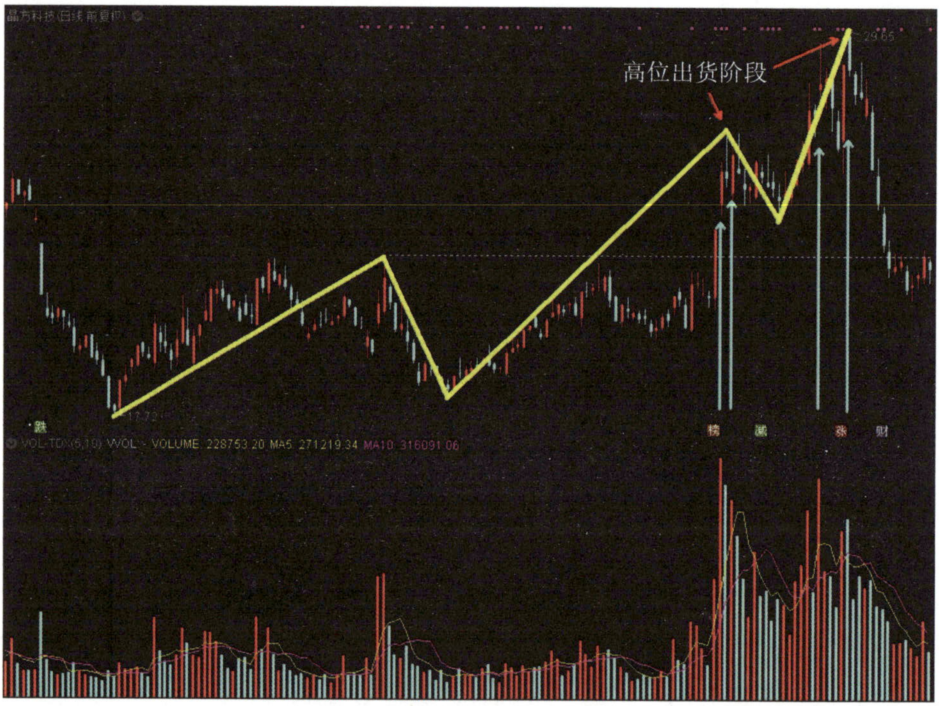

图 14-8　高位出货阶段

（2）中位出货阶段

①峰前派发——主力在拉升过程中股价尚未见顶时的边拉边派。由于主力手中的筹码相对比较集中，无法保证可以在高位全部派光，或者是由于市场不稳定的因素较多，使主力有时无法完成预定的目标，因而主力预先就在拉升过

程中逐步减仓，以便在突发因素来袭时可以尽快将尾货尽数抛光，降低风险和损失，如图 14-9 所示。

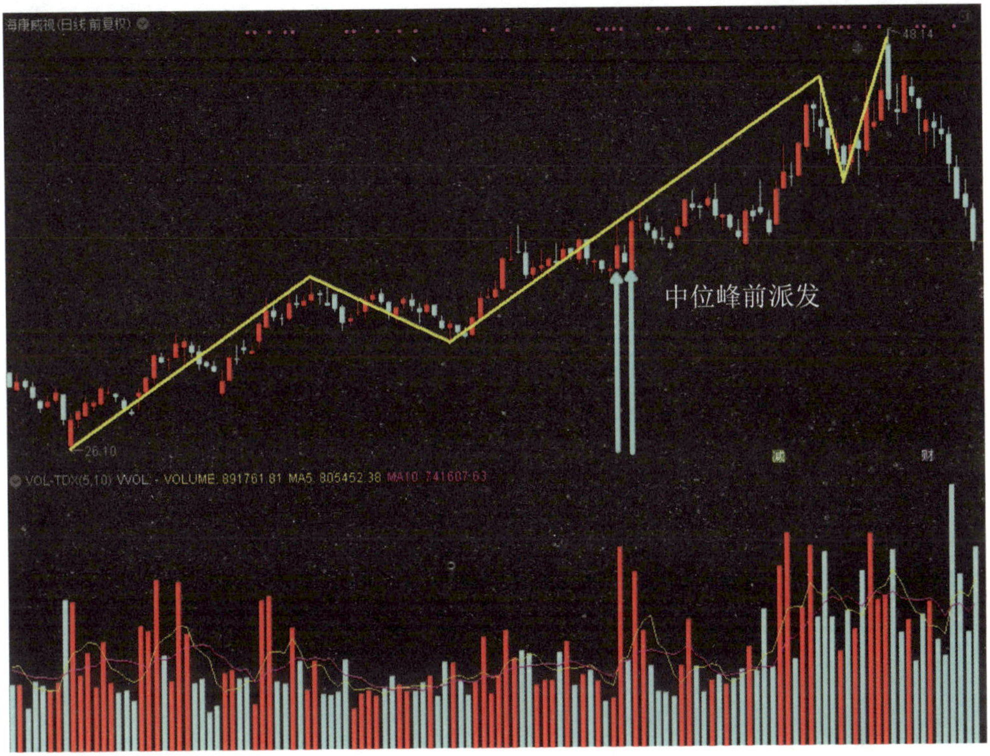

图 14-9　中位峰前派发

②峰后派发——主力经过高位派发之后，手中仍有不少筹码，此时股价已下跌了一个或几个台阶，这时主力会再度将形态做好，吸引在高位介入的投资者进行回补及场外资金入场。在技术上稳住重要的技术关口，一方面停止抛售，另一方面积极护盘，让投资者感到股价已经止跌，同时做出一些典型的箱形、圆弧形走势，误导投资者以为股价结束调整，即将展开又一轮升势，从而盲目杀入。在技术上一般是 B 浪反弹，如图 14-10 所示。

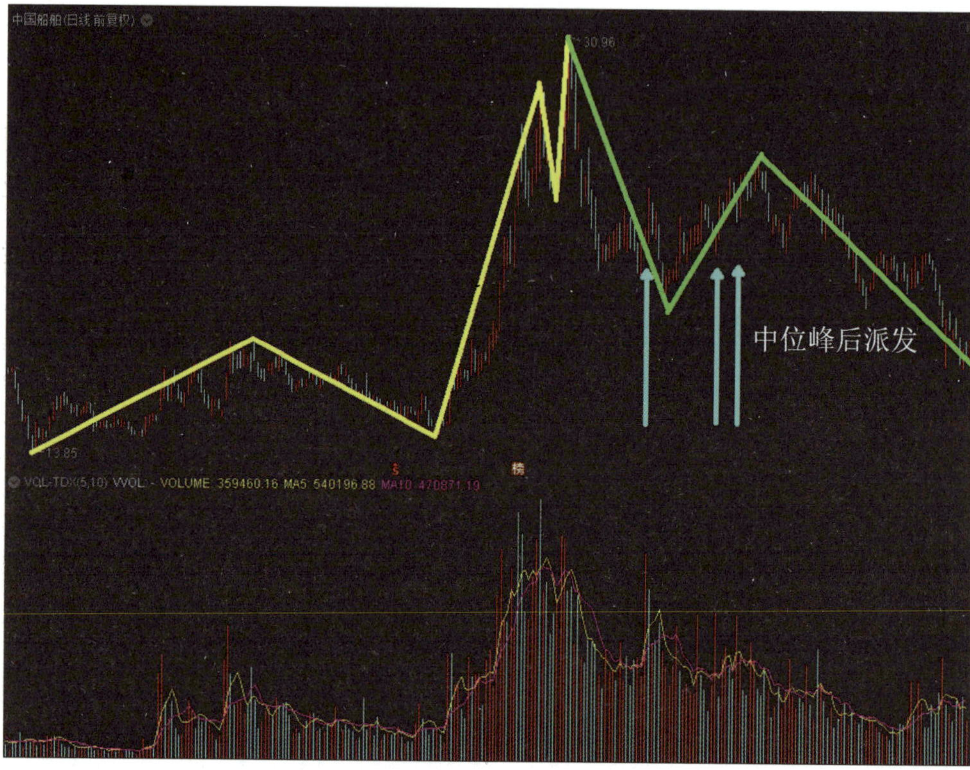

图 14-10　中位峰后派发

（3）低位出货阶段

如果主力手中的筹码非常集中，在进行了高位和中位两个阶段的派发之后，手中仍有一小部分筹码，这时由于主力的预定目标已经基本完成，获利非常丰厚，常常会将最后的一些仓底货不计成本地大甩卖，以求资金的尽快套现。从盘面上看，出货特征十分明显，以大手笔的抛单明目张胆地显现，股价下跌的幅度非常快，有时甚至以跌停板的形式大肆贱卖。有时主力利用手中最后的筹码极力压低股价，将股价打回原形，为下一次卷土重来做准备。在技术图形上是 C 浪杀跌，如图 14-11 所示。

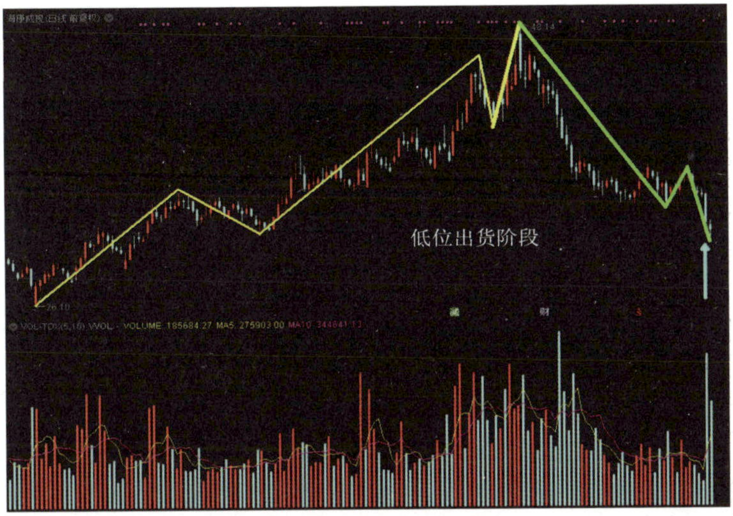

图 14-11　低位出货阶段

14.3　操盘口诀

在波诡云谲的股票市场，交易者没有捷径可走，必须先要下一番苦功夫。交易者想成为股市中的成功者，必须先掌握入门基础知识。

14.3.1　投资口诀

①不存任何侥幸心理；

②不贪求最高利润；

③不听谣言，完全听自己的；

④不逆大势，顺势者昌；

⑤逆向思考，顺势而为；

⑥选股不急，卖股果断；

⑦重势不重价，赔赚不算账；

⑧利多出台该涨不涨过后大涨；

⑨利空出台该跌不跌过后大跌。

14.3.2 涨跌停口诀

①无量跌停仍将跌停，直至二次放量则买；
②无量涨停仍将涨停，直至放量则卖；
③涨停越早势越强，注意看封板时的量变化。

14.3.3 买入法则

①大盘不好不买；
②大涨之后不买；
③不放量不买；
④放大量不买，看股价位置决定；
⑤涨幅过大不买；
⑥风险过大五五开不买；
⑦除权股尽量不买，除权前为跌势，另行考虑；
⑧五浪下跌后不二次探底不买。

14.3.4 卖出法则

①大众预期目标位 80%卖；
②跌破趋势线卖；
③除权后的股票，填权 1/3 卖，1/2 卖，满权卖；
④挑顶则卖；
⑤上升中遇前期平台卖；
⑥遇前期长期均线，如：60,120,250 天均线，短线可卖；
⑦数出上升五浪就卖，注：主升浪应比一浪长；
⑧高位盘整后跳空而下卖；
⑨抢反弹不涨就卖，涨了更卖；
⑩跌破 30 日均线卖。

14.4　马丁格尔系统

马丁格尔策略，号称是“永远不输钱”的轮盘赌策略。该策略流行于 18 世纪的法国，被称为加倍赌注法、倍投法。

14.4.1　马丁格尔系统

上一把把赌注输了，下一把就将赌注加倍。如果第二把还输，则继续加倍，以此类推。这样到初次赢钱，就能把之前输掉的钱全部赢回来，同时还可以另外赢得与最初赌本等值的收益。接着，在下一把时，再把赌注恢复到最小值，然后按照上面的策略继续操作，如表 14-1 所示。

表 14-1　马丁格尔策略

赌注（单位：美元）	结　果	盈利/亏损情况（单位：美元）	账户余额（单位：美元）
1	输	−1	−1
2	输	−2	−3
4	输	−4	−7
8	输	−8	−15
16	赢	16	1
1	赢	1	2

14.4.2　逆马丁格尔系统

逆马丁基系统和马丁基系统绝对相反，是用小本博大利的方法，假设你用 10 万元炒期货，赚了 10 万元，手中变成了 20 万元，你再用这 20 万元去炒，假设又赚了 1 倍，手中变成了 40 万元，再全部去炒，一路扩展下去，直到何时停止呢？这就要视你的目标而定了。

后记

AFTERWORD

罢笔成书之时，恰是芒种时节的前后。一个承前启后的节气里，正是南方的梅雨时节，屋外滴答缠绵的雨声与夏日的蝉鸣鸟叫声交织一起，仿佛是我一段思绪完结的交响曲，宣告着一段心路历程，一本书的完结。回顾成书点滴，历历在心，感慨万千。

从"不望祁连山顶雪，错把张掖当江南"的张掖祁连山下苇畔客栈的构思到人流如潮、繁花似锦的魔都上海奋笔疾书的创作。从篇到章节乃至每一幅趋势图都凝聚着我反复的思索与斟酌。与其说这是一本书的"文化苦旅"，不如说是自己的一场学术与心路历程的"修行之旅"。

从业20年来，从一个股市行业的修行者到授业的"布道者"，我一直怀着一颗虔诚的心、敬畏的心，立志把我对于股市投资的实践与顿悟无私分享给无数中国的股市投资者与粉丝。在此初心下，我开启了创作分享之路。

修合无人见，存心有天知。师者如医者，师者以知识启人心智，医者以药物治人身躯。"炮制虽繁必不敢省人工，品味虽贵必不敢减物力"同仁堂的传世箴言也勉励我对于传道授业的严谨态度。在成书的"修行之路"上，我时而彷徨不前，时而奋笔疾书，历经漫长的日夜编写与修复。在这期间，是无数个日夜兼程的砥砺伏案，更是无数个辗转反侧的推倒重置。为了呈现更好的逻辑结构与知识体系，每个篇幅与章节，不尽地拆分重构，做到逻辑清晰，布局全面系统；为了更好地呈现实战效果，每张图几近精益求精，花费了我很大的精力；为了力求读者更好地理解，每段文字我也尽到"大道至简"与"顺势而为"，几乎锱铢必较，几近偏执。

书中每一段跌涨起伏的走势曲线都凝聚着我自己的思考，每一个字符就像大盘图里的一个数字，附带着内在的故事。突然间发现，书者如行者，不仅需要一鼓作气的勇气，更需要反复修正的耐心与恒心，精益求精间是一场痛苦与素心的修行。

在此，我也感谢一路对我传道授业解惑的众位老师，感谢一起成长的各位同侪，感谢我的爱人对我长期的支持，正是无数你们的支持，鞭策我写完这本书。在此，对于编辑期间给我提供协助的学生李渊、王永乐表示深切的致谢，也对所有的编辑老师表示感谢。

布道者，逆势而为，善道勤修。行书如此，漫漫人生路亦如此。随本书探索挑战的过程，在其间收获到新的顿悟与心得，我将继续带着这份素心，且行且分享。成书之际，是欣慰与欢喜，更是坚定的期盼。愿所有人不负时光，如这美好的时节一样，愿众人“芒”有所获，“种”有所得。

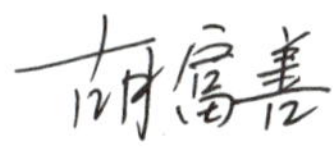

2023 年 6 月 6 日